Acht Schritte zum Glück

Neuausgabe

Empfohlene Reihenfolge für Anfänger, in der die Bücher des Ehrwürdigen Geshe Kelsang Gyatso Rinpoche studiert oder gelesen werden sollten:

Wie wir unser Leben verwandeln
Wie wir den Geist verstehen
Freudvoller Weg
Das neue Herz der Weisheit
Moderner Buddhismus
Tantrische Ebenen und Pfade
Führer ins Dakiniland
Essenz des Vajrayana
Die mündlichen Anleitungen des Mahamudra
Große Schatzkammer der Verdienste
Acht Schritte zum Glück – Neuausgabe
Einführung in den Buddhismus
Wie wir unsere menschlichen Probleme lösen
Sinnvoll zu betrachten
Das Bodhisattva Gelübde
Allumfassendes Mitgefühl
Das neue Meditationshandbuch
Sinnvoll leben, freudvoll sterben
Ozean von Nektar
Herzjuwel
Das klare Licht der Glückseligkeit
Mahamudra Tantra

Dieses Buch wurde unter der Schirmherrschaft des **Internationalen Tempelprojekts der NKT-IKBU** veröffentlicht und der Erlös aus seinem Verkauf ist durch diesen Fonds für das Wohl der Allgemeinheit bestimmt. Eingetragen unter VR 33517 B. Mehr dazu unter www.tharpa.com/de/allen-helfen-weltfrieden

Ehrwürdiger Geshe Kelsang
Gyatso Rinpoche

Acht Schritte zum Glück

Neuausgabe

DER BUDDHISTISCHE WEG
DER LIEBEVOLLEN GÜTE

THARPA VERLAG
DEUTSCHLAND • SCHWEIZ

Originaltitel: The New Eight Steps to Happiness

Erstveröffentlichung: 2000, zweite Auflage 2012,
dritte vollständig überarbeitete Auflage 2017

Herausgeber:
Tharpa Verlag Deutschland, ein Teil des
Dipankara Kadampa Meditationszentrum e.V. (VR 33517 B)
Chausseestraße 108
10115 Berlin

Der Tharpa Verlag hat überall auf der Welt Niederlassungen und Tharpa Bücher werden in den gängigsten Sprachen veröffentlicht.

Kontaktadressen siehe S. 361

Das Bild auf dem Bucheinband zeigt Buddha Tara und die Titelbilder zeigen Buddha Amitabha und Bodhisattva Langri Tangpa

Satz: Tharpa Verlag Deutschland

ISBN - 978-3-947058-04-4
ISBN Kindle - 978-3-947058-05-1
ISBN ePub 978-3-947058-06-8

Druck: Bell & Bain, Glasgow, GB

Inhalt

Abbildungen

Die Abbildungen zeigen die Überlieferungsliniengurus der Stufen des Pfades zur Erleuchtung

Danksagung

Dieses Buch *Acht Schritte zum Glück* ist ein ausführlicher und praktischer Kommentar zu dem hochgeschätzten Gedicht des Mahayana Buddhismus *Acht Verse der Geistesschulung*, das von Bodhisattva Langri Tangpa (1054-1123 n.Chr.) verfasst wurde. Das Gedicht legt die essenziellen Methoden dar, mit denen wir allumfassende Liebe und Mitgefühl entwickeln, und dies in einer Weise, die Generationen von Übenden nahezu tausend Jahre lang inspiriert hat.

Das Buch beruht auf den Mitschriften zweier Reihen mündlicher Unterweisungen, die der Autor am Manjushri Kadampa Meditationszentrum gegeben hat. Die Mitschriften wurden vom Autor sorgfältig überprüft und während intensiver redaktioneller Retreats in den Jahren 1998 und 1999 substanziell erweitert.

Wir danken dem Ehrwürdigen Geshe Kelsang Gyatso Rinpoche für seine große Güte, diesen Kommentar vorbereitet zu haben, der die volle Bedeutung dieses berühmten Textes zum Wohle aller in der ganzen Welt zum Leben erweckt. Die Kraft und Klarheit des Kommentars zeigen deutlich, dass der Autor über ein Thema schreibt, das er selbst vollkommen verwirklicht hat.

Wir möchten außerdem all jenen langjährigen Dharma Schülern danken, die dem Autor bei der Herausgabe dieses Buches geholfen und das endgültige Manuskript für die Veröffentlichung vorbereitet haben.

Roy Tyson
Administrative Director
Manjushri Kadampa Meditation Centre
August 1999

Buddha Shakyamuni

Einleitung

Jeder, ob religiös oder nichtreligiös, sucht die ganze Zeit nach Glück und möchte dauerhaft frei von Problemen und Leiden sein. Diese Wünsche können wir erfüllen, indem wir die Anleitungen, die in diesem Buch gegeben werden, verstehen und umsetzen.

Dieses Buch beruht auf dem berühmten Text *Acht Verse der Geistesschulung* (*Lojong Tsig Gyema* auf Tibetisch), die von Bodhisattva Langri Tangpa verfasst wurden, einem buddhistischen Meister aus dem Tibet des elften Jahrhunderts. Obwohl dieser bemerkenswerte Text nur acht Vierzeiler umfasst, enthüllt er den Kern des buddhistischen Pfades zur Erleuchtung, indem er aufzeigt, wie wir unseren Geist von seinem gegenwärtig verwirrten und egozentrischen Zustand in die vollkommene Weisheit und das vollkommene Mitgefühl eines erleuchteten Buddha umwandeln können.

Jedes Lebewesen hat das Potenzial ein Buddha zu werden, jemand, der seinen oder ihren Geist von allen Fehlern und Beschränkungen vollkommen gereinigt und alle guten Eigenschaften zur Vollendung gebracht hat. Unser Geist gleicht einem bewölkten Himmel, der in seiner Essenz klar und rein, aber von den Wolken der Verblendungen bedeckt ist. So wie sich die dichtesten Wolken schließlich auflösen, so können sogar die schlimmsten Verblendungen aus unserem Geist entfernt werden. Verblendungen wie Hass, Gier und Unwissenheit sind kein innewohnender Bestandteil des

Geistes. Wenden wir die geeigneten Methoden an, so können wir sie vollkommen beseitigen und wir werden das höchste Glück der vollen Erleuchtung erleben.

Jeder möchte glücklich sein und niemand möchte leiden, doch nur sehr Wenige verstehen, was die wirkliche Ursache von Glück und was die wirkliche Ursache von Leiden ist. Wir neigen dazu, das Glück außerhalb von uns zu suchen und denken, dass wir wahrhaft glücklich wären, wenn wir nur das richtige Haus, das richtige Auto, den richtigen Beruf und die richtigen Freunde hätten, die wir mögen. Wir verbringen fast unsere ganze Zeit damit, zu versuchen die äußere Welt so zurechtzubiegen, dass sie unseren Wünschen entspricht. Unser ganzes Leben lang haben wir versucht, uns mit Menschen und Dingen zu umgeben, die uns ein angenehmes, sicheres oder aufregendes Gefühl geben, und doch haben wir kein reines und anhaltendes Glück gefunden. Selbst wenn es uns gelingt, unsere Wünsche zu erfüllen, so dauert es nicht lange, bis sich unsere Wünsche erneut ändern und wir etwas anderes begehren. Es mag sein, dass wir unser Traumhaus finden, doch ein paar Monate später haben wir das Gefühl, wir bräuchten eine größere Küche, ein weiteres Schlafzimmer oder einen größeren Garten, und wir spielen mit dem Gedanken umzuziehen. Vielleicht treffen wir auch den «perfekten» Partner, verlieben uns und ziehen zusammen. Anfangs scheint unser Partner der wunderbarste Mensch auf Erden zu sein, aber schon bald sehen wir Fehler in ihm oder ihr. Wir stellen fest, dass wir nicht mehr verliebt sind und bald schauen wir uns nach jemand anderem um, der unsere Wünsche erfüllt.

Zu allen Zeiten waren Menschen bestrebt, ihre äußeren Umstände zu verbessern, doch trotz all unserer Anstrengungen sind wir nicht glücklicher geworden. Wenn man die materielle Entwicklung betrachtet, dann trifft es zu, dass viele Länder Fortschritte machen. Die Technik entwickelt sich ständig weiter und das Wissen über die Welt hat drastisch zugenommen. Wir wissen so vieles, was wir vorher nicht wussten, und können vieles tun, wovon wir nicht einmal geträumt haben. Vordergründig scheint es so, als würde sich unsere Welt verbessern. Doch wenn wir genauer hinschauen, dann stellen wir fest, dass es heute viele Probleme gibt, die es früher nicht gab. Furchtbare Waffen wurden erfunden, unsere Umwelt wird vergiftet und neue Krankheiten treten auf. Sogar einfache Freuden wie essen oder sonnenbaden werden immer gefährlicher.

Das ungehemmte Streben nach dem Glück aus äußeren Quellen hat zur Folge, dass unser Planet zerstört und unser Leben komplizierter und unzufriedener wird. Es ist an der Zeit, dass wir Glück aus einer anderen Quelle suchen. Glück ist ein Teil des Geistes, der inneren Frieden, oder geistigen Frieden, erlebt. Deshalb muss die wirkliche Quelle des Glücks innerhalb des Geistes liegen, nicht in äußeren Bedingungen. Ist unser Geist rein und friedvoll, dann werden wir glücklich sein, ungeachtet unserer äußeren Umstände. Ist er jedoch nicht rein und friedvoll, so werden wir nie glücklich sein, ganz gleich wie sehr wir auch versuchen, unsere äußeren Umstände zu ändern. Wir könnten unseren Wohnort oder unseren Partner unzählige Male ändern, doch werden wir nie wirkliches Glück finden, solange wir nicht unseren ruhelosen, unzufriedenen Geist ändern.

Müssen wir über raues und dorniges Gelände laufen, dann könnten wir unsere Füße schützen, indem wir den ganzen Boden mit Leder bedecken, doch das wäre ziemlich unpraktisch. Wir können dasselbe sehr viel einfacher erreichen: wir bedecken unsere Füße. In gleicher Weise können wir, wenn wir uns vor Leiden schützen wollen, entweder versuchen die äußeren Umstände zu ändern, sodass sie unseren Wünschen entsprechen, oder wir können unseren Geist ändern. Bisher haben wir versucht die äußeren Umstände zu ändern, doch das hat offensichtlich nicht funktioniert. Nun müssen wir unseren Geist ändern.

Der erste Schritt, unseren Geist zu ändern, ist, zu erkennen, welche Geisteszustände Glück hervorbringen und welche Leiden hervorbringen. Geisteszustände, die den Frieden des Geistes fördern und zu Glück führen, werden «tugendhafte Geistesarten» genannt, während jene, die den Frieden des Geistes zerstören und zu Leiden führen, «Verblendungen» genannt werden. Wir haben viele unterschiedliche Arten von Verblendungen wie unkontrolliertes Begehren, auch als begehrende Anhaftung bekannt, Wut, Neid, Stolz, Faulheit und Unwissenheit. Diese sind als «innere Feinde» bekannt, weil sie unseren inneren Frieden, unser Glück, von innen heraus kontinuierlich zerstören. Ihre einzige Funktion ist es, uns zu schaden.

Verblendungen sind eine verzerrte Weise, uns selbst, andere Menschen und die Welt um uns herum zu betrachten. Die Art und Weise, wie ein verblendeter Geist diese Phänomene wahrnimmt, stimmt nicht mit der Wirklichkeit überein. Der verblendete Geisteszustand des Hasses betrachtet zum Beispiel andere Menschen als an sich schlecht, doch so etwas wie einen an sich schlechten Menschen gibt es nicht. Begehrende Anhaftung betrachtet andererseits ihr Objekt des Begehrens als an sich gut und als wahre Quelle des Glücks. Haben wir das heftige Verlangen, Schokolade zu essen, dann erscheint Schokolade an sich als begehrenswert. Haben wir aber zu viel davon gegessen und es wird uns schlecht, dann scheint sie nicht länger begehrenswert zu sein, sondern vielleicht sogar widerwärtig. Dies zeigt, dass Schokolade an sich weder begehrenswert noch widerwärtig ist. Es ist der Geist der Anhaftung, der alle möglichen begehrenswerten Eigenschaften auf sie projiziert und sich dann darauf bezieht, als hätte sie wirklich diese Eigenschaften.

Alle Verblendungen funktionieren in dieser Weise. Sie projizieren ihre eigene verzerrte Version der Wirklichkeit auf die Welt und beziehen sich dann auf diese Projektion, als wäre sie wahr. Wenn unser Geist unter dem Einfluss von Verblendungen ist, sind wir nicht in Berührung mit der Realität und halluzinieren gewissermaßen. Da unser Geist die ganze Zeit von zumindest subtilen Formen der Verblendungen beeinflusst wird, ist es nicht verwunderlich, dass unser Leben so häufig voller Enttäuschungen ist. Es ist, als jagten wir fortwährend Trugbildern nach, nur um enttäuscht zu sein, wenn sie uns nicht die Befriedigung geben, die wir uns erhoffen.

Die Quelle aller Verblendungen ist ein verzerrtes Gewahrsein, «Unwissenheit des Festhaltens am Selbst» genannt, das an Phänomenen als inhärent, oder unabhängig, existent festhält. In Wirklichkeit sind alle Phänomene in Abhängigkeit entstehende Phänomene, das bedeutet, dass ihre Existenz völlig von anderen Phänomenen abhängt, wie von ihren Ursachen, ihren Teilen und dem Geist, der sie erfasst. Objekte existieren nicht von ihrer eigenen Seite, nicht an sich oder aus sich heraus. Was sie sind, hängt davon ab, wie sie wahrgenommen werden. Unser Unvermögen, dies zu begreifen, ist der Ursprung all unserer Probleme.

Die Art des Festhaltens am Selbst, die uns am meisten schadet, ist das Festhalten an unserem eigenen Selbst, oder Ich, als inhärent, oder unabhängig, existent. Wir haben instinktiv das Gefühl, dass wir ein vollkommen wirkliches und objektives Selbst oder Ich haben, das unabhängig von allen anderen Phänomenen existiert, sogar unabhängig von unserem Körper und Geist. Eine Folge des Festhaltens an unserem Selbst als unabhängige, eine von der Welt und Anderen getrennte Wesenheit ist, dass wir Selbstwertschätzung entwickeln, einen Geist, der uns selbst als höchst wichtig betrachtet. Weil wir uns so stark wertschätzen, fühlen wir uns zu Menschen und Dingen hingezogen, die wir anziehend finden, möchten uns von Menschen und Dingen fernhalten, die wir abstoßend finden, und haben kein Interesse an Menschen und Dingen, die wir weder anziehend noch abstoßend finden. Auf diese Art und Weise werden begehrende Anhaftung, Wut und Gleichgültigkeit geboren. Da wir ein übertriebenes Gefühl unserer eigenen Bedeutung haben, haben wir das Gefühl, als würden unsere Interessen mit denen anderer kollidieren und dies wiederum führt zu Rivalität, Neid, Arroganz und Rücksichtslosigkeit ihnen gegenüber. Handeln wir unter dem Einfluss dieser und anderer Verblendungen, so werden wir uns destruktiv verhalten: wir töten, stehlen, üben sexuelles Fehlverhalten aus, lügen und sprechen in verletzender Weise. Die Folgen dieser negativen Handlungen sind Leiden für uns selbst und andere.

Obwohl unsere Verblendungen tief verwurzelt sind, sind sie kein innewohnender Teil unseres Geistes und können deshalb mit Sicherheit entfernt werden. Verblendungen sind lediglich schlechte geistige Angewohnheiten und können wie alle Angewohnheiten überwunden werden. Indem wir uns aufrichtig und stetig bemühen, mit konstruktiven Geisteszuständen vertraut zu werden, können wir sogar die hartnäckigsten Verblendungen beseitigen und sie durch entgegengesetzte Tugenden ersetzen. Wir können zum Beispiel unsere Wut verringern, indem wir unseren Geist mit Geduld und Liebe vertraut machen, unsere Anhaftung verringern, indem wir unseren Geist mit Nichtanhaftung vertraut machen, und unseren Neid verringern, indem wir uns am Glück anderer erfreuen.

Um Verblendungen jedoch vollständig zu beseitigen, müssen wir ihre Wurzel zerstören – den Geist des Festhaltens am Selbst. Um dies zu tun, müssen wir unseren Geist mit der wahren Natur der Wirklichkeit, oder endgültigen Wahrheit, vertraut machen. Dies wird ausführlich im Kapitel über Schulung in endgültigem Bodhichitta erklärt. Wenn wir das Festhalten am Selbst zerstören, hören alle anderen Verblendungen ganz natürlich auf, so wie die Blätter und Äste eines Baumes absterben, wenn wir seine Wurzeln zerstören. Haben wir unsere Verblendungen erst einmal vollkommen beseitigt, so wird es völlig unmöglich sein, dass wir unfriedliche Geisteszustände erleben. Da wir nicht länger die inneren Ursachen des Leidens in uns tragen, werden die äußeren Ursachen des Leidens wie Krankheit oder Tod keine Macht mehr haben, unseren Geist zu stören. Diese dauerhafte Beendigung der Verblendungen und des Leidens ist als «Befreiung» oder «Nirvana» auf Sanskrit bekannt.

Obwohl die eigene Befreiung von Leiden eine großartige Erlangung ist, ist sie unzureichend. Wir sind kein isoliertes Individuum, sondern Teil der Familie aller Lebewesen. Alles was wir besitzen, alles was uns erfreut, alle unsere Gelegenheiten für spirituelle Entwicklung und sogar unseren Körper verdanken wir der Güte anderer. Würden wir unserem eigenen Leiden entfliehen und dann alle anderen ihrem Schicksal überlassen wollen? Dann wären wir wie ein junger Mann, der mit seinen alten Eltern in Gefangenschaft gerät, seine eigene Flucht organisiert, jedoch seine Eltern zurücklässt. So jemand hätte unsere Bewunderung nicht verdient. Wir müssen uns definitiv bemühen, uns aus dem geistigen Gefängnis unserer verblendeten Geisteszustände zu befreien, doch unser endgültiges Ziel muss es sein, allen anderen zu helfen, dasselbe zu tun.

Folglich ist unser endgültiges Ziel das Erlangen der vollen Erleuchtung, oder Buddhaschaft. Das Sanskritwort «Buddha» bedeutet «der Erwachte» und bezieht sich auf jeden, der aus dem Schlaf der Unwissenheit erwacht und frei ist vom Traum fehlerhafter Erscheinung. Da gewöhnliche Wesen wie wir noch nicht aus dem Schlaf der Unwissenheit erwacht sind, leben wir weiterhin in einer traumähnlichen Welt fehlerhafter Erscheinungen und sehen nicht die wahre Natur der Dinge. Das ist der Hauptgrund, weshalb wir Leiden erleben und anderen nur bedingt helfen können. Buddhas haben allwissende Weisheit erlangt und die grenzenlose Fähigkeit, allen Lebewesen zu helfen, indem sie alle Spuren der Dunkelheit der Unwissenheit vollständig aus ihrem Geist entfernt haben.

Ihr grenzenloses und allumfassendes Mitgefühl gibt den Buddhas die Energie, ohne Unterlass für das Wohl anderer zu arbeiten. Sie verstehen die wirklichen Ursachen des Glücks und des Leidens und wissen genau, wie sie Lebewesen im Einklang mit ihren individuellen Bedürfnissen und Neigungen helfen können. Buddhas haben die Kraft, den Geist aller Lebewesen zu segnen, sodass sie inneren Frieden erleben können, und die Fähigkeit, unzählige Formen zum Wohle anderer auszustrahlen. Doch die wirksamste Art und Weise, wie Buddhas Lebewesen helfen, besteht darin, sie zu lehren, ihren Geist zu zähmen und dem spirituellen Pfad zur Befreiung und Erleuchtung zu folgen.

Der Gründer des Buddhismus in dieser Welt war Buddha Shakyamuni. Nachdem er Erleuchtung erlangt hatte, gab Buddha vierundachtzigtausend Unterweisungen, die allesamt Ratschläge sind, wie wir Verblendungen bändigen und überwinden, indem wir tugendhafte Geisteszustände entwickeln. Buddhas Lehren sowie die inneren Verwirklichungen, die durch das Umsetzen dieser Lehren erlangt werden, sind als «Dharma» bekannt.

Bodhisattva Langri Tangpa hat in dem Text, auf dem dieses Buch beruht, die Essenz des Buddhadharma in acht kurzen Versen zusammengefasst. Denken wir über die Bedeutung dieser Verse nach, so werden wir sehen, dass sie einen schrittweisen Pfad zu vollkommenem inneren Frieden und Glück enthalten. Setzen wir diese Lehren aufrichtig um, dann werden wir unsere zerstörerischen und selbstbezogenen Geisteshaltungen allmählich besiegen und sie durch die positiven Geistesarten der bedingungslosen Liebe und des Mitgefühls ersetzen. Insbesondere werden wir, indem wir den Anleitungen folgen, die im Kapitel über Schulung in endgültigem Bodhichitta dargelegt werden, die grundlegende Verblendung der Unwissenheit des Festhaltens am Selbst zusammen mit ihren Prägungen überwinden können und dadurch die Glückseligkeit der vollen Erleuchtung erfahren. Wenn wir die Anleitungen umsetzen, die in diesem Buch gegeben werden, werden wir die ganze Zeit einen friedvollen Geist entwickeln und bewahren, sodass wir die ganze Zeit glücklich sind. Dies ist die wirkliche Bedeutung, Glück aus einer anderen Quelle zu suchen.

Obwohl die *Acht Verse* vor über neunhundert Jahren geschrieben wurden, sind sie heute genauso relevant wie damals. Ob wir Buddhist sind oder nicht, jeder, der den aufrichtigen Wunsch hat, seine inneren Probleme zu überwinden und dauerhaften inneren Frieden und Glück zu erlangen, kann aus Langri Tangpas Rat Nutzen ziehen. Wie oben erwähnt ist Glück ein Teil des Geistes, der geistigen Frieden erfährt. Es existiert nicht außerhalb unseres Selbst. In ähnlicher Weise sind unsere Probleme und unser Leiden Teil des Geistes, der unangenehme Gefühle erlebt. Sie existieren nicht außerhalb von uns. Ist unser Auto kaputt, dann ist das ein äußeres Problem und wir müssen es lösen, indem wir äußere Methoden anwenden. Unsere Probleme sind jedoch innere Probleme und die müssen wir lösen, indem wir einen friedvollen Geist entwickeln und bewahren. Nur wenn Lebewesen einen friedvollen Geist haben, sind sie glücklich. Im Allgemeinen ist es so, dass sie von sich aus keine Kraft haben, einen friedvollen Geist zu entwickeln. Nur wenn ihr Geist Buddhas Segnungen empfängt, können sie einen friedvollen Geist entwickeln und bewahren. Deshalb ist Buddha die Quelle des Glücks aller Lebewesen.

WIEDERGEBURT UND KARMA

Unser Schlafen gleicht dem Tod, unser Träumen gleicht dem Zwischenzustand und unser Aufwachen gleicht der Wiedergeburt. Der Kreislauf dieser drei Zustände weist auf die Existenz zukünftiger Wiedergeburten hin. Da etwas Hintergrundwissen über Wiedergeburt und Karma hilfreich ist, um die in diesem Buch erklärten Hauptübungen zu verstehen, folgt nun eine kurze Einleitung in diese Themen.

Der Geist ist weder körperlich, noch ein Nebenprodukt körperlicher Prozesse, sondern ein formloses Kontinuum, das eine vom Körper getrennte Wesenheit ist. Wenn der Körper zum Zeitpunkt des Todes zerfällt, erlischt der Geist nicht. Unser oberflächlicher, bewusster Geist hört zwar auf, jedoch nur, weil er sich in eine tiefere Bewusstseinsebene auflöst, den sogenannten «sehr subtilen Geist». Das Kontinuum unseres sehr subtilen Geistes hat keinen Anfang und kein Ende und es ist dieser Geist, der sich, wenn völlig gereinigt, in den allwissenden Geist eines Buddha umwandelt.

Jede Handlung, die wir begehen, hinterlässt eine Prägung, oder ein Potenzial, in unserem sehr subtilen Geist, und jedes dieser karmischen Potenziale zeitigt schließlich seine eigene Auswirkung. Unser Geist gleicht einem Feld und unser Handeln gleicht dem Säen von Samen in dieses Feld. Positive oder tugendhafte Handlungen säen Samen für zukünftiges Glück und negative oder nichttugendhafte Handlungen säen die Samen für zukünftiges Leiden. Diese definitive Beziehung zwischen Handlungen und ihren Auswirkungen – Tugend führt zu Glück und Nichttugend zu Leiden – ist als «Gesetz des Karmas» bekannt. Das Gesetz des Karmas zu verstehen ist die Grundlage buddhistischer Ethik.

Nachdem wir gestorben sind, verlässt unser sehr subtiler Geist unseren Körper und tritt in den Zwischenzustand oder «Bardo» auf Tibetisch ein. In diesem subtilen, traumähnlichen Zustand erleben wir viele unterschiedliche Visionen, die aus den karmischen Potenzialen entstehen, die zum Zeitpunkt unseres Todes aktiviert wurden. Diese Visionen können angenehm oder furchterregend sein, abhängig vom Karma, das heranreift. Sind diese karmischen Samen erst einmal gänzlich gereift, dann zwingen sie uns in eine Wiedergeburt, ohne dass wir eine Wahl haben.

Es ist wichtig zu verstehen, dass wir uns als gewöhnliche samsarische Wesen unsere Wiedergeburt nicht aussuchen können, sondern allein in Übereinstimmung mit unserem Karma wiedergeboren werden. Reift gutes Karma heran, so werden wir in einem glücklichen Zustand wiedergeboren, entweder als Mensch oder Gott. Reift jedoch negatives Karma heran, so werden wir in einem niederen Zustand wiedergeboren, als Tier, hungriger Geist oder Höllenwesen. Es ist, als würden wir von den Winden unseres Karmas in unser zukünftiges Leben geweht, manchmal landen wir in höheren Wiedergeburten, manchmal in niederen.

Dieser ununterbrochene Kreislauf von Tod und Wiedergeburt, ohne Wahlmöglichkeit, wird «zyklische Existenz» oder «Samsara» auf Sanskrit genannt. Samsara gleicht einem Riesenrad, das uns manchmal nach oben in die drei höheren Bereiche bringt und manchmal nach unten in die drei niederen Bereiche. Die treibende Kraft des Rades von Samsara sind unsere verunreinigten, durch Verblendungen motivierten Handlungen und die Radnabe ist die Unwissenheit des Festhaltens am Selbst. Solange wir in diesem Rad bleiben, erleben wir den unaufhörlichen Kreislauf von Leiden und Unzufriedenheit und werden keine Gelegenheit haben, reines, dauerhaftes Glück zu erleben. Wenn wir jedoch den buddhistischen Pfad zur Befreiung und Erleuchtung umsetzen, so können wir das Festhalten am Selbst zerstören, uns dadurch vom Kreislauf unkontrollierter Wiedergeburt befreien und einen Zustand vollkommenen Friedens und vollkommener Freiheit erlangen. Dann werden wir anderen helfen können das Gleiche zu tun. Eine ausführliche Erklärung über Wiedergeburt und Karma findet sich in den Büchern *Einführung in den Buddhismus* und *Freudvoller Weg*.

Bodhisattva Langri Tangpa

Der Autor der *Acht Verse der Geistesschulung* ist der Meister, oder Geshe, des Kadampa Buddhismus, Bodhisattva Langri Tangpa. Seine Lebensgeschichte zu lesen und seine guten Eigenschaften zu kennen, wird uns helfen, Vertrauen in ihn zu entwickeln und die Authentizität der *Acht Verse* zu schätzen. Dies wiederum wird unsere Entschlossenheit stärken, diese Anleitungen umzusetzen.

Bodhisattva Langri Tangpa wurde im elften Jahrhundert n. Chr. in Zentraltibet geboren. Sein wirklicher Name war Dorje Senge, bekannt wurde er jedoch unter dem Namen Langri Tangpa, nach Lang Tang, der Gegend, in der er lebte. Er war ein Schüler von Geshe Potowa, der einer der Hauptschüler des buddhistischen Meisters Atisha war, der den Kadampa Buddhismus in Tibet gründete.

Geshe Potowa war in ganz Tibet als großer Gelehrter angesehen, der für andere Praktizierende ein makelloses Vorbild war, indem er den Schwerpunkt seiner Praxis auf Bodhichitta legte, den altruistischen Geist der Erleuchtung. Er verfasste viele tiefgründige Schriften des Kadampa Buddhismus, insbesondere einen Text namens *Die Schrift der Beispiele*, in dem er anhand von Alltagserfahrungen die Bedeutung des Dharma veranschaulichte. In diesem Text erzählt er die Geschichte eines Diebes, der in ein Haus einbrach, ein Fass Chang, oder tibetisches Bier, fand und sich dann betrank. Die Familie erwachte von seinem Gesang: «Wie glücklich bin ich, dass ich vom

Maitreya

Mund des Fasses Chang trinken kann, doch noch viel schöner wäre es, wenn ich vom Boden des Fasses trinken würde!» Geshe Potowa nahm den Gesang des Diebes als Gleichnis und änderte die Worte wie folgt: «Wie glücklich sind wir, dass wir Dharma mit dem Mund praktizieren, doch noch viel schöner wäre es, wenn wir aus der Tiefe unseres Herzens praktizieren würden!» Ein tibetisches Sprichwort besagt, dass die Schüler Geshe Potowas so zahlreich wie die Sterne am Himmel waren und dass seine zwei Hauptschüler Geshe Langri Tangpa und Geshe Sharawa wie Sonne und Mond waren.

Bodhisattva Langri Tangpa wurde in ganz Tibet als heiliger Mann verehrt und er wurde von vielen großen Meditierenden als Emanation Buddha Amitabhas betrachtet. Obwohl er von anderen als etwas Besonderes angesehen wurde, blieb er immer bescheiden und hielt andere für wichtig und des Respekts würdig. Reichtum, Ansehen und andere weltliche Erlangungen waren ihm vollkommen gleichgültig und er lebte viele Jahre in Armut, fast wie ein Bettler. In seinem Inneren jedoch beschäftigte er sich mit der Übung, die als «die Niederlage annehmen und anderen den Sieg anbieten» bekannt ist, indem er alle Schwierigkeiten und widrigen Umstände, die ihm begegneten, freudig annahm und sein Glück und seine guten Bedingungen anderen anbot. Seine Bereitwilligkeit, mit der er Armut und Entbehrung annahm, war für andere spirituell Praktizierende ein gutes Vorbild.

Bodhisattva Langri Tangpas Auftreten war ganz anders als das der meisten Menschen. Wir neigen dazu, uns allzu sehr zu sorgen ob andere uns mögen und bemühen uns deshalb stets einen heiteren Ausdruck zu zeigen, ganz gleich, wie wir uns innerlich fühlen. Langri Tangpa war das Gegenteil. Seine Miene war immer so streng und ernst, dass er den Spitznamen «der Grimmige» erhielt. Sein Assistent sagte einmal zu ihm: «Die anderen nennen dich ‹der Grimmige›. Es wäre gut, wenn du ab und zu lächeln und sanft zu ihnen sprechen würdest, wenn sie kommen, um Segnungen von dir zu empfangen.» Langri Tangpa antwortete: «Es stimmt, was du sagst, doch fällt es mir schwer, irgendetwas in Samsara finden, worüber ich lächeln könnte. Jedes Mal, wenn ich jemanden sehe, denke ich an sein Leiden und anstatt zum Lachen ist mir zum Weinen zumute.» Aufgrund seines tiefen Mitgefühls für alle Lebewesen fiel es Langri Tangpa schwer zu lächeln. Es ist wichtig, das nicht falsch zu verstehen. Langri Tangpa war nicht unglücklich. Sein Mitgefühl und andere spirituelle Verwirklichungen beschützten ihn davor, sich je deprimiert zu fühlen, und sorgten dafür, dass er voller Freude war. Ihm war jedoch klar, dass es kein wahres Glück in Samsara gibt und dass wir uns nur noch fester an Samsara binden, wenn wir weltliche Freuden mit wahrem Glück verwechseln. Seine strenge Art forderte die Menschen heraus, sich mit ihrer tatsächlichen samsarischen Lage auseinanderzusetzen und spirituelle Pfade einzuschlagen.

Langri Tangpa lachte nur selten und wenn, dann war das so außergewöhnlich, dass sein Assistent es niederschrieb. So meditierte Langri Tangpa einmal in einer Höhle an einem Berghang mit Blick über einen Fluss. Es war mitten im Winter und der Fluss war vollständig zugefroren. Ein reisender Töpfer überquerte den Fluss, doch vollbeladen mit Töpfen, rutschte er immer wieder aus und Töpfe zerbrachen. Da der Töpfer wusste, dass sich Langri Tangpa irgendwo an diesem Hang aufhielt, rief er jedes Mal, wenn er ausrutschte: «O Langri Tangpa, Grimmiger!», so wie manche Menschen im Westen in ähnlichen Situationen rufen: «O Gott!» oder «O Jesus!». Langri Tangpa hörte das und er fand es so lustig, dass er lachen musste.

Ein anderes Mal, nachdem ihm ein großer Türkis dargebracht worden war, sah Langri Tangpa eine Maus, die versuchte, diesen von seinem Meditationstisch zu stehlen. Da sie den Stein nicht bewegen konnte, verschwand die Maus und kam mit vier anderen Mäusen zurück. Die erste Maus, die kleinste von ihnen, legte sich auf den Rücken und die anderen Mäuse schoben den Türkis auf ihren Bauch. Jede von ihnen fasste an eine Pfote und indem sie schoben und zogen, gelang es ihnen, den Türkis bis zu ihrem Mauseloch zu schleifen. Als sie jedoch dort ankamen, mussten sie feststellen, dass der Stein für das Loch zu groß war, und so mussten sie ihn zurücklassen. Langri Tangpa fand das so amüsant, dass er laut lachte.

Trotz seiner strengen Erscheinung verstanden die Leute allmählich aufgrund seiner Handlungen, dass die wirkliche Natur Bodhisattvas Langri Tangpas außergewöhnlich war. Da sie ihn als heiliges Wesen betrachteten, brachten sie ihm viele Gaben dar, doch sobald ihm etwas gegeben wurde, brachte er es sofort seinem spirituellen Meister Geshe Potowa und dessen Schülerschaft dar. Kurz bevor Geshe Potowa starb, versprach Langri Tangpa ihm zwei Dinge: seinen ganzen Besitz wegzugeben und nie lange an einem Ort zu bleiben. Ab dann gab er, wann immer er an einen neuen Ort zog, seine gesamte angesammelte Habe weg und zog mit leeren Händen weiter. Indem er Armut glücklich annahm und fortwährend Großzügigkeit übte, sammelte Langri Tangpa eine riesige Menge von Verdiensten an. Als Folge all dieser Verdienste erhielt er später in seinem Leben so viele Darbringungen, dass er ein großes Kloster gründen, zweitausend Mönche unterstützen und vielen Armen helfen konnte. Ohne irgendwelchen Geschäften nachzugehen oder sich um Reichtum zu bemühen, wurde er dennoch reich, einfach durch das Ansammeln von Verdiensten. Jeden Monat gab er alles weg, was er besaß, doch im darauffolgenden Monat wurde ihm sogar mehr gegeben! Obwohl Langri Tangpas Großzügigkeit ihn anfangs arm machte, machten ihn die Verdienste, die er durch seine Praxis des Gebens ansammelte, später sehr vermögend.

Langri Tangpa war auch ein großer Gelehrter und Praktizierender. Seine Hauptübungen waren das Austauschen vom Selbst mit anderen, die Niederlage annehmen und den Sieg anbieten sowie Bodhichitta. Alle diese Übungen werden in diesem Buch erklärt. Indem er andere in diesen Übungen unterwies, führte er Tausende von Schülern zur Erleuchtung. Selbst die Gegend Lang Tang, in der er lebte, wurde durch seine Anwesenheit gesegnet, sodass die örtliche Bevölkerung friedvoll und freundlich wurde und die Tiere und Vögel in Harmonie lebten. Er hatte außerdem eine besondere Fähigkeit, Krankheiten zu heilen und Hindernisse zu beseitigen, und einmal konnte er sogar das Leben vieler Menschen beschützen, indem er ein gefährliches Hochwasser zurückgehen ließ.

Langri Tangpa übte unaufhörlich die Praxis, die Niederlage anzunehmen und anderen den Sieg anzubieten, sowohl in seinen Meditationen als auch im Alltag. Eines Tages gebar eine junge Frau, die in der Nähe lebte, ein Mädchen, das schwer krank wurde. Ihr erstes Kind hatte sie bereits verloren und aus Angst, dass auch dieses Kind sterben würde, fragte sie ihre Mutter, was sie tun könne. Ihre Mutter riet ihr, ihre Tochter Geshe Langri Tangpa zu geben, dies sei der einzige Weg, sie zu retten. «Aber wie kann sich ein Mönch um einen Säugling kümmern?», fragte sie. Ihre Mutter antwortete: «Geshe Langri Tangpa ist ein Bodhisattva. Es ist seine Natur, alle Entbehrungen zu ertragen und alle guten

Bedingungen anderen zukommen zu lassen. Deshalb wird er mit Sicherheit bereit sein, sich um dein Kind zu kümmern.»

Die Frau ging mit ihrem Kind zu Langri Tangpa und traf ihn an, als er auf einem Thron saß und eine große Zuhörerschaft unterrichtete. Sie konnte immer noch nicht wirklich glauben, dass er das Kind annehmen würde, war aber überzeugt, dass ihr Kind sicher sterben würde, wenn sie es ihm nicht gäbe. So schritt sie auf ihn zu, legte den Säugling in seinen Schoß und sagte: «Hier ist dein Kind. Ich kann es nicht ernähren. Versorg du es!» Zum Erstaunen seiner Schüler nahm Langri Tangpa das Kind an. Obwohl einige vermuteten, dass er wirklich der Vater des Kindes sei und an ihm zu zweifeln begannen, war Langri Tangpa unbesorgt. Zärtlich wickelte er das Kind in seine gelbe Robe und setzte seinem Vortrag fort. Als er geendet hatte, nahm er das Kind mit nach Hause, fütterte es und segnete es. Zwei Jahre lang kümmerte er sich um das Mädchen und dank seiner Segnungen wurde es vollkommen gesund. Nach zwei Jahren kehrte die Mutter zurück, um zu sehen, ob es ihrer Tochter gut ging. Als sie sah, wie gesund das Kind war, fragte sie Langri Tangpa, ob sie ihre Tochter zurückhaben könne und der gütige Geshe willigte sofort ein. Durch diese Begebenheit und durch viele andere Beispiele seiner Selbstlosigkeit verstanden alle, dass Langri Tangpa ein außergewöhnlicher, heiliger Mensch war.

Nicht nur in jenem Leben arbeitete Langri Tangpa sehr viel, um Lebewesen zu helfen und den Buddhadharma in Tibet zu verbreiten, er hatte dies bereits in vielen früheren Inkarnationen getan und setzte das auch in seinen daraufolgenden Leben fort. In einem früheren Leben war er als Übersetzer Gowa Pagtse nach Indien gereist, hatte Sanskrit gelernt und viele buddhistische Texte ins Tibetische übersetzt. Später wurde er als Je Tsongkhapas Hauptschüler

Khädrubje, als Gyalwa Ensäpa und als der erste und zweite Panchen Lama wiedergeboren.

Als ich in Lhasa war, traf ich zum ersten Mal meinen spirituellen Vater Vajradhara Trijang Rinpoche und schon sein Anblick erinnerte mich an Bodhisattva Langri Tangpa. Ein Gefühl tiefer Zuneigung zu ihm erfasste mich und ich dachte oft, dass er eine Emanation Langri Tangpas sein müsse. Ein älterer Mönch gab mir später ein kleines Büchlein, in dem die Namen der früheren Inkarnationen Trijang Rinpoches aufgelistet waren, und unter diesen war der Name «Geshe Langri Tangpa». Ich war so glücklich, meinen Glauben bestätigt zu wissen!

Weil Langri Tangpa Buddha Amitabha ist und weil das Mitgefühl eines Buddha grenzenlos ist, gibt es mit Sicherheit in der ganzen Welt Emanationen Langri Tangpas, auch wenn wir sie nicht erkennen. Wir können sicher sein, dass seine Emanationen im Westen arbeiten, um Lebewesen zu helfen und um Buddhadharma zu verbreiten. Dass unser Geist in Unwissenheit gehüllt ist, ist der einzige Grund, weshalb wir sie nicht erkennen.

Durch seine aufrichtige Übung der Anleitungen über die Geistesschulung, fand Bodhisattva Langri Tangpa endgültiges Glück und half vielen anderen, das Gleiche zu erlangen. Dann erklärte er die Essenz seiner Dharma Erfahrung in *Acht Verse der Geistesschulung*. Spätere Kadampa Lamas wie Geshe Chekhawa verbreiteten das Studium und die Praxis des Kadam Lojong, oder Geistesschulung, in ganz Tibet, indem sie sich auf diesen Text stützten. Wir sollten uns sehr glücklich schätzen, solch kostbaren Lehren begegnet zu sein.

Die herausragenden Eigenschaften dieser Anleitungen

Da die *Acht Verse der Geistesschulung* aus der Weisheit eines vollerleuchteten Wesens hervorgehen, ist diese Anleitung gesegnet und sehr kostbar. Damit wir ihren Wert wirklich schätzen können, werde ich einige ihrer Vorteile erklären. Im Allgemeinen werden wir, wenn wir diese Anleitungen umsetzen, sowohl vorübergehendes als auch endgültiges Glück erleben. Das ist so, weil wir durch diese Übung den unwissenden Geist der Selbstwertschätzung und des Festhaltens am Selbst beseitigen können, die Wurzel allen Leiden und aller Probleme.

Im Besonderen zeigt uns diese Unterweisung, wie wir widrige Umstände in den spirituellen Pfad umwandeln, wodurch wir reines und immerwährendes Glück erleben werden. Was die spirituelle Entwicklung anbelangt, ist diese gegenwärtige Zeit äußerst degeneriert, es gibt viele Umstände, die den spirituellen Fortschritt behindern. Setzen wir diese Anleitungen jedoch um, so können wir all diese Widrigkeiten nutzen und in Gelegenheiten für spirituelles Wachstum umwandeln.

Der Geist der Menschen heute ist weniger rein als in der Vergangenheit und Verblendungen und falsche Sichtweisen sind vorherrschender. Da Menschen früher einen reineren Geist hatten, konnten sie relativ leicht reine Wesen wie

Asanga

Buddhas und Bodhisattvas wahrnehmen, doch in der heutigen Zeit fällt es ihnen sogar schwer, auch nur an die Existenz heiliger Wesen zu glauben. Früher waren Menschen weniger empfänglich für ablenkende Gedanken und so fiel es ihnen viel leichter, ruhiges Verweilen und andere fortgeschrittene Ebenen meditativer Konzentration zu erreichen. Mit dem Geist des ruhigen Verweilens konnten sie verschiedene Arten von Hellsicht erlangen, wie die Fähigkeit, Formen jenseits des gewöhnlichen Sehvermögens zu sehen oder subtile und entfernte Geräusche zu hören. Viele erwarben die Fähigkeit, den Geist anderer zu kennen oder vergangene und zukünftige Leben zu sehen. Und Wunderkräfte, wie die Fähigkeit, durch die Luft zu fliegen oder unterschiedliche Formen auszustrahlen, waren weit verbreitet. Zusätzlich zu diesen weltlichen Erlangungen erreichten unzählige Menschen Befreiung und volle Erleuchtung.

Mit der Zeit wurden diese Erlangungen immer unüblicher. Heutzutage können nur sehr wenige Menschen Buddhas direkt sehen und es ist äußerst schwierig geworden, ruhiges Verweilen, Hellsicht oder andere spirituelle Verwirklichungen zu erlangen. Dies ist ein klares Zeichen dafür, dass wir in spirituell degenerierten Zeiten leben. Es ist nicht nur schwieriger geworden, spirituelle Verwirklichungen zu erlangen, sondern wir sind zusätzlich vielen Schwierigkeiten und Gefahren ausgesetzt, die es früher nicht gab. Die politische Weltlage ist heute sehr instabil und durch die starke Verbreitung immer gefährlicherer Waffen ist das Leben der Menschen unsicherer als je zuvor. Trotz der Fortschritte in der modernen Medizin treten neue Krankheiten auf und alte kehren zurück. Jahr für Jahr sterben immer mehr Menschen an den direkten oder indirekten Folgen der Umweltverschmutzung und sogar

Errungenschaften wie Autos, Strom oder die Medizin, die wir normalerweise als hilfreich erachten, erweisen sich als potenzielle Ursachen eines vorzeitigen Todes.

Früher waren die Sichtweisen der Menschen im Allgemeinen spiritueller, heute jedoch wird die Weltanschauung der meisten Menschen zunehmend undifferenzierter und materieller. Es ist sehr schwierig, Menschen zu finden, die reine und richtige Sichtweisen vertreten. Fast jeder vertritt Einstellungen, die mit einer spirituellen Entwicklung unvereinbar sind. Manche neigen ganz natürlich zu falschen Sichtweisen, während andere sie von ihrer Familie oder von engen Freunden oder auch im Verlauf ihrer schulischen Ausbildung übernehmen. Nur sehr wenige schaffen es, sich dem Einfluss falscher Sichtweisen völlig zu entziehen.

Unsere Verblendungen sind heute sehr stark und schwer zu bändigen. Wir haben so wenig inneren Frieden, dass es uns selten gelingt, auch nur ein paar Stunden eines friedvollen Geistes zu genießen. Wenn wir unseren Geist überprüfen, werden wir feststellen, dass wir fast ständig in einem Zustand des Unbehagens und der Angst leben. Sobald wir eine Sorge los sind, beunruhigt uns etwas anderes. Unsere Verblendungen lassen uns keine Ruhe. Unser Geist macht uns zu schaffen und nur selten sind wir wirklich glücklich. Unser Leben ist äußerst hektisch und kompliziert, voller ständig steigender vielfältiger Ablenkungen. Selbst wenn wir die Zeit hätten, uns zu entspannen, neigen wir dazu, den Fernseher oder das Radio anzuschalten und sind einer Vielzahl von sich ständig ändernden Bildern und Geräuschen ausgeliefert. Wir haben uns so daran gewöhnt, von der Außenwelt stimuliert zu werden, dass es uns schwerfällt, still zu sein und die Ruhe unseres eigenen Geistes zu genießen. Unsere Aufmerksamkeitsspanne nimmt ständig ab und es wird immer schwieriger, uns auf die innere Entwicklung zu konzentrieren wie das Fördern reiner Sichtweisen und reiner Absichten.

Unsere Welt wird immer gefährlicher und verunreinigter, während innerlich unser Geist gröber und unbeherrschter wird. Obwohl solche Umstände die herkömmliche spirituelle Praxis sehr erschweren, können wir alle diese Widrigkeiten in den Pfad zur Erleuchtung umwandeln und inmitten dieser unreinen Welt glücklich sein, wenn wir den Anleitungen in *Acht Verse* folgen. Anstatt ein Hindernis für unseren spirituellen Fortschritt zu sein, können die Unreinheiten dieses Zeitalters wie ein Kraftstoff für unsere spirituelle Praxis sein. Ich denke, dass es heutzutage sehr schwierig ist, wahren Frieden und wahres Glück zu finden, ohne diese Lehren umzusetzen.

Atishas Lehrer Dharmarakshita verglich Samsara mit einem Wald voller giftiger Pflanzen, da wir ständig von anziehenden und abstoßenden Objekten umgeben sind, die die geistigen Gifte der Anhaftung und Wut anregen. Er verglich diejenigen, die ihre widrigen Umstände nicht in den spirituellen Pfad umwandeln können, mit Krähen, die keine giftigen Pflanzen fressen können. Praktizierende der Geistesschulung hingegen sind wie Pfaue, von denen es heißt, dass sie von den Pflanzen, die für andere Vögel giftig sind, prächtig gedeihen, da sie sowohl anziehende als auch abstoßende Objekte in den spirituellen Pfad umwandeln können. Sie können anziehende Objekte genießen, ohne Anhaftung zu entwickeln und sie können abstoßende Objekte wie Krankheit und andere widrige Umständen gut annehmen, ohne wütend oder mutlos zu werden. Welche Umstände auch immer entstehen, Praktizierende der Geistesschulung können sie genießen und zu etwas Gutem nutzen.

Da wir in diesen degenerierten Zeiten fortwährend von Objekten der Anhaftung und Abneigung umgeben sind, müssen wir auf jeden Fall lernen, sie durch Schulung unseres Geistes in den spirituellen Pfad umzuwandeln.

Üben wir Langri Tangpas Lehren des Lojong, oder der Geistesschulung, so haben wir eine wunderbare Gelegenheit, wahren inneren Frieden zu finden, indem wir unser Festhalten am Selbst und unsere Selbstwertschätzung zerstören, die Hauptursachen all unseres Leidens. Das ist nur sehr schwer durch irgendeine andere Methode zu erreichen. Aus diesem Grund vergleicht Geshe Chekhawa zu Beginn von *Geistesschulung in sieben Punkten*, dem Kommentar zu *Acht Verse*, die Anleitungen der Geistesschulung mit einem Diamanten, mit der Sonne und mit einem Medizinbaum. Sie sind wie ein Diamant, denn so wertvoll selbst der Splitter eines Diamanten ist, so hat das Üben selbst eines Bruchteils der Anleitungen der Geistesschulung große Kraft, unseren Geist von einem unglücklichen in einen glücklichen Zustand zu verwandeln. Sie sind wie die Sonne, denn so wie die ersten wenigen Sonnenstrahlen der aufgehenden Sonne die morgendliche Dunkelheit erhellen, so erhellt selbst eine oberflächliche Erfahrung nur eines Teils dieser Anleitungen die innere Dunkelheit unserer Unwissenheit, und so wie das volle Sonnenlicht jede Dunkelheit vollständig vertreibt, so überwindet eine tiefe Erfahrung der ganzen Praxis der Geistesschulung unsere Unwissenheit vollständig. Sie sind wie ein Medizinbaum, denn so wie jeder Teil eines solchen Baumes eine heilende Wirkung hat, so hat auch jeder Teil dieser Lehren die Kraft, die innere Krankheit unserer Verblendungen zu heilen.

Ich könnte viele Seiten lang damit fortfahren, die guten Eigenschaften dieser Lehren zu erläutern, doch es gibt nur einen einzigen Weg, sie wirklich schätzen zu können: Setzen Sie sie in die Praxis um und erfahren Sie selbst ihren Nutzen. Wie Geshe Chekhawa sagt: «Die Bedeutung dieses Textes sollte erkannt werden.» Damit meint er, dass wir alle die ausgezeichneten Eigenschaften nur dann verstehen, wenn wir die Bedeutung dieser Anleitungen verstehen und sie umsetzen. Ein Ladenbesitzer mag zum Beispiel versuchen, uns von der außergewöhnlichen Qualität eines bestimmten Tees zu überzeugen, doch es gibt nur einen einzigen Weg, um sicher zu gehen, dass der Tee wirklich so gut ist, wie gesagt wird: Wir müssen ihn selbst kosten.

Wir wissen aus eigener Erfahrung, dass wir nie in materiellen Dinge reinen Frieden und reines Glück finden können. Ganz gleich, wie perfekt wir unsere äußere Situation gestalten, solange wir in Samsara sind, werden uns Probleme weiterhin stören. Tatsächlich scheint es oft so zu sein, dass die Probleme zunehmen, je mehr Wert wir auf materielle Entwicklung legen. Reines Glück kann nur erlangt werden, wenn wir unseren Geist entwickeln. Indem wir die Qualität unserer Liebe, unseres Mitgefühls und unserer Weisheit verbessern, können wir allmählich alle unseren Leiden und Probleme beseitigen und schließlich die immerwährende Freude der vollen Erleuchtung erlangen. Wenn Sie die Anleitungen der Geistesschulung in Ihrem täglichen Leben anwenden, so versichere ich Ihnen, dass Sie den inneren Frieden und die innere Freude finden, nach der sich alle sehnen. Indem Sie dies verstehen, sollten Sie den festen Entschluss fassen, diese Anleitungen umzusetzen.

Vasubandhu

Die vorbereitenden Übungen

Innere Verwirklichungen entspringen weder magisch der Erde, noch fallen sie vom Himmel. Ob wir tiefe Erfahrungen mit den Übungen machen, die in *Acht Verse* erklärt werden, hängt von bestimmten inneren Bedingungen ab, die wir durch die vorbereitenden Übungen schaffen können. So wie ein Bauer den Boden vorbereiten muss, bevor er sein Feld bestellt, so müssen wir unseren Geist vorbereiten, bevor wir eine Ernte spirituelle Verwirklichungen erwarten können. Viele Menschen sind sehr an Meditation interessiert, vernachlässigen aber die vorbereitenden Übungen, da sie ihre Wichtigkeit nicht verstehen, und sind enttäuscht, wenn ihre Anstrengungen in der Meditation keine Früchte tragen. Sie sind wie ein Bauer, der sein Feld nicht gejätet, gedüngt oder bewässert hat und dennoch erwartet, dass seine Saat gedeiht. Je gewissenhafter wir die vorbereitenden Übungen machen, desto leichter werden wir Verwirklichungen aus unserer Praxis der Geistesschulung erlangen.

Die vorbereitenden Übungen haben drei Funktionen: Sie reinigen unseren Geist von Negativität, sie sammeln Verdienste, oder Glück, an und sie helfen uns, die Segnungen der Buddhas und Bodhisattvas zu empfangen. Wenn wir unseren Geist reinigen ist es so, als würden wir ein Feld von Steinen und Unkraut befreien, bevor die Aussaat erfolgt. Zurzeit ist unser Geist durch die Prägungen negativer Gedanken und durch die Potenziale aller nichttugendhaften

Handlungen, die wir in der Vergangenheit begangen haben, verunreinigt. Solange wir diese Negativität nicht durch die Praxis der Reinigung aus unserem Geist entfernen, wird sie das Wachstum tugendhafter Eigenschaften behindern und unsere Meditation wird keine Ergebnisse hervorbringen.

Zweitens müssen wir unserem Geist durch die Ansammlung von Verdiensten die Kraft geben, das Wachstum von Dharma Verwirklichungen zu unterstützen. Verdienste sind die positive Energie tugendhafter Handlungen. So wie ein gut gedüngter Boden eine reiche Ernte hervorbringen wird, so werden wir eine überreiche Ernte an spirituellen Verwirklichungen einbringen, wenn unser Geist reich an Verdiensten ist.

Drittens müssen wir die Segnungen der heiligen Wesen erhalten. Solange unser Geist nicht mit einem Regen von Segnungen, oder inspirierende Energie, der Buddhas und Bodhisattvas bewässert wird, ist er wie ein ausgedörrtes Feld, in dem die Samen der spirituellen Verwirklichungen, die durch Meditation gesät wurden, nicht wachsen können. Um Segnungen zu empfangen, müssen wir starkes Vertrauen in die heiligen Wesen und große Hingabe ihnen gegenüber entwickeln und sie darum bitten, unseren Geist zu segnen. Erhält unser Geist die Segnungen der heiligen Wesen, aktiviert dies unsere tugendhaften Potenziale, so wie Regen eine Wüste zum Leben erwecken kann, und spirituelle Verwirklichungen wachsen in unserem Geist heran.

Wenn wir unseren Geist gut vorbereiten, indem wir Negativität reinigen, Verdienste ansammeln und Segnungen empfangen, werden unsere Meditationen sehr erfolgreich sein. Eine einfache Weise dies zu tun ist, indem wir jede Meditationssitzung über die Geistesschulung mit der Rezitation der Gebete *Essenz des Glücks* beginnen (siehe

Anhang III), während wir über ihre Bedeutung nachdenken und die entsprechenden Visualisierungen ausführen. Wer weniger Zeit hat, findet ebenfalls in Anhang III eine kürzere Praxis, *Gebete für die Meditation*. Beide Gebete enthalten die sechs vorbereitenden Übungen für eine erfolgreiche Meditation. Diese sind:

1. Den Meditationsraum reinigen und einen Altar aufbauen
2. Schöne Darbringungen aufstellen
3. In der richtigen Meditationshaltung sitzen, Zuflucht nehmen und Bodhichitta erzeugen
4. Das Feld für die Ansammlung von Verdiensten visualisieren
5. Die siebengliedrige Praxis und das Mandala darbringen
6. Die heiligen Wesen um ihre Segnungen bitten

Die Anleitungen über die sechs vorbereitenden Übungen beruhen auf den *Sutras der Vollkommenheit der Weisheit*. Atisha erhielt diese Anleitungen von seinem Guru Lama Serlingpa und in der Folge erblühte diese Tradition in der ganzen Kadampa Welt.

Sowohl *Essenz des Glücks* als auch *Gebete für die Meditation* enthalten die Übung des Guru Yoga, das Tor, durch das wir die Segnungen aller Buddhas und Bodhisattvas erhalten. In dieser besonderen Übung visualisieren wir Buddha Shakyamuni im Raume vor uns, umgeben von allen Buddhas und Bodhisattvas. Wir konzentrieren uns auf Buddha Shakyamuni, den wir als eins mit unserem Guru, oder spirituellem Meister, betrachten, entwickeln Vertrauen und bitten um seine Segnungen. Wenn wir diese Gebete als Vorbereitung zur Meditation über die *Acht Verse* rezitieren, ist es glückverheißend, eine kleine Änderung an der Visualisierung vorzunehmen. Im Herzen Guru Buddha Shakyamunis visualisieren wir Buddha Amitabha, der einen rotfarbigen Körper hat und mit seinen beiden Händen in der Geste des meditativen Gleichgewichtes sitzt. Oder wir visualisieren Buddha Amitabha statt Buddha Shakyamuni. Der Grund für diese kleine Änderung ist, dass wir unsere Beziehung zu Bodhisattva Langri Tangpa verstärken können, der wie bereits erklärt eine Emanation Buddha Amitabhas ist. Diese Art der Visualisierung hilft uns, größeres Vertrauen in den Verfasser dieser Verse und seine Anleitungen zu entwickeln, und dies wird uns helfen, seine inspirierenden Segnungen schneller zu empfangen.

Buddha Amitabha wird der «Buddha der Vajrarede» genannt, was darauf hinweist, dass er die Manifestation der Rede aller Buddhas ist. In Zukunft werden alle Lebewesen diesem Buddha im Aspekt eines gewöhnlichen Wesens begegnen und er wird sie auf dem Pfad zur Erleuchtung führen. Buddha Amitabha, Buddha Amitayus und Buddha Vajradharma sind die gleiche Natur, zeigen aber einen anderen Aspekt. Auf dem Scheitel Avalokiteshvaras, dem Buddha des Mitgefühls, ist immer sein spiritueller Meister Buddha Amitabha gegenwärtig. Auf den Scheiteln aller vertrauensvollen Schüler ist in gleicher Weise immer Buddha Amitabha, ihr spiritueller Meister.

Abgesehen von dieser Änderung in der Visualisierung sind die übrigen vorbereitenden Übungen die gleichen. Es folgt nun eine kurze Erklärung der sechs vorbereitenden Übungen.

DEN MEDITATIONSRAUM REINIGEN UND EINEN ALTAR AUFBAUEN

DIE PRAXIS DER REINIGUNG

Wir wissen aus eigener Erfahrung, dass eine schmutzige und unordentliche Umgebung unseren Geist bedrückt und uns unsere Energie raubt, während eine saubere und ordentliche Umgebung unseren Geist aufbaut, ihn klar und lebendig macht. Wenn Menschen besondere Gäste zu sich einladen, erweisen sie ihnen natürlich Respekt, indem sie sich bemühen, das Haus vorher auf Hochglanz zu bringen. In unserer Meditationssitzung laden wir alle Buddhas und Bodhisattvas ein, vor uns zu erscheinen, unsere Darbringungen und Gebete anzunehmen und uns in unserer Meditation zu helfen. Deshalb ist es ganz natürlich, dass wir uns vor Beginn unserer Sitzung etwas Zeit nehmen sollten, um unseren Meditationsraum zu reinigen.

Nachdem wir unser Zimmer geputzt haben, sollten wir uns vorstellen, dass sich unsere Umgebung in ein Reines Buddhaland verwandelt. Wir spüren, dass alle erleuchteten Wesen sich darüber freuen, in unsere Meditation zu kommen, und dass unser Geist hell und konzentriert wird. Es ist sehr hilfreich, sich an die Geschichte Lam Chungs zu erinnern, dessen einzige Übung es war, den Boden des Tempels zu fegen. Während er sich vorstellte, dass er seine Verblendungen wegfegte, verbrachte Lam Chung seine ganze Zeit damit, den Tempel zu putzen, und reinigte sich dadurch von seinen karmischen Behinderungen, empfing Buddhas tiefgründige Segnungen und entwickelte spontan hohe Verwirklichungen. Diese Geschichte wird ausführlich im Buch *Freudvoller Weg* erklärt.

EINEN ALTAR AUFBAUEN

Wenn es unsere Umstände erlauben, ist es sehr hilfreich, einen Altar mit Darstellungen von Buddhas Körper, Rede und Geist aufzustellen. Ein Altar gibt unserem Glauben einen Fokus, als ständige Erinnerung an die Buddhas, durch deren Güte alle Lebewesen die Gelegenheit haben, den dauerhaften inneren Frieden und das höchste Glück der Erleuchtung zu erlangen.

Um Buddhas Körper darzustellen, stellen wir in der Mitte des Altars ein Bild oder eine Statue von Buddha Shakyamuni auf sowie von anderen heiligen Wesen, die eine besondere Beziehung zu unserer täglichen Praxis haben. Um Buddhas Rede darzustellen, können wir auf die linke Seite des Altars ein Dharma Buch legen, und um Buddhas Geist darzustellen, stellen auf die rechte Seite des Altars einen Stupa.

Wenn wir zu den Drei Juwelen Zuflucht nehmen, verpflichten wir uns, alle Bildnisse der Buddhas als eigentliche Buddhas und alle Dharma Bücher als eigentliche Dharma Juwelen zu betrachten. Es ist deshalb sehr wichtig, Bildnisse der Buddhas und Dharma Bücher respektvoll zu behandeln. Wir sollten sie dekorativ auf einem Platz anordnen, der sauber und erhöht ist, und sie nicht achtlos irgendwo abstellen wie eine Tasse Tee. Dharma Bücher sind das Hauptmittel, um unsere Unwissenheit zu vertreiben, den Ursprung all unserer Probleme. Gehen wir jedoch mit diesen Büchern achtlos um, so wird das nur dazu führen, dass sich unsere Unwissenheit vergrößert. Deshalb sollten wir Dharma Bücher nicht auf den Fußboden legen, über sie hinwegschreiten oder sie mit gewöhnlichen Büchern oder Zeitschriften vermischen.

Eine der besten Methoden, unser Vertrauen in die Buddhas zu vergrößern und ihre Segnungen zu erhalten, ist, ein Bildnis Buddhas immer wieder anzuschauen und es als eigentlichen Buddha zu betrachten, der unvergleichlich gütig zu allen Lebewesen ist. Wenn wir zum Beispiel eine Buddha Statue sehen, sollten wir sie nicht als ein Objekt aus Metall oder Stein ansehen oder auf ihre künstlerischen Mängel oder ihren Wert achten, sondern das Gefühl haben, dass wir in der Gegenwart eines echten lebendigen Buddhas sind und tiefes Vertrauen entwickeln. Betrachten wir Bildnisse der Buddhas in dieser Weise, dann ist es so, als würden wir ein Fenster in unserem Geist öffnen, durch das die Segnungen der heiligen Wesen eintreten können. Diese besondere Art und Weise, Bildnisse der Buddhas zu betrachten, beruht auf Weisheit, nicht auf Unwissenheit, und dient dazu, unser Vertrauen zu vergrößern und Segnungen zu erhalten.

Die Darstellungen von Buddhas Körper, Rede und Geist sind so gesegnet, dass unser Geist gesegnet wird, einfach indem wir sie anschauen, selbst wenn wir kein Vertrauen haben. Einst lebte ein Mann namens Shri Datta, der viele äußerst negative Handlungen begangen hatte, so versuchte er zum Beispiel Buddha zu vergiften. Viele Jahre später, als alter Mann, begann sich Shri Datta für Dharma zu interessieren und bat Buddha ihm Ordination zu gewähren. Es heißt, dass wir, um Ordination zu empfangen, zumindest irgendein kleines tugendhaftes Potenzial haben müssen, das eine Ursache für Befreiung ist. Als aber hellsichtige Schüler Buddhas Shri Datta prüften, konnten sie kein einziges derartiges Potenzial finden und erklärten ihn als ungeeignet für die Ordination. Diese Schüler konnten jedoch nicht die subtilen Potenziale sehen, die nur von erleuchteten Wesen wahrgenommen werden. Als Buddha in Shri Dattas dunklen Geist schaute, sah er ein winziges Potenzial für Tugend und sprach zu seinen Schülern: «Vor vielen Äonen war Shri Datta eine Fliege, die auf etwas Pferdedung in der Nähe des Stupas eines Buddha landete. Es regnete stark und das Wasser trug den Dung mit der Fliege um den Stupa herum. Obwohl die Fliege keine Absicht hatte, den Stupa zu umrunden, empfing sie dennoch allein durch den Anblick des Stupa Buddhas Segnungen, und dies hinterließ ein tugendhaftes Potenzial in ihrem Geist, um Befreiung zu erlangen.» Daraufhin gewährte Buddha ihm die Ordination. Infolgedessen nahm Shri Dattas positives Potenzial zu und er erlangte noch im gleichen Leben Befreiung.

In den Lamrim Lehren heißt es, dass allein das Erblicken einer Abbildung Buddhas ein Potenzial im Geist hinterlässt, das eine definitive Ursache für Erleuchtung ist und durch nichts zerstört werden kann. Dieses Potenzial wird mit einer Weisheitsnektarpille verglichen, die wir schlucken und die, unbeschmutzt von allen körperlichen Unreinheiten, unversehrt unseren Körper durchläuft. Weil Buddha ein vollkommen reines Objekt ist, völlig jenseits von Samsara, hat die Prägung, ein Bildnis von ihm zu sehen, eine besondere Eigenschaft, die nicht zu Samsara gehört und nie beschädigt oder zerstört werden kann, selbst wenn sie in einen Geist voller Verblendungen gesetzt wird. Diese Prägung oder dieses Potenzial wird auch mit einem Funken verglichen, der die Kraft hat, ein Feuer zu entzünden, das im Laufe der Zeit einen Heuhaufen in Flammen aufgehen lässt, der so groß ist wie die ganze Welt. Wir haben gesehen, wie Shri Datta durch die Prägung, einen Stupa zu erblicken, den Wunsch erzeugen konnte, in den Pfad zur Befreiung einzutreten und durch die Dharma Praxis alle Verblendungen in seinem Geist verbrennen konnte.

Anhand dieser Beispiele können wir verstehen, dass Buddha Bildnisse zu betrachten die gleiche Funktion hat, wie eigentliche, lebendige Buddhas zu sehen. In ähnlicher Weise haben die Darbringungen und Verbeugungen, die vor Buddhas Bildnissen gemacht werden, die gleiche Funktion wie die Darbringungen und Verbeugungen, die vor lebendigen Buddhas gemacht werden, und wir sammeln die gleiche Menge an Verdiensten an. Aus diesem Grund wird es als so wichtig angesehen, dass buddhistische Tempel eine große und schöne Buddha Statue haben, denn jeder, der den Tempel besucht und die Statue sieht, erschafft die Ursachen für Befreiung und Erleuchtung.

SCHÖNE DARBRINGUNGEN AUFSTELLEN

Wir können auf dem Altar vor den Bildnissen Buddhas schöne Darbringungen wie Blumen, Weihrauch, Lichter und Speisen aufstellen sowie Schalen mit Wasser, das wir als reinen Nektar betrachten. Wir können uns außerdem vorstellen, dass sich alle Objekte des Vergnügens von Menschen und Göttern, wie Gärten, Paläste, Berge und Seen, in reine und kostbare Darbringungen an die Buddhas verwandeln.

Der Sinn unserer Darbringungen an die Buddhas liegt nicht darin, ihnen etwas zu schenken, weil sie es brauchen, sondern in der Wirkung, die diese Gaben auf unseren eigenen Geist haben. Viele Menschen schmücken die Gräber ihrer Lieben mit schönen Blumen und obwohl der Verstorbene nicht anwesend ist und nichts von den Gaben hat, können wir trotzdem nicht sagen, dass es sinnlos ist, dies zu tun. Wieviel mehr Sinn macht es dann aber, mit einem Geist von Vertrauen schöne Gaben vor Buddhas Bildnissen aufzustellen, denn die Buddhas sind tatsächlich anwesend und erfreuen sich an unseren Gaben.

Da ein Buddha allwissende Weisheit erlangt hat, weiß er oder sie, wann wir Gaben darbringen. Außerdem sind Körper und Geist eines Buddha die gleiche Natur und wo immer sein Geist ist, ist auch sein Körper. Unser Geist und Körper sind unterschiedlicher Natur. Unser Geist wird nicht durch physische Hindernisse aufgehalten, unser Körper dagegen schon. Unser Geist kann mit Leichtigkeit im Universum umherwandern, unser Körper aber muss auf der Erde bleiben. Der Körper eines Buddha ist ebenso wenig durch Materie behindert wie sein oder ihr Geist, deshalb können sich Körper und Geist frei bewegen. Da Buddhas Geist mit der endgültigen Natur aller Phänomene vermischt und frei von den Behinderungen zur Allwissenheit ist, durchdringt er alle Phänomene, und da sein Körper und Geist die gleiche Natur sind, kann auch sein Körper alles durchdringen. So können wir verstehen, dass Buddhas allgegenwärtig sind und dass es keinen Ort gibt, wo Buddha nicht anwesend ist. Buddhas gleichen der Sonne und unsere Unwissenheit gleicht den Wolken, die die Sonne verhüllen. Wenn sich die Wolken auflösen, erkennen wir, dass die Sonne in Wirklichkeit die ganze Zeit über schien. Ähnlich verhält es sich, wenn wir die Wolken unserer Unwissenheit aus unserem Geist entfernen und erkennen, dass die Buddhas ständig um uns herum gegenwärtig waren.

IN DER RICHTIGEN MEDITATIONSHALTUNG SITZEN, ZUFLUCHT NEHMEN UND BODHICHITTA ERZEUGEN

IN DER RICHTIGEN MEDITATIONSHALTUNG SITZEN

Obwohl Meditation eher eine geistige als eine körperliche oder sprachliche Handlung ist, unser Geist und Körper jedoch eng miteinander verbunden sind, ist es wichtig, während der Meditation in einer richtigen Haltung zu sitzen. Dies wird uns helfen, einen klaren und konzentrierten Geist zu bewahren. Wenn wir ein Kissen bevorzugen, sollten wir versuchen, mit gekreuzten Beinen zu sitzen, idealerweise in der Vajrahaltung, und beide Füße auf dem jeweils gegenüberliegenden Oberschenkel ruhen zu lassen. Falls dies zu schwierig ist, sollten wir eine Haltung einnehmen, die ihr am ehesten entspricht, aber dennoch bequem ist. Wenn wir auf einem Stuhl sitzen, sollten unsere Füße auf dem Boden ruhen. Unser Rücken ist gerade. Die rechte Hand ruht in der linken, die Handflächen zeigen nach oben und die Spitzen der Daumen sind ein wenig höher und berühren sich sanft auf der Höhe des Nabels. Der Mund ist leicht geschlossen und die Zunge berührt die Rückseite der oberen Zahnreihe. Der Kopf ist leicht nach vorne geneigt, die Augen sind ein wenig geöffnet und die Schultern sind gerade. Wir sollten versuchen, diese Haltung in formellen Meditationssitzungen einzunehmen, doch im Allgemeinen können wir in jeder Haltung und zu jeder Zeit meditieren – während wir uns ausruhen, essen, putzen und so weiter.

Haben wir erst einmal die richtige Meditationshaltung eingenommen, sollten wir versuchen, unseren Geist zur Ruhe zu bringen, denn mit einem geschäftigen und abgelenkten Geist werden uns weder unsere vorbereitenden Übungen noch unsere eigentlichen Meditationen über die Geistesschulung gelingen. Um unsere Ablenkungen zu vertreiben, können wir die folgende einfache Atemmeditation üben: Während wir ausatmen, stellen wir uns vor, dass wir all unsere ablenkenden Gedanken in Form von dunklem Rauch ausatmen, der sich im Raum auflöst. Während wir einatmen, stellen wir uns vor, dass wir die Segnungen aller Buddhas im Aspekt von weißem Licht einatmen, das in unseren Körper eintritt und sich in unser Herz auflöst. Wir konzentrieren uns einsgerichtet auf diesen Vorgang des Einatmens und Ausatmens, atmen dabei unsere Ablenkungen aus und atmen Buddhas Segnungen ein, bis unser Geist klar und friedvoll geworden ist. Auf dieser Stufe gleicht unser Geist einem sauberen weißen Tuch, das wir nun mit einer tugendhaften Motivation wie Mitgefühl oder Bodhichitta einfärben können.

ZUFLUCHT NEHMEN

Nachdem wir unseren Geist beruhigt haben, nehmen wir Zuflucht zu den Drei Juwelen. Die Drei Juwelen sind das Buddha Juwel – alle vollerleuchteten Wesen, das Dharma Juwel – die spirituellen Verwirklichungen, die wir durch die Übung der Lehren Buddhas entwickeln, und das Sangha Juwel – die höheren Praktizierenden, die die endgültige Wahrheit direkt verwirklicht haben. Indem wir verstehen, dass nur diese Drei Juwelen die tatsächliche Kraft haben, Lebewesen vor Furcht, Gefahr und Leiden zu beschützen, stellen wir uns vor und glauben, dass im Raum vor uns der lebendige Buddha Shakyamuni ist, umgeben von allen anderen Buddhas und Bodhisattvas, gleich dem Vollmond von Sternen. Dann rezitieren wir das Zufluchtsgebet, erfüllt von großer Furcht vor einer samsarischen Wiedergeburt und mit tiefem Vertrauen in die Kraft der Drei Juwelen uns zu beschützen, und fassen den festen Entschluss, uns auf Buddha, Dharma und Sangha zu verlassen, bis wir Erleuchtung erlangen.

BODHICHITTA ERZEUGEN

Dann erzeugen wir die Bodhichtta Motivation. Der Wert unserer Meditation und in der Tat jeder tugendhaften Handlung hängt hauptsächlich von der Motivation ab, mit der wir sie ausführen. Wenn wir lediglich mit der Motivation meditieren, uns zu entspannen oder unsere körperliche Gesundheit zu verbessern, können wir durch Meditation diese Ziele vielleicht erreichen, doch dies kann schwerlich als spirituelle Praxis gelten. Die höchste Motivation von allen ist Bodhichitta, der Wunsch volle Erleuchtung zu erlangen, um allen Lebewesen zu helfen. Wenn wir mit dieser Motivation meditieren, werden die Verdienste unserer Meditation grenzenlos sein. Um Bodhichitta zu erzeugen denken wir:

> *Jedes einzelne Lebewesen, das im Gefängnis Samsaras gefangen ist, erlebt Gefahr, Furcht und Leid, Leben für Leben, endlos. Erlange ich selbst Erleuchtung, so werden meine Emanationen alle Welten durchdringen und jedes Lebewesen beschützen. Ich muss zum Wohle aller Lebewesen ein Buddha werden.*

Mit dieser Motivation rezitieren wir das Bodhichitta Gebet dreimal.

Zuflucht zu den Drei Juwelen zu nehmen ist das Tor, durch das wir im Allgemeinen in den Buddhismus eintreten, und Bodhichitta Motivation zu erzeugen ist das Tor, durch das wir in den Mahayana Buddhismus eintreten. Da die Stärke unseres Bodhichitta von der Stärke unserer Liebe und unseres Mitgefühls abhängt, rezitieren wir nun aus der Tiefe unseres Herzens das folgende Gebet:

Manjushri

Mögen alle glücklich sein.
Mögen alle frei von Leiden sein.
Möge niemand je von Glück getrennt sein.
Mögen alle Gleichmut haben, frei von Hass und Anhaftung.

Dann widmen wir uns mit der Bodhichitta Motivation den Übungen, Verdienste anzusammeln, negatives Karma zu reinigen, die Segnungen der Buddhas zu empfangen, und über die *Acht Verse der Geistesschulung* zu kontemplieren und zu meditieren.

DAS FELD FÜR DIE ANSAMMLUNG VON VERDIENSTEN VISUALISIEREN

Wir stellen uns vor: Im Raum vor uns ist der lebendige Buddha Shakyamuni, der von einer Natur ist mit unserem spirituellen Meister, umgeben von den Überlieferungsliniengurus, Buddhas, Bodhisattvas und anderen heiligen Wesen. Im Herzen Buddha Shakyamunis ist Buddha Amitabha, der die gleiche Natur ist wie Bodhisattva Langri Tangpa, der Autor der *Acht Verse der Geistesschulung*. Wir konzentrieren uns auf die Versammlung dieser erleuchteten Wesen und sobald wir ein grobes allgemeines Bild haben, meditieren wir darüber. Diese Versammlung wird das «Feld für die Ansammlung von Verdiensten» genannt, denn so wie äußere Ernten aus den Samen wachsen, die wir in ein äußeres Feld säen, wachsen die inneren Ernten der Verdienste oder des Glücks aus den Samen des Vertrauens und der Hingabe, die wir in das Feld aller erleuchteten Wesen säen.

Obwohl diese heiligen Wesen in Wirklichkeit vor uns anwesend sind, können wir sie aufgrund unserer Unwissenheit und unseres negativen Karmas nicht sehen.

Trotzdem können wir mithilfe der Visualisierung mit ihnen kommunizieren. Fällt es uns schwer, Buddhas zu visualisieren, oder entwickeln wir dabei kein besonderes Gefühl, so liegt das daran, dass wir in der Tiefe unseres Herzens nicht glauben, dass sie tatsächlich anwesend sind. Doch Buddhas sind überall, wie bereits erklärt wurde. Buddhas zu visualisieren ist nicht wie eine Fantasie der Kinder beim Spielen, sondern ein Mittel, unseren Geist für das zu öffnen, was bereits da ist. Buddha Shakyamuni sagte: «Wann immer jemand mich mit Vertrauen visualisiert, so bin ich da.» An einem bewölkten Tag, an dem wir die Sonne nicht direkt sehen, können wir uns trotzdem problemlos vorstellen, dass sie hinter den Wolken scheint, denn wir wissen, dass sie dort ist. In gleicher Weise sollten wir keinen Zweifel daran haben, selbst wenn unsere Visualisierung der Buddhas sehr unklar ist, dass sie wirklich vor uns anwesend sind. Wenn wir mit voller Zuversicht visualisieren, dass die lebendigen Buddhas vor uns sind, wird unser Geist mit Sicherheit eine Verbindung zu ihnen herstellen und allmählich wird sich die Klarheit unserer Visualisierung verbessern.

Zu Beginn müssen wir die Buddhas nicht in allen Einzelheiten visualisieren, sondern sollten einfach glauben, dass sie vor uns sind, und starkes Vertrauen entwickeln. Durch die Kraft unseres Vertrauens und unserer Vertrautheit werden wir allmählich die Buddhas mühelos visualisieren können. Es fällt uns nicht schwer, unsere Mutter zu visualisieren, weil wir sie so gut kennen. In ähnlicher Weise werden wir auch Buddhas leichter visualisieren können, wenn wir durch Studium der Dharma Unterweisungen und unser Vertrauen in sie die Natur, die Aufgaben und die guten Eigenschaften der Buddhas besser verstehen. Wichtig ist auch zu verstehen, wie wir selbst ein Buddha werden können, denn wenn wir überzeugt sind, dass Erleuchtung auch für uns möglich ist, werden wir uns ganz natürlich denen näher fühlen, die Erleuchtung bereits erlangt haben.

DIE SIEBENGLIEDRIGE PRAXIS UND DAS MANDALA DARBRINGEN

Um Verdienste anzusammeln und Negativität zu reinigen, bringen wir nun die Praxis der sieben Glieder und das Mandala dar. Die sieben Glieder sind: Verbeugung, Darbringung, Bekenntnis, Sicherfreuen, die heiligen Wesen inständig bitten zu verweilen, um das Drehen des Dharma Rades bitten und Widmung.

VERBEUGUNG

Wir konzentrieren uns auf die Versammlung der Buddhas im Raum vor uns, halten mit einem Geist tiefen Vertrauens und Respekts unsere zusammengelegten Handflächen an unserem Herzen und rezitieren die entsprechende Zeile aus dem siebengliedrigen Gebet.

DARBRINGUNG

Um unserem Geist die nötige positive Energie zu geben, um zum Wohle aller Lebewesen die volle Erleuchtung zu erlangen, bringen wir der Versammlung der heiligen Wesen umfangreiche Gaben dar. Wir bringen nicht nur die Gaben dar, die wir auf unserem Altar aufgestellt haben, sondern nutzen unsere Imagination, um ihnen alle Objekte des Vergnügen aus dem ganzen Universum darzubringen, wie wunderschöne Gärten, Seen, Bäume und Berge sowie die Sonne, den Mond und die Sterne.

BEKENNTNIS

In der Gegenwart der großen Mitfühlenden, der Versammlung der Buddhas, bekennen wir mit einem Geist großen Bedauerns all die nichttugendhaften und negativen Handlungen, die wir in diesem Leben und in zahllosen vergangenen Leben angesammelt haben und versprechen, dass wir sie von nun an nicht wieder begehen werden. In dieser Weise reinigen wir unseren Geist von der Bürde negativen Karmas und beseitigen die Haupthindernisse spiritueller Entwicklung.

SICHERFREUEN

Sicherfreuen bedeutet, das Wohl, die Tugend und das Glück anderer zu schätzen und sich daran zu erfreuen. Erfreuen wir uns an den guten Eigenschaften anderer, so wird dies die Ursache dafür sein, selbst ähnliche Eigenschaften zu entwickeln. Indem wir alle Gefühle von Neid und Rivalität überwinden, sollten wir uns an den Tugenden aller Wesen erfreuen – derjenigen, die noch in Samsara sind und derjenigen, die den spirituellen Pfad zur Erleuchtung vollendet haben. All jene, die jetzt Buddhas sind, wanderten einst auf den leidvollen Pfaden Samsaras, so wie wir es jetzt tun. Doch aufgrund ihres großen Bemühens traten sie in den Bodhisattvapfad ein und erlangten die vollkommene Erleuchtung, indem sie durch all seine Stufen voranschritten. Aus der Tiefe unseres Herzens erfreuen wir uns an ihren tugendhaften Erlangungen und beten dafür, so zu werden wie sie.

INSTÄNDIGE BITTE AN DIE HEILIGEN WESEN, NICHT DAHINZUSCHEIDEN

Ohne spirituelle Meister, die Manifestationen von Buddhas Mitgefühl sind, um fühlende Wesen auf dem Pfad zur Befreiung zu führen, wäre diese Welt in spirituelle Dunkelheit gehüllt. Aus der Tiefe unseres Herzens bitten wir Buddhas Emanationen bei uns zu bleiben, bis Samsara endet.

UM DAS DREHEN DES DHARMA RADES BITTEN

Nachdem die Götter Brahma und Indra Buddha gebeten hatten, das Rad des Dharma zu drehen, lehrte Buddha viele Methoden, um die Krankheit der Verblendungen zu heilen, und diese führten zahllose Wesen zur Befreiung von Leiden. Um sicherzustellen, dass diese Lehren in dieser Welt bleiben, bitten wir die heiligen Wesen, den kostbaren Dharma zu lehren.

WIDMUNG

Am Ende jeder tugendhaften Handlung sollten wir die Verdienste, die wir erworben haben, dem ungetrübten und vollkommenen Glück aller Lebewesen widmen. Wenn wir unsere Verdienste nicht in dieser Weise widmen, können sie leicht durch Wut oder andere starke Verblendungen zerstört oder infolge der Erfüllung unserer eigensüchtigen Wünsche vergeudet werden. Indem wir jedoch unsere Verdienste unserer eigenen und der Erleuchtung anderer widmen, sichern wir sie und gewährleisten dadurch, dass sie sich nie erschöpfen. Insbesondere widmen wir alle unseren tugendhaften Handlungen, sowohl gegenwärtige als auch vergangene, sodass wir die Verwirklichungen der *Acht Verse der Geistesschulung* erlangen und somit das höchste Glück der vollen Erleuchtung.

Diese sieben Übungen werden «Glieder» genannt, weil sie unsere Meditation unterstützen, wie die Glieder unseren Körper unterstützen. Ohne die Glieder unseres Körpers können wir körperlich nicht viel ausrichten und in ähnlicher Weise können wir ohne die Glieder Verdienste anzusammeln und Negativität zu reinigen, in der Meditation nicht viel erreichen. Mit Übungen wie Verbeugung, Darbringung, inständige Bitte und Bitte sammeln wir Verdienste an. Die Übungen wie Sicherfreuen und Widmung vervielfachen Verdienste und die Übung des Bekenntnisses reinigt negatives Karma. Eine genaue Erläuterung der sieben Glieder findet sich im Buch *Freudvoller Weg*.

DAS MANDALA DARBRINGEN

Das Wort «Mandala» bedeutet in diesem Zusammenhang «Universum». Wenn wir den heiligen Wesen ein Mandala darbringen, bringen wir alles dar – das ganze Universum und alle Wesen, die darin leben. Da die Verdienste, die wir mit einer Darbringung erschaffen, der Natur dieser Darbringung entsprechen, verwandeln wir geistig das ganze Universum in ein Reines Land, von kostbaren Objekten erfüllt und von reinen Wesen bewohnt, anstatt ein gewöhnliches, unreines Universum darzubringen. Wir stellen uns vor, dass wir dieses reine Universum in unseren Händen halten und bringen es allen erleuchteten Wesen dar. In dieser Weise bringen wir alles dar, was wir besitzen oder uns wünschen könnten. Mandalas darzubringen ist sehr kraftvoll und wenn wir uns Glück und spirituelle Erlangungen wünschen, sollten wir jeden Tag ein Mandala darbringen. Eine genauere Erläuterung der Mandala Darbringung findet sich im Buch *Führer ins Dakiniland*.

DIE HEILIGEN WESEN UM IHRE SEGNUNGEN BITTEN

UM SEGNUNGEN BITTEN

Das tibetische Wort für Segnung ist «jin gyi lob», was wörtlich «umwandeln» bedeutet. Wenn wir um Segnungen bitten, bitten wir darum, unseren Geist von einem nichttugendhaften Zustand in einen tugendhaften Zustand umzuwandeln und von einem unglücklichen Zustand in einen glücklichen Zustand. Das Wichtigste ist, dass wir unseren Geist in den Geist eines erleuchteten Wesens umwandeln, und deshalb bitten wir die heiligen Wesen, unseren Geist zu segnen, damit wir die Verwirklichungen der Stufen des Pfades zur Erleuchtung erlangen mögen. Deshalb rezitieren wir das *Gebet der Stufen des Pfades*, während wir uns auf seine Bedeutung konzentrieren.

SEGNUNGEN EMPFANGEN

Nun stellen wir uns vor, dass die heiligen Wesen aufgrund unserer tiefempfundenen Bitten ihre Segnungen gewähren, die in Form von Licht und Nektar aus ihren Herzen herabströmen. Diese treten in unseren Körper und Geist ein, befrieden unsere Negativität und Hindernisse und lassen unsere Verdienste, unsere Lebensspanne, unseren inneren Frieden und unsere Dharma Verwirklichungen anwachsen. Über diese Erfahrung meditieren wir eine Weile.

Nachdem wir die Segnungen aller heiligen Wesen erhalten haben, stellen wir uns vor, dass alle heiligen Wesen, die Guru Buddha Shakyamuni umgeben, zu Licht schmelzen und sich in ihm sammeln. Er wiederum löst sich in Buddha Amitabha in seinem Herzen auf, der zu unserem Scheitel kommt. Wir verbeugen uns geistig vor unserem spirituellen Meister im

Aspekt Buddha Amitabhas auf unserem Scheitel, bringen ihm ein kurzes Mandala dar und beten zu ihm, indem wir die *Acht Verse der Geistesschulung* rezitieren:

Mit der Absicht, das endgültige, höchste Ziel zu erreichen,
Das selbst das wunscherfüllende Juwel übertrifft,
Möge ich ohne Unterlass
Alle Lebewesen schätzen.

Wann immer ich mit anderen zusammen bin,
Möge ich mich selbst als den Geringsten von allen sehen
Und mit einer reinen Absicht
Möge ich andere über alles schätzen.

Während all meiner Handlungen untersuche ich mein Geisteskontinuum
Und sobald sich eine Verblendung der Selbstwertschätzung entwickelt,
Aufgrund derer ich mich oder andere sich unangemessen verhalten würden,
Möge ich ihr entschieden gegenübertreten und sie abwenden.

Wann immer ich bedauernswerte Wesen sehe,
Auf denen Böses und schweres Leiden lastet,
Möge ich sie schätzen,
Als ob ich einen seltenen und kostbaren Schatz gefunden hätte.

Sogar wenn jemand, dem ich geholfen
Und in den ich große Hoffnungen gesetzt habe,
Mir absichtlich Schaden zufügt,
Möge ich ihn oder sie als meinen heiligen spirituellen Meister sehen.

Wenn andere mich aus Neid oder Wut
Verletzen oder beleidigen,
Möge ich selbst die Niederlage annehmen
Und ihnen den Sieg anbieten.

Kurz gesagt, möge ich direkt und indirekt
Allen meinen Müttern Glück und Hilfe geben
Und im Geheimen allen Schaden
Und all ihr Leiden auf mich nehmen.

Mögen ich und alle Lebewesen außerdem durch alle diese Übungen,
Zusammen mit einem Geist, der unbefleckt ist von den Verunreinigungen der Vorstellungen der acht Extreme
Und der alle Phänomene als Illusion erkennt,
Von der Fessel fehlerhafter Erscheinung und Vorstellung befreit sein.

Wir rezitieren die *Acht Verse* mit tiefem Vertrauen in Guru Amitabha und wiederholen dreimal den jeweiligen Vers, über den wir meditieren möchten. Dann stellen wir uns vor, dass durch die Kraft unseres Gebetes Ströme von Licht und Nektar aus Guru Amitabhas Körper herabströmen, unseren Körper und Geist von aller Negativität, allen Verblendungen und Behinderungen reinigen und unser Potenzial zur Reife bringen, die Verwirklichung der Meditation zu erlangen. Nun führen wir die Meditation aus und schließen mit den entsprechenden Widmungsgebeten ab.

Nagarjuna

Lernen, andere wertzuschätzen

Mit der Absicht, das endgültige, höchste Ziel zu erreichen,
Das selbst das wunscherfüllende Juwel übertrifft,
Möge ich ohne Unterlass
Alle Lebewesen schätzen.

Was ist das «endgültige, höchste Ziel» menschlichen Lebens? Wir sollten uns fragen, was für uns das Wichtigste ist. Was wünschen wir uns, wonach streben wir, wovon träumen wir? Für manche Menschen ist es materieller Besitz, wie ein großes Haus nach dem neuesten Schrei, ein schnelles Auto oder eine gut bezahlte Arbeit. Für andere ist es ein guter Ruf, gutes Aussehen, Macht, Spannung oder Abenteuer. Für viele liegt der Sinn ihres Lebens in den Beziehungen zu ihrer Familie und ihrem Freundeskreis. All dies kann uns vordergründig eine Weile lang glücklich machen, doch es kann auch zu vielen Sorgen und Leiden führen. Es kann uns nie das reine und immerwährende Glück schenken, nach dem wir uns alle aus tiefstem Herzen sehnen. Da wir nichts von alledem mitnehmen können, wenn wir sterben, werden uns diese Dinge am Ende im Stich lassen, sofern wir sie zur Hauptsache in unserem Leben gemacht haben. Als Selbstzweck sind alle weltlichen Errungenschaften hohl und nicht der wirkliche Sinn menschlichen Lebens.

Es heißt, dass von allem weltlichen Besitz das legendäre wunschgewährende Juwel der kostbarste ist. In diesen degenerierten Zeiten ist es unmöglich, ein solches Juwel zu finden. Einst jedoch, als Menschen Verdienste im Überfluss hatten, gab es magische Juwelen, die die Kraft hatten, Wünsche zu erfüllen. Doch selbst diese Juwelen konnten nur die Wünsche nach verunreinigtem Glück befriedigen, sie konnten nie das reine Glück gewähren, das einem reinen Geist entspringt. Außerdem hatte dieses wunscherfüllende Juwel nur die Kraft, die Wünsche in einem Leben zu erfüllen, es konnte seinen Besitzer nicht in seinen oder ihren zukünftigen Leben beschützen. Deshalb ist letztendlich sogar solch ein wunschgewährendes Juwel trügerisch.

Das Einzige, was uns nie täuschen wird, ist die Erlangung der vollen Erleuchtung. Nur indem wir Erleuchtung erlangen, können wir unseren tiefsten Wunsch nach reinem und anhaltendem Glück erfüllen, denn in dieser unreinen Welt hat nichts die Kraft, diesen Wunsch zu stillen. Erst als voll erleuchteter Buddha erleben wir den tiefen und anhaltenden Frieden, der aus der dauerhaften Beendigung aller Verblendungen und ihrer Prägungen entsteht. Wir werden von allen Fehlern und geistigen Verdunklungen frei sein und über die notwendigen Eigenschaften verfügen, um allen Lebewesen direkt zu helfen. Dann werden wir ein Objekt der Zuflucht für alle Lebewesen sein. Verstehen wir dies, dann erkennen wir klar, dass die Erlangung der Erleuchtung das endgültige, höchste Ziel und der wirkliche Sinn unseres kostbaren menschlichen Lebens ist. Da es unser Hauptwunsch ist, immer glücklich und vollkommen frei von allen Fehlern und Leiden zu sein, müssen wir die feste Absicht entwickeln, Erleuchtung zu erlangen. Wir sollten denken: «Ich muss Erleuchtung erlangen, da es nirgendwo in Samsara, dem Kreislauf unreinen Lebens, wirkliches Glück gibt.» Erleuchtung ist das innere Licht der Weisheit, das vollkommen frei ist von jeder fehlerhaften Erscheinung und dessen Funktion es ist, jedem einzelnen Lebewesen Tag für Tag geistigen Frieden zu schenken. Sie ist die Quelle des Glücks aller Lebewesen.

Die Hauptursache der Erleuchtung ist Bodhichitta und der Ursprung von Bodhichitta ist Mitgefühl. Da die Entwicklung des Mitgefühls von der Wertschätzung für andere abhängt, ist der erste Schritt zum höchsten Glück der Erleuchtung zu lernen, andere wertzuschätzen. Eine Mutter wertschätzt ihre Kinder und wir können unsere Freunde bis zu einem gewissen Grad wertschätzen, doch diese Wertschätzung ist nicht unvoreingenommen und normalerweise mit Anhaftung vermischt. Wir müssen einen reinen Geist entwickeln, der alle Lebewesen vorurteilslos und unvoreingenommen wertschätzt.

Jedes Lebewesen trägt den Samen oder das Potenzial in sich, ein Buddha zu werden – das ist unsere Buddha Natur. Mit Buddhas Lehren haben wir die beste Methode gefunden, um dieses Potenzial zu verwirklichen. Unsere Aufgabe ist es nun, diese Lehren umzusetzen. Dies ist etwas, das nur Menschen tun können. Tiere können für sich sorgen, ihre Feinde besiegen und ihre Familien beschützen, doch weder können sie den spirituellen Pfad verstehen, noch können sie ihm folgen. Es wäre sehr schade, wenn wir unser menschliches Leben nur dazu nutzen würden, das zu erlangen, was auch Tiere erlangen können und dadurch diese einmalige Gelegenheit vergeuden, eine Quelle des Wohls für alle Lebewesen zu werden.

Wir haben die Wahl: Entweder vergeuden wir weiter unser Leben und laufen weltlichen Vergnügungen hinterher, die keine wirkliche Zufriedenheit geben und verschwinden werden, wenn wir sterben. Oder wir widmen unser Leben dem Ziel, unser volles spirituelles Potenzial zu verwirklichen. Wenn wir uns bemühen, Buddhas Lehren umzusetzen, werden wir mit Sicherheit Erleuchtung erlangen. Bemühen wir uns jedoch nicht, wird sich die Erleuchtung niemals von selbst einstellen, ganz gleich wie lange wir warten. Um dem buddhistischen Pfad zur Erleuchtung zu folgen, müssen wir nicht unsere äußere Lebensweise ändern. Wir müssen nicht unsere Familie, Freunde oder Vergnügen aufgeben und uns in eine Berghöhle zurückziehen. Wir müssen nur eins tun: das Objekt unserer Wertschätzung ändern.

Bisher haben wir unser eigenes Wohl über das Wohl aller anderer gestellt und solange wir damit weitermachen, wird unser Leiden niemals aufhören. Lernen wir aber, alle Lebewesen mehr als uns selbst wertzuschätzen, dann werden wir schon bald die Glückseligkeit der Buddhaschaft genießen. Der Pfad zur Erleuchtung ist wirklich ganz einfach. Wir müssen nur aufhören uns selbst wertzuschätzen und lernen, andere wertzuschätzen. Alle anderen spirituellen Verwirklichungen ergeben sich dann ganz natürlich daraus.

Unsere instinktive Sicht ist, dass wir wichtiger sind als alle anderen. Die Sicht aller erleuchteten Wesen hingegen ist, dass die anderen wichtiger sind. Welche dieser beiden Sichtweisen ist von größerem Nutzen? Seit anfangsloser Zeit waren wir Leben für Leben Sklaven unseres Geistes der Selbstwertschätzung. Wir haben ihm bedingungslos vertraut und jeden seiner Befehle befolgt, weil wir glaubten, dass der Weg, unsere Probleme zu lösen und Glück zu finden, darin besteht, uns an die erste Stelle zu setzen. Wir haben so hart und so lange für unser eigenes Wohl gearbeitet, doch was haben wir jetzt vorzuweisen? Haben wir alle unsere Probleme gelöst und das anhaltende Glück gefunden, nach dem wir uns sehnen? Nein. Es ist offensichtlich, dass es uns in die Irre geführt hat, unsere eigenen, egoistischen Interessen zu verfolgen. Nachdem wir in so vielen Leben unserer Selbstwertschätzung nachgegeben haben, ist es nun an der Zeit zu erkennen, dass dies einfach nicht funktioniert. Jetzt ist es die Zeit, das Objekt unserer Wertschätzung zu wechseln und nicht mehr uns selbst, sondern alle Lebewesen zu schätzen.

Bodhisattva Langri Tangpa und zahllose andere erleuchtete Wesen haben herausgefunden, dass sie wahren Frieden und Glück erlebten, indem sie Selbstwertschätzung aufgaben und ausschließlich andere wertschätzten. Wenn wir die Methoden umsetzen, die sie lehrten, gibt es keinen Grund, warum wir nicht in der Lage sein sollten, es ihnen gleichzutun. Wir können nicht erwarten, unseren Geist über Nacht zu ändern. Doch indem wir geduldig und konsequent die Anleitungen der *Acht Verse* umsetzen und gleichzeitig Verdienste ansammeln, Negativität reinigen und Segnungen erhalten, können wir allmählich unsere gewöhnliche selbstwertschätzende Haltung durch die höchste Gesinnung ersetzen, die alle Lebewesen wertschätzt.

Um dies zu erlangen, müssen wir nicht unsere Lebensweise ändern, doch wir müssen unsere Sichtweisen und Absichten ändern. Unsere gewöhnliche Sicht ist, dass wir der Mittelpunkt des Universums sind und dass andere Menschen und Dinge ihre Bedeutung hauptsächlich daraus erhalten, wie sie uns betreffen. Zum Beispiel ist unser Auto wichtig, weil es eben *uns* gehört, und unsere Freunde sind wichtig, weil sie *uns* glücklich machen. Fremde hingegen scheinen nicht so wichtig zu sein, weil sie unser Glück nicht direkt betreffen und wenn das Auto eines Fremden kaputt geht oder gestohlen wird, macht uns das nichts aus. Wie wir in späteren Kapiteln sehen werden, beruht diese ichbezogene

Sicht der Welt auf Unwissenheit und stimmt nicht mit der Wirklichkeit überein. Diese Sichtweise ist die Quelle all unserer gewöhnlichen egoistischen Absichten. Gerade weil wir denken: «Ich bin wichtig, ich brauche das, ich habe das verdient», begehen wir negative Handlungen, die zu einer endlosen Flut von Problemen für uns und andere führen.

Indem wir die Anleitungen der *Acht Verse* umsetzen, können wir eine realistische Sicht von der Welt entwickeln, die auf dem Verständnis der Gleichheit und gegenseitigen Abhängigkeit aller Lebewesen beruht. Sobald wir jedes einzelne Lebewesen als wichtig ansehen, werden wir allen gegenüber ganz natürlich gute Absichten entwickeln. Während der Geist, der nur sich selbst wertschätzt, die Grundlage aller unreinen samsarischen Erfahrungen ist, ist der Geist, der andere wertschätzt, die Grundlage aller guten Eigenschaften der Erleuchtung.

Andere wertzuschätzen ist nicht so schwer. Wir müssen nur verstehen, warum wir andere wertschätzen sollten und dann den klaren Entschluss fassen, genau dies zu tun. Meditieren wir über diesen Entschluss, dann werden wir ein tiefes und starkes Gefühl der Wertschätzung für alle Lebewesen entwickeln. Dieses besondere Gefühl tragen wir dann in unseren Alltag mit.

Es gibt zwei Hauptgründe, warum wir alle Lebewesen wertschätzen müssen: Erstens haben sie uns unermessliche Güte erwiesen und zweitens hat es ungeheure Vorteile, sie wertzuschätzen. Dies wird nun erklärt.

DIE GÜTE ANDERER

Alle Lebewesen verdienen es, wertgeschätzt zu werden, da sie uns unglaublich viel Güte erwiesen haben. All unser vorübergehendes und endgültiges Glück entsteht aus ihrer Güte. Sogar unser Körper ist das Ergebnis der Güte anderer. Wir brachten ihn nicht aus unserem vergangenen Leben mit, sondern er entwickelte sich aus der Vereinigung des Spermas unseres Vaters und der Eizelle unserer Mutter. Nachdem sie uns empfangen hatte, erlaubte uns unsere Mutter aus Güte, in ihrem Schoß zu bleiben, nährte unseren Körper mit ihrem Blut und ihrer Wärme, ertrug großes Unwohlsein und uns zuliebe schließlich die schmerzhafte Tortur der Geburt. Nackt und mit leeren Händen kamen wir in diese Welt und uns wurde sofort ein Zuhause gegeben, Nahrung, Kleidung und alles, was wir brauchten. Als wir ein hilfloser Säugling waren, beschützte unsere Mutter uns vor Gefahren, sie fütterte uns, wusch uns und liebte uns. Ohne ihre Güte wären wir heute nicht am Leben.

Indem wir ständig Essen, Trinken und Zuwendung erhielten, entwickelte sich unser Körper von dem eines winzigen, hilflosen Säuglings nach und nach zu dem Körper, den wir jetzt haben. All unsere Nahrung wurde direkt oder indirekt von zahllosen Lebewesen bereitgestellt. Deshalb ist jede Zelle unseres Körpers das Ergebnis der Güte anderer. Sogar diejenigen, die ihre Mutter nie gekannt haben, erhielten Nahrung und liebevolle Fürsorge von anderen Menschen. Die bloße Tatsache, dass wir heute am Leben sind, ist der Beweis für die große Güte anderer.

Nur weil wir diesen jetzigen Körper mit menschlichen Fähigkeiten haben, können wir die Freuden und Möglichkeiten eines menschlichen Lebens genießen. Selbst einfache Freuden, wie spazieren zu gehen oder einen schönen Sonnenuntergang zu sehen, können als Folge der Güte unzähliger Lebewesen angesehen werden. Unsere Fertigkeiten und Fähigkeiten entspringen allesamt der Güte anderer. Uns musste beigebracht werden, wie man isst, geht, spricht, liest und schreibt. Sogar die Sprache, die wir sprechen, ist nicht unsere eigene Erfindung, sondern das Werk vieler Generationen. Ohne sie könnten wir uns nicht mit anderen unterhalten oder Ideen austauschen. Wir könnten dieses Buch nicht lesen, keinen Dharma lernen, ja noch nicht einmal klar denken. Alle Einrichtungen, die wir für selbstverständlich halten wie Häuser, Autos, Straßen, Läden, Schulen, Krankenhäuser und Kinos, entstehen nur aus der Güte anderer. Wenn wir mit dem Bus oder Auto fahren, halten wir die Straßen für selbstverständlich, doch viele Menschen arbeiteten sehr hart, um sie zu bauen und sicher zu machen, damit wir sie benutzen können.

Die Tatsache, dass manche Menschen, die uns helfen, gar nicht die Absicht dazu haben, ist ohne Belang. Da ihre Handlungen uns zugute kommen, ist es von unserem Standpunkt aus gesehen eine Güte. Anstatt über ihre Motivation nachzudenken, die wir ohnehin nicht kennen, sollten wir uns auf den praktischen Nutzen konzentrieren, den wir erhalten. Jeder, der in irgendeiner Art und Weise zu unserem Glück und Wohlergehen beiträgt, verdient unsere Dankbarkeit und unseren Respekt. Müssten wir alles zurückgeben, was andere uns gegeben haben, bliebe uns nichts übrig.

Wir könnten jedoch einwenden, dass wir nichts kostenlos erhalten, sondern dafür arbeiten müssen. Kaufen wir etwas, müssen wir dafür bezahlen, und essen wir in einem Restaurant, müssen wir die Rechnung begleichen Vielleicht haben wir ein Auto, doch das mussten wir kaufen und müssen nun für Benzin, Steuer und Versicherung aufkommen. Wir bekommen nichts umsonst. Woher aber kommt das Geld? Es ist richtig, dass wir im Allgemeinen für unser Geld arbeiten müssen. Doch es sind andere, die uns Arbeit geben oder unsere Ware kaufen und somit sind sie es, die uns indirekt mit Geld versorgen. Außerdem können wir eine bestimmte Arbeit nur verrichten, weil wir die dazu nötige Ausbildung oder Bildung von anderen erhalten haben. Wohin auch immer wir schauen, wir sehen nur die Güte anderer. Wir sind alle in einem Netz der Güte miteinander verbunden, aus dem wir uns unmöglich lösen können. Alles, was wir besitzen und an dem wir uns erfreuen, einschließlich unseres Lebens, entspringt der Güte anderer. In Wirklichkeit entsteht jegliches Glück, das es in der Welt gibt, als Ergebnis der Güte anderer.

Auch unsere spirituelle Entwicklung und das reine Glück der vollen Erleuchtung hängen von der Güte der Lebewesen ab. Buddhistische Zentren, Dharma Bücher und Meditationskurse fallen nicht vom Himmel, sondern sind Ergebnisse der harten Arbeit und Hingabe vieler Menschen. Dass wir Buddhas Lehren lesen, über sie nachzudenken und meditieren können, hängt vollkommen von der Güte anderer ab. Außerdem können wir, wie noch erklärt wird, ohne Lebewesen, denen wir etwas geben, die unsere Geduld auf die Probe stellen oder für die wir Mitgefühl entwickeln, nie die tugendhaften Eigenschaften entwickeln, die wir brauchen, um Erleuchtung zu erlangen.

Kurz gesagt benötigen wir andere für unser körperliches, emotionales und spirituelles Wohlergehen. Ohne andere Lebewesen sind wir nichts. Unser Gefühl, eine Insel, ein unabhängiges, autarkes Individuum zu sein, hat nicht das Geringste mit der Wirklichkeit zu tun. Die Vorstellung, eine Zelle im unermesslichen Körper des Lebens zu sein, die zwar individuell und doch innig mit allen Lebewesen verbunden ist, kommt der Wahrheit schon näher. Ohne andere können wir nicht leben und sie wiederum sind von allem, was wir tun, betroffen. Der Gedanke, dass es möglich ist, unser eigenes Wohl zu sichern, während wir das der anderen vernachlässigen oder es sogar auf ihre Kosten geht, ist gänzlich unrealistisch.

Indem wir über die unzähligen Arten nachdenken, wie andere uns helfen, sollten wir einen festen Entschluss fassen: «Ich muss alle Lebewesen wertschätzen, weil sie so gütig zu mir sind.» Aufgrund dieses Entschlusses entwickeln wir ein Gefühl der Wertschätzung, ein Gefühl, dass alle Lebewesen wichtig sind und dass ihr Glück von Bedeutung ist. Wir versuchen, unseren Geist einsgerichtet mit diesem Gefühl zu vermischen und es so lange wie möglich zu halten, ohne es zu vergessen. Wenn wir uns aus der Meditation erheben, dann versuchen wir, dieses Gefühl der Liebe zu bewahren, sodass wir immer, wenn wir jemandem begegnen oder uns an jemanden erinnern, ganz spontan denken: «Dieser Mensch ist wichtig. Sein Glück ist wichtig.» In dieser Weise können wir das Wertschätzen der Lebewesen zu unserer Hauptpraxis machen.

DIE VORTEILE, ANDERE WERTZUSCHÄTZEN

Ein weiterer Grund, andere wertzuschätzen, ist, dass es die beste Methode ist, unsere eigenen und die Probleme anderer zu lösen. Probleme, Sorgen, Schmerz und Elend sind Geistesarten. Es sind Gefühle, die nicht außerhalb des Geistes existieren. Wertschätzen wir jeden, dem wir begegnen oder an den wir denken, dann wird unser Geist die ganze Zeit friedvoll sein und es wird keine Grundlage für Neid, Wut oder andere schädliche Gedanken geben. Neid ist zum Beispiel ein Zustand des Geistes, der das Glück anderer nicht erträgt, doch wertschätzen wir jemanden, wie kann dann sein oder ihr Glück unseren Geist stören? Wie können wir andere verletzen wollen, wenn das Glück eines jeden für uns von größter Bedeutung ist? Indem wir alle Lebewesen aufrichtig wertschätzen, werden wir stets mit liebevoller Güte, in freundlicher und rücksichtsvoller Weise handeln und sie werden unsere Freundlichkeit erwidern. Andere werden sich uns gegenüber nicht unangenehm verhalten und es wird keine Grundlage für Auseinandersetzung und Streit geben. Die Menschen werden uns mögen und unsere Beziehungen werden stabiler und erfüllender sein.

Andere wertzuschätzen beschützt uns auch vor Problemen, die aus begehrender Anhaftung entstehen. Oft entwickeln wir starke Anhaftung an jemanden, von dem wir glauben, dass er uns helfen wird unsere Einsamkeit zu überwinden, indem er uns den Trost, die Sicherheit oder die Abwechslung bietet, nach der wir uns sehnen. Haben wir jedoch jedem gegenüber einen liebevollen Geist, so fühlen wir uns nicht einsam. Anstatt uns an andere zu klammern, um unsere Wünsche zu erfüllen, möchten wir ihnen helfen, ihre Bedürfnisse und Wünsche zu erfüllen. Alle Lebewesen wertzuschätzen löst alle unsere Probleme, da alle unsere Probleme aus dem Geist der Selbstwertschätzung entstehen. Im Moment ist es so, dass wir vermutlich sehr aufgebracht wären, wenn unser Partner uns wegen eines anderen verlassen würde. Würden wir ihn jedoch wirklich wertschätzen, dann wollten wir, dass er glücklich ist und würden uns an seinem oder ihrem Glück erfreuen. Wir hätten keinen Grund, eifersüchtig oder traurig zu sein. Deshalb ist die Situation vielleicht eine Herausforderung für uns, aber kein Problem. Andere wertzuschätzen ist der höchste Schutz vor Leiden und Problemen und ermöglicht es uns, zu jeder Zeit ruhig und friedvoll zu bleiben.

Unsere Nachbarn und die Menschen in unserer unmittelbaren Umgebung wertzuschätzen, wird ganz natürlich zu Harmonie in der Gemeinschaft und in der Gesellschaft im Allgemeinen führen, und das wird alle glücklicher machen. Vielleicht sind wir keine bekannte oder einflussreiche Persönlichkeit, doch wenn wir jeden, dem wir begegnen, aufrichtig wertschätzen, leisten wir in unserer Gemeinschaft einen wichtigen Beitrag. Dies gilt sogar für diejenigen, die den Wert von Religion leugnen. Es gibt Menschen, die weder an vergangene oder zukünftige Leben noch an heilige Wesen glauben, aber trotzdem versuchen, ihre eigenen Belange zurückzustellen und dem Wohl anderer zu dienen. Das ist eine sehr positive Haltung, die zu Gutem führen wird. Schätzt ein Lehrer seine Schüler in uneigennütziger Weise, so werden seine Schüler ihn respektieren und nicht nur die Inhalte lernen, die er lehrt, sondern auch die freundlichen und bewundernswerten Eigenschaften übernehmen, die ihn auszeichnen. Solch ein Lehrer wird ganz natürlich sein Umfeld positiv beeinflussen und seine Gegenwart wird die ganze Schule verwandeln. Es heißt, dass es einen magischen Kristall gibt, der die Kraft hat, jede Flüssigkeit zu reinigen, in die man ihn legt. Menschen, die alle Lebewesen wertschätzen, sind wie dieser Kristall. Durch ihre bloße Gegenwart entfernen sie Negativität aus der Welt und geben Liebe und Güte zurück.

Sogar jemand, der klug und mächtig ist, andere aber nicht liebt, wird früher oder später Probleme bekommen und seine Wünsche schwerlich erfüllen können. Der Herrscher eines Landes, der sein Volk nicht wertschätzt, sondern sich nur um seine eigenen Belange kümmert, wird kritisiert werden, man wird ihm misstrauen und schließlich wird er seine Position verlieren. Wenn ein spiritueller Lehrer oder eine spirituelle

Lehrerin seine oder ihre Schüler nicht wertschätzt und keine gute Beziehung zu ihnen hat, dann wird er ihnen nicht helfen können und die Schüler werden keine Verwirklichungen erlangen.

In *Leitfaden für die Lebensweise eines Bodhisattva* sagt der buddhistische Meister Shantideva, wenn sich ein Arbeitgeber nur um seine eigenen Interessen kümmert und nicht um das Wohl seiner Angestellten, werden diese nicht glücklich sein. Sie werden vermutlich schlecht arbeiten und sicher nicht begeistert sein, die Wünsche ihres Arbeitgebers zu erfüllen. Deshalb wird der Arbeitgeber selbst leiden, weil er keine Rücksicht auf seine Arbeitnehmer nimmt. Ähnlich ist es, wenn Arbeitnehmer nur daran denken, was sie aus dem Betrieb für sich herausholen können. Das wird den Arbeitgeber verärgern, er kürzt vielleicht ihre Löhne oder kündigt ihnen. Vielleicht geht der Betrieb sogar in Insolvenz und alle verlieren ihre Arbeit. In dieser Weise werden die Arbeitnehmer unter ihrem Mangel an Rücksicht auf ihren Arbeitgeber leiden. In allen Bereichen haben Menschen am sichersten Erfolg, wenn sie ihre Selbstwertschätzung abbauen und mehr Rücksicht auf andere nehmen. Manchmal scheint es so zu sein, als brächte die Selbstwertschätzung kurzfristig Vorteile, doch langfristig gibt es nur Probleme. Die Lösung für alle Probleme des Alltags ist, andere wertzuschätzen.

All das Leid, das wir erleben, ist die Folge negativen Karmas und die Quelle allen negativen Karmas ist die Selbstwertschätzung. Da wir solch ein übertriebenes Gefühl unserer eigenen Wichtigkeit haben, durchkreuzen wir die Wünsche anderer, um unsere eigenen zu erfüllen. Getrieben von unseren selbstsüchtigen Begierden, denken wir nicht darüber nach, dass wir den friedlichen Geist anderer zerstören und ihnen Kummer bereiten. Solche Handlungen säen nur Samen für zukünftiges Leiden. Wertschätzen wir andere aufrichtig, dann wollen wir sie nicht verletzen und hören mit zerstörerischen und schädlichen Handlungen auf. Wir halten ganz natürlich reine moralische Disziplin ein und sehen davon ab, andere Lebewesen zu töten oder grausam zu ihnen zu sein, sie zu bestehlen oder uns in ihre Beziehungen einzumischen. Als Folge davon werden wir in Zukunft auch nicht die unangenehmen Auswirkungen dieser negativen Handlungen erleben. In dieser Weise schützt uns das Wertschätzen anderer vor allen zukünftigen Problemen, die aus negativem Karma entstehen.

Indem wir andere wertschätzen, sammeln wir ständig Verdienste an und Verdienste sind die Hauptursache für Erfolg in allem, was wir tun. Wertschätzen wir alle Lebewesen, dann werden wir ganz natürlich oft tugendhaft handeln und anderen helfen. Allmählich werden alle unsere Handlungen von Körper, Rede und Geist rein und hilfreich sein und wir werden eine Quelle des Glücks und der Inspiration für jeden, dem wir begegnen. Wir werden aus eigener Erfahrung feststellen, dass dieser kostbare Geist der Liebe das wirkliche wunschgewährende Juwel ist, denn es erfüllt die reinen Wünsche sowohl von uns selbst als auch die aller anderen Lebewesen.

Der Geist, der andere wertschätzt, ist das höchste gute Herz. Solch ein gutes Herz führt nur zu Glück für uns und alle um uns. Dieses gute Herz ist der Inbegriff des Mahayanapfades und die Hauptursache großen Mitgefühls, des Wunsches, alle Lebewesen vor Angst und Leiden zu beschützen. Indem wir unser großes Mitgefühl vertiefen, werden wir schließlich das allumfassende Mitgefühl eines Buddha erlangen, das tatsächlich die Kraft hat, alle Lebewesen vor Leiden zu beschützen. In dieser Weise führt uns das Wertschätzen anderer zur Buddhaschaft. Aus diesem Grund beginnt Langri Tangpa die *Acht Verse* mit dem Gebet, alle Lebewesen wertzuschätzen, um das endgültige, höchste Ziel der vollen Erleuchtung zu erlangen.

Indem wir über alle diese Vorteile andere wertzuschätzen nachdenken, gelangen wir zu folgendem Entschluss:

> *Ich werde alle Lebewesen ohne Ausnahme wertschätzen, denn dieser kostbare Geist der Liebe ist die erhabene Methode, um alle Probleme zu lösen und alle Wünsche zu erfüllen. Schließlich wird er mir das höchste Glück der Erleuchtung schenken.*

Wir meditieren so lange wie möglich einsgerichtet über diesen Entschluss und entwickeln ein starkes Gefühl der Wertschätzung für jedes einzelne Lebewesen. Wenn wir uns aus der Meditation erheben, dann versuchen wir dieses Gefühl zu bewahren und unseren Vorsatz umzusetzen. Wann immer wir mit anderen zusammen sind, sollte uns stets bewusst sein, dass ihr Glück und ihre Wünsche mindestens so wichtig sind wie unsere eigenen. Natürlich können wir nicht sofort alle Lebewesen wertschätzen. Doch wir können unseren Geist in dieser Einstellung schulen. Indem wir mit unserer Familie und unseren Freunden beginnen, können wir das Ausmaß unserer Liebe allmählich vergrößern, bis es schließlich alle Lebewesen umfasst. Wenn wir in dieser Weise aufrichtig alle Lebewesen wertschätzen, dann sind wir nicht länger ein gewöhnlicher Mensch, sondern ein großes Wesen geworden, wie ein Bodhisattva.

Chandrakirti

Wertschätzende Liebe vertiefen

Wann immer ich mit anderen zusammen bin,
Möge ich mich selbst als den Geringsten von allen sehen
Und mit einer reinen Absicht
Möge ich andere über alles schätzen.

Im ersten Vers erklärt Bodhisattva Langri Tangpa, wie man alle Lebewesen wertschätzt, und in diesem Vers erläutert er nun, wie wir diesen Geist der Liebe vertiefen. Die beste Art und Weise ist, uns mit der Wertschätzung aller Lebewesen vertraut zu machen, indem wir Tag und Nacht unseren Entschluss umsetzen, sie wertzuschätzen. Um diesen Entschluss zu festigen, gibt uns Langri Tangpa weitere Anleitungen, wie wir wertschätzende Liebe vertiefen können.

Wir haben alle jemanden, den wir als besonders kostbar erachten, wie unser Kind, unseren Partner oder unsere Mutter. Diese Person scheint von einmaligen Eigenschaften, die ihn oder sie aus allen anderen hervorheben, geradezu durchdrungen zu sein. Wir schätzen sie über alles und möchten uns in besonderer Weise um sie kümmern. Wir müssen lernen, alle Lebewesen auf ähnliche Weise zu sehen, indem wir jeden einzelnen als etwas Besonderes und einmalig Wertvolles betrachten. Obwohl wir bereits unsere Familie und engen Freunde wertschätzen, lieben wir keine Fremden und schon gar nicht unsere Feinde. Die große Mehrheit der

Lebewesen ist für uns nicht von besonderer Bedeutung. Indem wir Langri Tangpas Anleitungen umsetzen, können wir diese Neigung überwinden und dahin kommen, dass wir jedes einzelne Lebewesen so sehr schätzen wie eine Mutter ihr liebstes Kind. Je tiefer und größer unsere Liebe dadurch wird, umso stärker werden unser Mitgefühl und Bodhichitta und umso schneller erlangen wir Erleuchtung.

UNSERE FEHLER IM SPIEGEL DES DHARMA ERKENNEN

Der Hauptgrund, weshalb wir nicht alle Lebewesen wertschätzen, ist, dass wir so überaus mit uns selbst beschäftigt sind und deshalb in unserem Geist nur sehr wenig Raum bleibt, um andere anzuerkennen. Möchten wir andere aufrichtig wertschätzen, dann müssen wir unser zwanghaftes Interesse an uns selbst verringern. Warum betrachten wir uns als so kostbar, andere aber nicht? Das liegt daran, dass wir so vertraut sind mit Selbstwertschätzung. Seit anfangsloser Zeit haben wir uns an ein wahrhaft existentes Ich geklammert. Dieses Festhalten am Ich führt automatisch zur Selbstwertschätzung, die instinktiv fühlt: «Ich bin wichtiger als andere.» Für gewöhnliche Wesen sind das Festhalten am eigenen Ich und die Selbstwertschätzung wie zwei Seiten einer Medaille. Das Festhalten am Ich hält an einem wahrhaft existenten Ich fest, während die Selbstwertschätzung dieses Ich für kostbar hält und es wertschätzt. Die Grundursache dafür ist unsere ununterbrochene Vertrautheit mit unserer Selbstwertschätzung, Tag und Nacht, sogar während wir schlafen.

Da wir unser Selbst oder Ich als so überaus kostbar und wichtig ansehen, übertreiben wir unsere guten Eigenschaften und entwickeln eine aufgeblasene Sicht von uns selbst. Fast alles kann diesen arroganten Geist hervorrufen, wie unser Aussehen, Besitz, Wissen, Status oder unsere Erfahrungen. Machen wir eine geistreiche Bemerkung, dann denken wir: «Ich bin so klug!» Sind wir weitgereist, dann glauben wir, dass uns dies automatisch zu einem faszinierenden Menschen macht. Wir können sogar auf Dinge stolz sein, für die wir uns eigentlich schämen müssten, zum Beispiel auf unsere Fähigkeit, andere zu betrügen, oder auf Eigenschaften, die wir uns nur einbilden. Andererseits fällt es uns sehr schwer, unsere Fehler und Unzulänglichkeiten zu akzeptieren. Wir verbringen so viel Zeit damit, über unsere wirklichen oder eingebildeten guten Eigenschaften nachzudenken, dass wir blind für unsere Fehler sind. In Wirklichkeit ist unser Geist voll grober Verblendungen, doch wir ignorieren sie und betrügen uns vielleicht sogar selbst und denken, dass wir keine derart abstoßenden Geisteszustände haben. Das ist so, als würden wir so tun, als ob unser Haus sauber sei, nachdem wir den ganzen Dreck unter den Teppich gekehrt haben.

Es tut oft so weh, unsere Fehler zuzugeben, dass wir lieber alle möglichen Ausflüchte vorbringen, als unsere überhöhte Sicht von uns zu ändern. Für gewöhnlich beschuldigen wir die anderen, anstatt unseren Fehlern ins Auge zu schauen. Haben wir zum Beispiel eine schwierige Beziehung zu jemandem, dann kommen wir ganz natürlich zu dem Schluss, dass das allein sein Fehler ist. Wir können nicht zugeben, dass es zumindest teilweise auch unser Fehler ist. Anstatt die Verantwortung für unsere Handlungen zu übernehmen und uns zu bemühen, unser Verhalten zu ändern, streiten wir uns und bestehen darauf, dass es der andere ist, der sich ändern muss. Ein übertriebenes Gefühl unserer eigenen Wichtigkeit führt zu einer kritischen Haltung gegenüber anderen und nahezu unweigerlich zu Streit. Die Tatsache, dass wir unsere eigenen Fehler nicht sehen, hindert andere nicht daran, sie zu bemerken und anzusprechen. Tun sie das, dann finden wir sie ungerecht. Anstatt unser eigenes Verhalten ehrlich anzuschauen und zu sehen, ob die Kritik begründet ist oder nicht, geht unser Geist der Selbstwertschätzung in die Defensive und übt Vergeltung, indem er die Fehler in den anderen findet.

Ein weiterer Grund, warum wir andere nicht als kostbar erachten, ist, dass wir zwar auf ihre Fehler achten, ihre guten Eigenschaften aber übersehen. Leider sind wir sehr geschickt darin geworden, die Fehler anderer zu erkennen und wir wenden eine Menge geistiger Energie dafür auf, sie aufzulisten, zu analysieren und sogar darüber zu meditieren! Haben wir mit dieser kritischen Haltung eine Meinungsverschiedenheit mit unserem Partner oder mit Kollegen, dann denken wir immer wieder darüber nach, warum wir recht haben und sie unrecht, anstatt zu versuchen, ihren Standpunkt zu verstehen. Während wir uns ausschließlich auf ihre Fehler und Unzulänglichkeiten konzentrieren, werden wir wütend und nachtragend und möchten ihnen schaden oder sie in Misskredit bringen, anstatt sie wertzuschätzen. In dieser Weise können aus kleinen Unstimmigkeiten schnell Konflikte werden, die über Monate schwelen.

Es führt nie zu Gutem, wenn wir auf unseren guten Eigenschaften und den Fehlern der anderen verweilen. Es führt nur dazu, dass wir eine höchst verzerrte, selbstgefällige Sicht auf uns selbst entwickeln und uns anderen gegenüber überheblich und respektlos verhalten. Wie der buddhistische Meister Shantideva in *Leitfaden für die Lebensweise eines Bodhisattva* sagt:

Wenn wir uns selbst sehr hoch schätzen, werden wir in
den niederen Bereichen wiedergeboren.
Und später, als Mensch, haben wir einen niedrigen
Rang und einen dummen Verstand.

Uns selbst als überlegen und andere als unterlegen zu betrachten führt dazu, dass wir viele negative Handlungen begehen, die später in einer Wiedergeburt in den niederen Bereichen reifen. Aufgrund dieser hochmütigen Einstellung werden wir, selbst wenn wir schließlich eine Wiedergeburt als Mensch annehmen, einer niederen sozialen Schicht angehören und wie ein Diener oder Sklave leben. Aus Stolz halten wir uns vielleicht für hochintelligent. In Wirklichkeit aber macht uns unser Stolz dumm und füllt unseren Geist mit Negativität. Es bringt nichts, uns selbst für wichtiger zu halten als andere und nur über unsere eigenen guten Eigenschaften nachzudenken. Weder nehmen unsere guten Eigenschaften zu noch nehmen unsere Fehler ab und es bringt auch andere nicht dazu, die überhöhte Sicht, die wir von uns selbst haben, mit uns zu teilen.

Konzentrieren wir uns stattdessen auf die guten Eigenschaften anderer, dann wird unser verblendeter Stolz abnehmen und wir werden sie als wichtiger und kostbarer betrachten als uns selbst. Als Folge davon werden unsere Liebe und unser Mitgefühl zunehmen und wir werden ganz natürlich tugendhaft handeln. Aus diesem Grund werden wir als Mensch oder Gott in höheren Bereichen wiedergeboren und der Respekt und die Freundschaft vieler Menschen werden uns zuteil. Nur Gutes kann entstehen, wenn wir über die guten Eigenschaften anderer nachdenken. Deshalb suchen Bodhisattvas bei anderen nur nach guten Eigenschaften, während gewöhnliche Wesen nach Fehlern suchen.

In *Rat aus dem Herzen Atishas* heißt es:

> Sucht nicht bei anderen nach Fehlern, sondern sucht nach euren eigenen Fehlern und reinigt sie wie schlechtes Blut.
>
> Denkt nicht über eure eigenen guten Eigenschaften nach, sondern denkt über die guten Eigenschaften der anderen nach und achtet jeden, wie ein Diener es tun würde.

Wir müssen über unsere eigenen Fehler nachdenken, denn wenn sie uns nicht bewusst sind, dann werden wir nicht motiviert sein, sie zu überwinden. Diejenigen, die jetzt erleuchtet sind, konnten ihren Geist von Verblendungen, der Quelle aller Fehler, befreien, indem sie ihren Geist ständig auf Fehler und Unvollkommenheiten untersuchten und sich dann sehr bemühten, sie zu überwinden. Buddha sagte, dass diejenigen weise sind, die um ihre eigenen Fehler wissen, wohingegen diejenigen Dummköpfe sind, die sich ihrer eigenen Fehler nicht bewusst sind, sondern bei anderen nach Fehlern suchen. Über unsere eigenen guten Eigenschaften und die Fehler anderer nachzudenken dient nur dazu, unsere Selbstwertschätzung zu vergrößern und unsere Liebe für andere zu verringern. Alle erleuchteten Wesen stimmen jedoch darin überein, dass Selbstwertschätzung die Wurzel aller Fehler und Wertschätzung anderer die Quelle allen Glücks ist. Die einzigen, die nicht dieser Ansicht sind, sind diejenigen, die noch in Samsara weilen. Es steht uns frei, unsere gewöhnliche Sicht beizubehalten, doch wir können auch die Sichtweise aller heiligen Wesen annehmen. Wir haben die Wahl. Doch wollen wir wahren Frieden und Glück genießen, dann wäre es weise, Letztere anzunehmen.

Manche behaupten, dass ein Mangel an Selbstbewusstsein eines unserer Hauptprobleme ist und wir uns deshalb ausschließlich auf unsere eigenen guten Eigenschaften konzentrieren sollten, um unser Selbstvertrauen zu steigern. Es stimmt, dass wir Vertrauen in unser spirituelles Potenzial entwickeln und unsere guten Eigenschaften anerkennen und verbessern müssen, um echten spirituellen Fortschritt zu machen. Gleichzeitig aber brauchen wir ein klares und realistisches Gewahrsein unserer gegenwärtigen Fehler und Unvollkommenheiten. Sind wir ehrlich mit uns selbst, dann werden wir erkennen, dass unser Geist derzeit voller Unreinheiten wie Wut, Anhaftung und Unwissenheit ist. Diese geistigen Krankheiten werden nicht einfach verschwinden, weil wir so tun, als gäbe es sie nicht. Die einzige Art und Weise sie jemals loszuwerden ist, ehrlich zuzugeben, dass es sie gibt, und uns dann anzustrengen sie zu beseitigen.

Es ist eine der Hauptfunktionen der Lehren Buddhas oder des Dharma, ein Spiegel für uns zu sein, in dem wir unsere eigenen Fehler sehen können. Entsteht zum Beispiel Wut in unserem Geist, müssen wir uns, statt Ausreden zu suchen, sagen: «Diese Wut ist das innere Gift der Verblendung. Sie ist sinnlos und nicht zu rechtfertigen. Ihre einzige Funktion ist es, zu schaden. Ich werde sie nicht in meinem Geist dulden.» Wir können den Spiegel des Dharma auch benutzen, um zwischen begehrender Anhaftung und Liebe zu unterscheiden. Diese zwei werden leicht verwechselt, doch es ist sehr wichtig, sie auseinanderzuhalten, da Liebe uns nur glücklich macht, der Geist der Anhaftung uns aber nur leiden lässt und uns noch stärker an Samsara bindet. In dem Augenblick, in dem wir merken, dass Anhaftung in unserem Geist entsteht, sollten wir auf der Hut sein. Ganz gleich wie angenehm es scheinen mag, unserer Anhaftung zu folgen, es ist so als ob

Vajradhara

wir Honig von einer Rasierklinge lecken würden, und führt auf lange Sicht unweigerlich zu mehr Leiden.

Obwohl wir uns unserer Fehler sehr bewusst sein müssen, dürfen wir uns nie von ihnen überwältigen oder entmutigen lassen. Vielleicht haben wir viel Wut in unserem Geist, doch das bedeutet nicht, dass wir ein inhärent wütender Mensch sind. Ganz gleich, wie viele Verblendungen wir haben mögen oder wie stark sie sind, sie sind kein essenzieller Bestandteil unseres Geistes. Es sind Verunreinigungen, die unseren Geist vorübergehend verschmutzen, seine reine, essenzielle Natur aber nicht beflecken. Sie sind wie Schlamm, der das Wasser verschmutzt, aber niemals ein ihm innewohnender Teil wird. Ebenso wie Schlamm immer entfernt werden kann, sodass reines, klares Wasser zum Vorschein kommt, so können Verblendungen entfernt werden, um die natürliche Reinheit und Klarheit unseres Geistes zum Vorschein zu bringen. Während wir uns eingestehen, dass wir Verblendungen haben, sollten wir uns nicht mit ihnen identifizieren und denken: «Ich bin ein selbstsüchtiger, wertloser Mensch» oder «Ich bin ein wütender Mensch». Stattdessen sollten wir uns mit unserem reinen Potenzial identifizieren und die Weisheit und den Mut aufbringen, unsere Verblendungen zu überwinden.

Schauen wir uns äußere Dinge an, dann können wir normalerweise die, die nützlich und wertvoll sind, von denjenigen unterscheiden, die es nicht sind. Wir müssen lernen, unseren Geist in gleicher Weise zu betrachten. Obwohl die Natur unseres Ursprungsgeistes rein und klar ist, steigen viele begriffliche Gedanken aus ihm auf, so wie Blasen in einem Ozean aufsteigen oder wie Lichtstrahlen aus einer einzelnen Flamme hervorgehen. Manche dieser Gedanken sind hilfreich und führen sowohl jetzt als auch in Zukunft zu Glück, während andere zu Leiden und dem extremen Elend einer Wiedergeburt in den niederen Bereichen führen. Wir müssen unseren Geist ständig im Auge behalten und lernen zwischen hilfreichen und schädlichen Gedanken, die fortwährend entstehen, zu unterscheiden. Diejenigen, die das können, sind wahrlich weise.

Einst traf ein schlechter Mensch, der Tausende Menschen getötet hatte, einen Bodhisattva namens König Chandra. Dieser half ihm, indem er ihn Dharma lehrte und ihm die Fehler seiner Lebensweise aufzeigte. Der Mann sagte: «Nachdem ich in den Spiegel des Dharma geschaut habe, erkenne ich, wie schlecht meine Taten waren und empfinde großes Bedauern.» Angetrieben durch seine tiefe Reue übte er ernsthaft Reinigung und wurde schließlich ein hochverwirklichter Yogi. Dies zeigt, dass sogar der schlechteste Mensch ein vollkommen reines Wesen werden kann, wenn er seine Fehler im Spiegel des Dharma erkennt und sich dann zielstrebig bemüht, sie zu beseitigen.

In Tibet lebte einst ein berühmter Dharma Praktizierender namens Geshe Ben Gungyal, der weder Gebete rezitierte noch in der traditionellen Meditationshaltung meditierte. Seine einzige Praxis war, seinen Geist sehr aufmerksam zu beobachten und seinen Verblendungen entgegenzutreten, sobald sie auftauchten. Wann immer er merkte, dass sein Geist auch nur etwas unruhig wurde, war er besonders wachsam und weigerte sich, irgendwelchen negativen Gedanken zu folgen. Fühlte er zum Beispiel, dass Selbstwertschätzung im Begriff war zu entstehen, rief er sich sofort ihre Nachteile ins Gedächtnis und verhinderte, dass diese Geistesart sich manifestierte, indem er das Gegenmittel anwandte, die Übung in Liebe. Wann immer sein Geist ganz natürlich friedvoll und positiv war, entspannte er sich und gestattete sich, seine tugendhaften Geisteszustände zu genießen.

Um seinen Fortschritt zu messen, legte er jedes Mal, wenn ein negativer Gedanke entstand, einen schwarzen Kieselstein vor sich hin und jedes Mal, wenn ein positive Gedanke entstand, einen weißen. Am Ende des Tages zählte er die Kieselsteine. Waren es mehr schwarze Kiesel, dann tadelte er sich und strengte sich am nächsten Tag umso mehr an. Waren es aber mehr weiße Kiesel, dann lobte und ermutigte er sich. Anfangs übertrafen die schwarzen Kiesel bei weitem die weißen, doch mit den Jahren verbesserte sich sein Geist, bis er den Punkt erreichte, an dem Tage ohne einen einzigen schwarzen Kieselstein vergingen. Bevor Geshe Ben Gungyal ein Dharma Praktizierender wurde, stand er in dem Ruf, wild und unbändig zu sein. Indem er jedoch seinen Geist die ganze Zeit streng bewachte und ihn vollkommen ehrlich im Spiegel des Dharma beurteilte, wurde er allmählich ein sehr reines und heiliges Wesen. Warum können wir nicht das Gleiche tun?

Die Kadampa Geshes lehrten, dass es die Aufgabe eines spirituellen Meisters ist, die Fehler seiner oder ihrer Schüler aufzuzeigen, denn dadurch verstehen die Schüler klar ihre Unzulänglichkeiten und haben die Möglichkeit, sie zu überwinden. Heutzutage aber würde es Schüler wahrscheinlich verärgern, wenn der Lehrer ihre Fehler aufzeigt. Vielleicht verlieren sie sogar ihr Vertrauen. Deshalb muss der Lehrer normalerweise eine sanftere Vorgehensweise wählen. Obwohl der spirituelle Meister vielleicht taktvoll davon absieht, unsere Fehler direkt aufzuzeigen, müssen wir uns dennoch ihrer gewahr werden, indem wir unseren Geist im Spiegel seiner oder ihrer Lehren untersuchen. Indem wir die Unterweisungen unseres spirituellen Meisters über Karma und Verblendungen auf unsere eigene Situation übertragen, werden wir verstehen, was wir aufgeben und was wir üben müssen.

Jemand, der krank ist, wird nicht von seiner Krankheit geheilt, bloß weil er die Anleitungen auf der Arzneimittelpackung liest. Er kann aber geheilt werden, wenn er die Arznei wirklich einnimmt. In gleicher Weise gab Buddha Dharma Anleitungen als höchste Arznei, um die innere Krankheit unserer Verblendungen zu heilen. Wir können diese Krankheit aber nicht heilen, indem wir bloß Dharma Bücher lesen oder studieren. Wir können unsere täglichen Probleme nur lösen, wenn wir uns Dharma zu Herzen nehmen und aufrichtig üben.

ALLE LEBEWESEN ALS ERHABEN BETRACHTEN

Bodhisattva Langri Tangpa betet:

Und mit einer reinen Absicht
Möge ich andere über alles schätzen.

Möchten wir Erleuchtung erlangen oder den höheren Bodhichitta entwickeln, der aus dem Austauschen vom Selbst mit anderen entsteht, müssen wir auf jeden Fall den Standpunkt einnehmen, dass andere kostbarer sind als wir. Diese Sicht beruht auf Weisheit und führt uns zu unserem endgültigen Ziel. Die Sicht hingegen, die uns als kostbarer betrachtet als andere, beruht auf der Unwissenheit des Festhaltens am Selbst und führt uns auf den Pfaden Samsaras.

Was bedeutet es genau zu sagen, etwas sei kostbar? Würde uns jemand fragen, was kostbarer ist, ein Diamant oder ein Knochen, dann würden wir sagen ein Diamant, denn ein Diamant ist nützlicher für uns. Für einen Hund wäre allerdings ein Knochen kostbarer, denn einen Knochen kann er fressen, während er mit einem Diamanten gar nichts anfangen kann. Das zeigt, dass Kostbarkeit keine innewohnende Eigenschaft eines Objekts ist, sondern von den Bedürfnissen und Wünschen des Einzelnen abhängt, und diese wiederum hängen von seinem oder ihrem Karma ab. Für jemanden, dessen Hauptwunsch die Erlangung spiritueller Verwirklichungen wie Liebe, Mitgefühl, Bodhichitta und große Erleuchtung ist, sind Lebewesen kostbarer als ein ganzes Universum voller Diamanten oder gar wunschgewährende Juwelen. Warum ist das so? Weil Lebewesen diesem Menschen helfen, Liebe und Mitgefühl zu entwickeln und seinen Wunsch nach Erleuchtung zu erfüllen, und das ist etwas, was ein ganzes Universum voller Juwelen niemals tun könnte.

Niemand möchte für immer ein gewöhnliches, unwissendes Wesen bleiben. In der Tat haben wir alle den Wunsch, uns zu verbessern und immer höhere Stufen zu erklimmen. Das Höchste von allem ist die volle Erleuchtung und der Hauptweg zur Erleuchtung sind die Verwirklichungen von Liebe, Mitgefühl und Bodhichitta sowie die Übung der sechs Vollkommenheiten: der Vollkommenheit des Gebens, der moralischen Disziplin, der Geduld, des Bemühens, der Konzentration und der Weisheit. Diese Eigenschaften können wir nur in Abhängigkeit von anderen Lebewesen entwickeln. Wie können wir lieben lernen, ohne jemanden zu haben, den wir lieben können? Wie können wir geben, ohne jemanden zu haben, dem wir geben können, oder Geduld üben, ohne jemanden zu haben, der uns nervt? Wann immer wir ein anderes Lebewesen sehen, können wir unsere spirituellen Eigenschaften wie Liebe und Mitgefühl verbessern und kommen in dieser Weise der Erleuchtung und der Erfüllung unserer tiefsten Wünsche immer näher. Wie gütig die Lebewesen sind, uns als Objekte unserer Liebe und unseres Mitgefühls zu dienen. Wie kostbar sie sind!

Als Atisha in Tibet war, hatte er einen indischen Gehilfen, der ihn ständig kritisierte. Als die Tibeter ihn fragten, warum er diesen Gehilfen behielt, wo es doch so viele ergebene Tibeter gäbe, die überglücklich wären ihm zu dienen, entgegnete Atisha: «Ohne diesen Mann hätte ich keinen, mit dem ich Geduld üben könnte. Er ist sehr gütig zu mir. Ich brauche ihn!» Atisha wusste, dass der einzige Weg, seinen tiefsten Wunsch zu erfüllen, allen Lebewesen zu helfen, darin bestand, Erleuchtung zu erlangen, und dafür musste er seine Geduld vervollkommnen. So war dieser schlecht gelaunte Gehilfe für Atisha kostbarer als materieller Besitz, Lob oder irgendeine andere weltliche Erlangung.

Unsere spirituellen Verwirklichungen sind unser innerer Reichtum, denn sie helfen uns in allen Situationen und sind das Einzige, was wir mitnehmen können, wenn wir sterben. Schätzen wir erst einmal den inneren Reichtum der Geduld, des Gebens, der Liebe und des Mitgefühls höher ein als äußere Umstände, werden wir jedes einzelne Lebewesen als höchst kostbar betrachten, ganz gleich wie sie mit uns umgehen. Dann wird es uns sehr leichtfallen, alle wertzuschätzen.

In unserer Meditationssitzung denken wir über die oben erwähnten Begründungen nach, bis wir zu folgendem Schluss kommen:

Fühlende Wesen sind außerordentlich kostbar, denn ohne sie kann ich den inneren Reichtum spiritueller Verwirklichungen nicht ansammeln, der mir schließlich das endgültige Glück der vollen Erleuchtung schenkt. Da ich ohne diesen inneren Reichtum für immer in Samsara bleiben muss, werde ich fühlende Wesen stets als äußerst wichtig betrachten.

Wir meditieren so lange wie möglich einsgerichtet über diesen Entschluss. Wenn wir uns aus der Meditation erheben, versuchen wir, diesen Entschluss die ganze Zeit zu bewahren, da wir erkennen, wie sehr wir jedes einzelne fühlende Wesen für unsere spirituelle Praxis brauchen. Indem wir diese Erkenntnis halten, werden unsere inneren Probleme der Wut, Anhaftung, Eifersucht und so weiter abnehmen und wir werden andere ganz natürlich wertschätzen. Insbesondere wenn andere unsere Pläne durchkreuzen oder uns kritisieren, sollten wir uns daran erinnern, dass wir diese Menschen brauchen, um die spirituellen Verwirklichungen zu entwickeln, die der wahre Sinn unseres menschlichen Lebens sind. Würde uns jeder mit der Güte und dem Respekt behandeln, die unsere Selbstwertschätzung für angebracht hält, würde das unsere Verblendungen nur verstärken und unsere Verdienste erschöpfen. Stellen wir uns nur vor, wie wir wären, wenn wir alles bekämen, was wir uns wünschen! Wir wären genau wie ein verzogenes Kind, das glaubt, die ganze Welt drehe sich nur um es selbst und das keiner mag. In der Tat brauchen wir alle so jemanden wie Atishas Gehilfen, der uns die Möglichkeit gibt, unsere Selbstwertschätzung zu zerstören und unseren Geist zu schulen und dadurch unserem Leben wirklich Sinn zu verleihen.

Da die obige Begründung das genaue Gegenteil unserer normalen Denkweise ist, müssen wir sehr sorgfältig darüber nachdenken, bis wir überzeugt sind, dass jedes einzelne fühlende Wesen tatsächlich kostbarer ist als jede äußere Erlangung. In Wirklichkeit sind Buddhas und fühlende Wesen gleichermaßen kostbar: Buddhas, weil sie den Pfad zur Erleuchtung enthüllen und fühlende Wesen, weil sie Objekte des Mitgefühls sind, das wir brauchen, um Erleuchtung zu erlangen. Wir sollten Buddhas und fühlende

Wesen als gleich wichtig und kostbar ansehen, da ihre Güte, mit der sie uns in die Lage versetzen, unser höchstes Ziel der Erleuchtung zu erlangen, gleichwertig ist. Wie Shantideva in *Leitfaden für die Lebensweise eines Bodhisattva* sagt:

> Da Lebewesen und erleuchtete Wesen insofern gleich sind,
> Als dass die Eigenschaften eines Buddha in Abhängigkeit von ihnen entstehen,
> Warum bringen wir den Lebewesen nicht den gleichen Respekt entgegen
> Wie den erleuchteten Wesen?

LEBEWESEN HABEN KEINE FEHLER

Vielleicht wenden wir ein, dass wir zwar von fühlenden Wesen als Objekten unserer Geduld, unseres Mitgefühls und so weiter abhängig sind, dass es aber trotzdem unmöglich ist, sie als kostbar anzusehen, weil sie so viele Fehler haben. Wie können wir jemanden als kostbar betrachten, dessen Geist von Anhaftung, Wut und Unwissen durchdrungen ist? Die Antwort auf diesen Einwand ist ziemlich tiefgründig. Obwohl die Geistesarten fühlender Wesen voller Verblendungen sind, sind fühlende Wesen selbst nicht fehlerhaft. Wir sagen, Meerwasser ist salzig. Jedoch ist die wirkliche Natur des Wassers nicht salzig, da das Salz aus dem Wasser entfernt werden kann. Ebenso sind die Fehler, die wir in Menschen sehen, in Wirklichkeit die Fehler ihrer Verblendungen, nicht die der Menschen selbst. Buddhas erkennen, dass Verblendungen viele Fehler haben, doch Menschen sind für sie nicht fehlerhaft, denn sie unterscheiden zwischen Menschen und ihren Verblendungen. Ist jemand wütend, dann denken wir: «Er ist ein schlechter und wütender Mensch.» Buddhas aber denken: «Er ist ein leidendes Wesen, von der inneren Krankheit der Wut gepeinigt.» Würde ein Freund von uns an Krebs leiden, dann würden wir nicht sagen, er sei schuld an seiner körperlichen Krankheit. In gleicher Weise sollten wir jemandem, der an Wut oder Anhaftung leidet, nicht die Schuld an der Erkrankung seines Geistes geben.

Verblendungen sind die Feinde fühlender Wesen und da wir einem Opfer nicht die Schuld für die Fehler seines Angreifers geben, warum sollten wir fühlenden Wesen die Schuld für die Fehler ihrer inneren Feinde geben? Wird jemand zeitweilig vom inneren Feind der Wut überwältigt, ist es nicht angebracht, ihm die Schuld zu geben, denn er und die Wut in seinem Geist sind zwei verschiedene Phänomene. Ebenso wenig wie der Fehler eines Mikrofons der Fehler eines Buches und der Fehler einer Tasse nicht der Fehler einer Teekanne ist, ebenso wenig sind die Fehler der Verblendungen diejenigen des Menschen. Mitgefühl ist die einzig angemessene Antwort auf diejenigen, die durch ihre Verblendungen dazu getrieben werden, andere zu verletzen. Manchmal ist es notwendig, diejenigen zurückzuhalten, die in einer sehr verblendeten Weise handeln und zwar sowohl ihretwegen als auch, um andere zu schützen. Es ist jedoch nie angebracht, sie zu beschuldigen oder auf sie wütend zu werden.

Normalerweise sprechen wir von unserem Körper und Geist als «mein Körper» und «mein Geist», so wie wir von unserem sonstigen Besitz sprechen. Das zeigt, dass sie etwas anderes sind als unser Ich. Körper und Geist sind die Grundlage, auf die wir unser Ich zuschreiben, nicht das Ich selbst. Verblendungen sind Merkmale des Geistes einer

Person, nicht die Person selbst. Da wir in fühlenden Wesen selbst nie Fehler entdecken werden, können wir sagen, dass fühlende Wesen in dieser Hinsicht wie Buddhas sind.

Ebenso wie wir zwischen einem Menschen und seinen Verblendungen unterscheiden, sollten wir uns daran erinnern, dass die Verblendungen nur vorübergehende, nebensächliche Merkmale des Geistes dieses Menschen sind und nicht seine wirkliche Natur. Verblendungen sind verzerrte begriffliche Gedanken, die im Geist auftauchen wie Wellen in einem Ozean. Und ebenso wie die Wellen abebben können, ohne dass der Ozean verschwindet, können unsere Verblendungen aufhören, ohne dass unser Geisteskontinuum endet.

Gerade weil Buddhas zwischen Verblendungen und Menschen unterscheiden, können sie die Fehler der Verblendungen sehen, ohne jemals einen einzigen Fehler in irgendeinem fühlenden Wesen zu entdecken. Genau deshalb nehmen ihre Liebe und ihr Mitgefühl für fühlende Wesen nie ab. Nicht in der Lage, diese Unterscheidung zu treffen, finden wir ständig Fehler in anderen, erkennen aber nicht die Fehler der Verblendungen, nicht einmal jene in unserem eigenen Geist.

Es gibt ein Gebet, in dem es heißt:

> Dieser Fehler, den ich sehe, ist nicht der Fehler
> des Menschen
> Sondern der Fehler der Verblendung.
> Da ich dies erkenne, möge ich nie die Fehler
> anderer sehen,
> Sondern alle Wesen als erhaben betrachten.

Uns auf die Fehler anderer zu konzentrieren, ist die Quelle für einen Großteil unserer Negativität, und dies ist es, was uns hauptsächlich daran hindert, andere als höchst kostbar anzusehen. Sind wir wirklich daran interessiert, wertschätzende Liebe zu entwickeln, dann müssen wir lernen, zwischen dem Menschen und seinen Verblendungen zu unterscheiden und erkennen, dass die Verblendungen an all den Fehlern, die wir wahrnehmen, schuld sind.

Es mag so scheinen, als gäbe es einen Widerspruch zwischen diesem und einem früheren Abschnitt, in dem uns geraten wird, unsere eigenen Fehler zu erkennen. Wenn wir Fehler haben, dann haben andere doch bestimmt auch Fehler! Dies ist aber kein Widerspruch. Damit unsere Praxis der Reinigung wirken kann, müssen wir unsere eigenen Fehler erkennen, nämlich unsere Verblendungen und nichttugendhaften Handlungen. Dies gilt auch für die anderen. Um aber die Wirksamkeit unserer Übung in liebevoller Güte für alle Lebewesen zu gewährleisten, müssen wir verstehen, dass die Fehler, die wir in den Handlungen der Lebewesen erkennen, nicht die Fehler der Lebewesen, sondern die Fehler ihrer Feinde, der Verblendungen, sind. Wir sollten diese Unterweisungen in praktischer Hinsicht schätzen; wir benötigen keine sinnlosen Debatten.

Sieht eine Mutter, dass ihr Kind einen Wutanfall hat, dann weiß sie zwar, dass das Kind sich in einer verblendeten Weise verhält, doch liebt sie es deshalb nicht weniger. Sie ist nicht blind gegenüber der Wut ihres Kindes, doch sie gelangt nicht zu dem Schluss, dass das Kind böse oder an sich wütend ist. Indem sie zwischen der Verblendung und der Person unterscheidet, bleibt ihr Kind für sie weiterhin schön und voller Möglichkeiten. In gleicher Weise sollten wir alle fühlenden Wesen als höchst kostbar betrachten, während wir gleichzeitig klar sehen, dass sie an der Krankheit der Verblendung leiden.

Diese Begründung können wir auch auf uns selbst anwenden und erkennen, dass unsere Fehler wirklich die Fehler unserer Verblendungen sind und nicht diejenigen unseres Selbst. Dies hindert uns daran, uns mit unseren Fehlern zu identifizieren und uns schuldig und unzulänglich zu fühlen, und es hilft uns, unsere Verblendungen in einer realistischen und praktischen Weise zu betrachten. Wir müssen uns unsere Verblendungen eingestehen und die Verantwortung dafür übernehmen, sie zu überwinden. Doch damit uns das gelingt, müssen wir uns von ihnen distanzieren. Wir können zum Beispiel denken: «Derzeit ist Selbstwertschätzung in meinem Geist. Doch das bin nicht ich. Ich kann sie zerstören, ohne mich zu zerstören.» In dieser Weise können wir völlig rücksichtslos zu unseren Verblendungen und doch freundlich und geduldig mit uns selbst sein. Wir müssen uns nicht wegen der vielen Verblendungen, die wir aus unseren früheren Leben geerbt haben, schuldig fühlen. Wollen wir aber, dass unser zukünftiges Selbst sich an Frieden und Glück erfreuen kann, müssen wir die Verantwortung übernehmen, diese Verblendungen aus unserem Geist zu entfernen.

Wie zuvor erwähnt ist eine der besten Möglichkeiten, andere als kostbar anzusehen, uns an ihre Güte zu erinnern. Abermals könnten wir einwenden: «Wie kann ich andere als gütig ansehen, wenn sie so viele grausame und schädliche Handlungen begehen?» Um das zu beantworten, müssen wir verstehen, dass Menschen, die anderen schaden, von ihren Verblendungen beherrscht sind. Verblendungen sind wie ein starkes Halluzinogen, das Menschen zwingt in einer Weise zu handeln, die ihrer wirklichen Natur widerspricht. Jemand, der unter dem Einfluss von Verblendungen steht, ist wie von Sinnen, denn er fügt sich selbst schreckliches Leid zu. Niemand, der bei klarem Verstand ist, würde sich selbst Leid zufügen. Alle Verblendungen beruhen auf einer fehlerhaften Art und Weise, die Dinge zu sehen. Sehen wir die Dinge, wie sie wirklich sind, verschwinden unsere Verblendungen ganz natürlich und tugendhafte Geistesarten manifestieren sich wie von selbst. Geistesarten wie Liebe und Güte basieren auf der Wirklichkeit und sind Ausdruck unserer reinen Natur. Betrachten wir andere als gütig, sehen wir über ihre Verblendungen hinaus und beziehen uns auf ihre reine Natur, ihre Buddha Natur.

Buddha verglich unsere Buddha Natur mit einem Goldklumpen im Dreck, denn ganz gleich wie abstoßend die Verblendungen eines Menschen auch sein mögen, die wahre Natur seines Geistes bleibt makellos wie reines Gold. Selbst im Herzen des grausamsten und verkommensten Menschen gibt es das Potenzial für grenzenlose Liebe, Mitgefühl und Weisheit. Im Gegensatz zu den Samen unserer Verblendungen, die zerstört werden können, ist dieses Potenzial absolut unzerstörbar und die reine, essenzielle Natur eines jeden Lebewesens. Wann immer wir anderen Menschen begegnen, sollten wir uns nicht auf ihre Verblendungen, sondern auf das Gold ihrer Buddha Natur konzentrieren. Dies wird uns nicht nur in die Lage versetzen, sie als etwas Besonderes und Einzigartiges zu sehen, sondern es wird auch ihre guten Eigenschaften ans Licht bringen. Indem wir jeden als zukünftigen Buddha betrachten, werden wir aus Liebe und Mitgefühl ganz natürlich dazu beitragen, dieses Potenzial reifen zu lassen.

Da wir so vertraut damit sind, uns mehr als andere wertzuschätzen, entsteht die Sicht, dass alle fühlenden Wesen von höchster Wichtigkeit sind, nicht so leicht und wir müssen unseren Geist viele Jahre lang geduldig schulen, bevor sie natürlich wird. Ebenso wie ein Ozean aus vielen winzigen Wassertropfen entsteht, die sich über lange Zeit ansammeln, so sind die Verwirklichungen der Liebe und des Mitgefühls von fortgeschrittenen Praktizierenden das Ergebnis fortwährender Schulung. Wir sollten mit dem Versuch beginnen, unsere Eltern, Familie und engen Freunde wertzuschätzen. Dann sollten wir dieses Gefühl auf die Menschen unserer Umgebung ausweiten. Stufenweise können wir den Umfang unserer Wertschätzung ausdehnen, bis er alle fühlenden Wesen einschließt.

Es ist wichtig, mit unserem unmittelbaren Umfeld zu beginnen. Falls wir versuchen sollten, alle fühlenden Wesen in einer allgemeinen Weise zu lieben, während wir diejenigen, mit denen wir leben, vernachlässigen, wird unsere Wertschätzung abstrakt und nicht echt sein. Vielleicht haben wir einige angenehme Gefühle während der Meditation, doch sie werden nach der Meditation rasch verschwinden und unser Geist wird sich im Grunde nicht ändern. Fassen wir jedoch am Ende jeder Meditationssitzung den besonderen Entschluss, diejenigen wertzuschätzen, mit denen wir unsere Zeit verbringen, und setzen diesen Entschluss um, dann wird unsere Wertschätzung geerdet und aufrichtig sein. Bemühen wir uns wirklich, die Menschen in unserem unmittelbaren Umfeld zu lieben, selbst wenn sie uns das Leben schwer machen, dann wird unsere Selbstwertschätzung beständig untergraben und wir werden in unserem Geist allmählich ein starkes Fundament errichten, andere wertzuschätzen. Mit einem solchen Fundament wird es nicht schwer sein, unsere Liebe auf immer mehr fühlende Wesen auszudehnen, bis wir die allumfassende Liebe und das Mitgefühl eines Bodhisattva entwickeln.

Unsere Fähigkeit, anderen zu helfen, hängt auch von der karmischen Beziehung ab, die wir aus diesem und früheren Leben zu ihnen haben. Wir sind alle umgeben von einem Kreis von Menschen, zu denen wir in diesem Leben eine besondere karmische Verbindung haben. Obwohl wir lernen müssen, alle Lebewesen gleichermaßen wertzuschätzen, heißt das nicht, dass wir mit jedem in gleicher Weise umgehen. Es wäre zum Beispiel unangebracht, unseren Arbeitgeber genauso zu behandeln wie unsere engen Freunde und unsere Familie. Es gibt auch Menschen, die einfach in Ruhe gelassen werden möchten oder Zuneigungsbekundungen nicht mögen. Andere zu lieben ist in erster Linie eine Geisteshaltung und die Art und Weise, wie wir sie ausdrücken, hängt sowohl von den Bedürfnissen und Wünschen jedes Einzelnen ab als auch von der karmischen Beziehung, die wir zu ihm haben. Wir können uns nicht aktiv um jeden Einzelnen kümmern, doch wir können allen Wesen gegenüber eine fürsorgliche Haltung entwickeln. Dies ist der wesentliche Punkt der Geistesschulung. Indem wir unseren Geist in dieser Weise schulen, werden wir schließlich ein Buddha und tatsächlich die Kraft haben, alle fühlenden Wesen zu beschützen.

Indem wir sorgfältig über all diese Punkte nachdenken, kommen wir zu folgendem Schluss:

Da für mich alle fühlenden Wesen sehr kostbar sind, muss ich sie wertschätzen, müssen sie mir am Herzen liegen.

Diesen Entschluss sollten wir als einen Samen betrachten, den wir fortwährend in unserem Geist halten und nähren, bis er zum spontanen Gefühl heranwächst, das uns und alle fühlenden Wesen gleichermaßen wertschätzt. Diese Verwirklichung wird «Gleichstellen vom Selbst mit anderen» genannt. So wie wir unseren eigenen Frieden und unser eigenes Glück schätzen, so sollten wir auch den Frieden und das Glück aller Lebewesen schätzen. Und so wie wir dafür arbeiten, uns selbst von Leiden und Problemen zu befreien, so sollten wir auch dafür arbeiten, andere zu befreien.

BESCHEIDENHEIT ENTWICKELN

Wann immer ich mit anderen zusammen bin,
Möge ich mich selbst als den Geringsten von allen sehen.

Langri Tangpa ermutigt uns mit diesen Worten, den Geist der Bescheidenheit zu entwickeln und uns als geringer und weniger kostbar als andere zu betrachten. Wie zuvor erwähnt ist Kostbarkeit keine inhärente Eigenschaft eines Objekts, sondern hängt vom Karma des Einzelnen ab. Aufgrund der besonderen karmischen Beziehung einer Mutter zu ihren Kindern erscheinen ihr diese ganz natürlich als kostbar. Für einen Praktizierenden, der nach Erleuchtung strebt, sind alle fühlenden Wesen gleichermaßen kostbar. Zum einen, weil sie überaus gütig sind, und zum anderen, weil sie die höchsten Objekte sind, mit denen er oder sie spirituelle Verwirklichungen entwickeln und vertiefen kann. Für solch einen Praktizierenden ist kein einziges Wesen minderwertig oder weniger wichtig, nicht einmal ein Insekt. Wenn Kostbarkeit von Karma abhängt, könnten wir uns fragen: Hat ein Praktizierender, der nach Erleuchtung strebt, eine karmische Verbindung mit allen Wesen, aufgrund derer er sie als kostbar betrachtet? Ein Praktizierender entwickelt diese besondere Sicht, indem er über richtige Begründungen nachdenkt, die sein karmisches Potenzial reifen lassen, alle Wesen als seine kostbare Mutter zu sehen. In Wirklichkeit sind alle fühlenden Wesen unsere Mütter, deshalb haben wir natürlich eine karmische Beziehung zu ihnen. Doch aufgrund unserer Unwissenheit haben wir keine Ahnung, dass sie unsere kostbaren Mütter sind.

Im Allgemeinen würden wir es alle vorziehen, ein hohes Ansehen und einen guten Ruf zu genießen, und wir haben wenig oder kein Interesse daran, bescheiden zu sein. Praktizierende wie Langri Tangpa sind das vollkommene Gegenteil. Sie suchen sich tatsächlich niedrige Stellungen aus und wünschen anderen, dass sie das Glück höheren Ansehens genießen. Aus drei Gründen streben Praktizierende der Geistesschulung danach, Bescheidenheit zu üben. Erstens erschöpfen wir unsere Verdienste nicht für weltliche Erlangungen, wenn wir Bescheidenheit üben, sondern heben sie für die Entwicklung innerer Verwirklichungen auf. Wir haben nur einen begrenzten Vorrat an Verdiensten. Vergeuden wir diesen für materiellen Besitz, Ansehen, Beliebtheit oder Macht, so bleibt nicht genug positive Energie in unserem Geist übrig, um tiefe spirituelle Verwirklichungen hervorzubringen. Zweitens sammeln wir eine riesige Menge an Verdiensten an, indem wir Bescheidenheit üben und anderen wünschen, ein höheres Ansehen zu genießen. Wir sollten wissen, dass jetzt die Zeit ist, Verdienste anzusammeln, und nicht die Zeit, sie für weltliche Vergnügen zu vergeuden. Drittens müssen wir Bescheidenheit üben, weil es kein Selbst oder Ich, das wir normalerweise sehen, gibt. Wir sollten unser Selbst oder Ich, das Objekt unserer Selbstwertschätzung, als das Geringste von allen sehen, als etwas, das wir vernachlässigen oder vergessen müssen. In dieser Weise wird unsere Selbstwertschätzung schwächer und unsere Liebe für andere wird stärker werden.

Obwohl alle verwirklichten Praktizierenden der Geistesschulung Bescheidenheit üben, werden sie dennoch jede gesellschaftliche Stellung annehmen, durch die sie möglichst vielen fühlenden Wesen helfen können. Vielleicht ist solch ein Praktizierender ein reiches, mächtiges und geachtetes Mitglied der Gesellschaft, doch seine oder ihre Motivation, in dieser Weise zu handeln, ist ausschließlich das Wohl der anderen. Weltliche Erlangungen bedeuten ihm nicht das

Geringste, denn er erkennt, wie täuschend und welch eine Verschwendung seiner Verdienste sie sind. Selbst als König würde er all seinen Reichtum als den Besitz anderer betrachten und in seinem Herzen andere weiterhin als erhaben ansehen. Da er sich weder an seine Stellung noch an seinen Besitz als sein Eigentum klammert, würden diese Dinge seine Verdienste nicht erschöpfen.

Wir müssen sogar dann Bescheidenheit üben, wenn wir mit denjenigen umgehen, die uns aufgrund gesellschaftlicher Konventionen gleichgestellt oder unterlegen sind. Da wir den Geist anderer nicht kennen, wissen wir nicht, wer tatsächlich ein verwirklichtes Wesen ist und wer nicht. Vielleicht hat jemand keine hohe gesellschaftliche Stellung, wenn er in seinem Herzen jedoch liebevolle Güte für alle Lebewesen bewahrt, dann ist er in Wirklichkeit ein verwirklichtes Wesen. Buddhas können sich außerdem in jeder Form manifestieren, um Lebewesen zu helfen, und sofern wir selbst kein Buddha sind, können wir nicht wissen, wer die Emanation eines Buddha ist und wer nicht. Wir können nicht mit Sicherheit sagen, dass unser engster Freund oder ärgster Feind, unsere Mutter oder sogar unser Hund keine Emanation ist. Die Tatsache, dass wir glauben jemanden gut zu kennen und gesehen haben, dass er oder sie sich in einer verblendeten Weise verhält, heißt nicht, dass er oder sie ein gewöhnlicher Mensch ist. Was wir sehen, ist eine Spiegelung unseres eigenen Geistes. Ein gewöhnlicher, verblendeter Geist nimmt ganz natürlich eine Welt voller gewöhnlicher, verblendeter Menschen wahr.

Nur wenn wir unseren Geist reinigen, können wir reine heilige Wesen direkt sehen. Bis dahin aber wissen wir nicht mit Sicherheit, ob jemand eine Emanation ist oder nicht. Vielleicht ist jeder, den wir kennen, die Emanation eines Buddha! Dies mag etwas unwahrscheinlich erscheinen, aber nur deshalb, weil wir so sehr daran gewöhnt sind, Menschen als gewöhnlich zu betrachten. Wir wissen es einfach nicht. Wir können nur eins wirklich sagen, nämlich dass jemand vielleicht eine Emanation ist, vielleicht aber auch nicht. So zu denken ist sehr nützlich, denn wenn wir glauben, dass jemand vielleicht die Emanation eines Buddha ist, werden wir ihn ganz natürlich respektieren und davon absehen, ihm zu schaden. Hinsichtlich der Wirkung auf unseren Geist ist der Gedanke, dass jemand vielleicht ein Buddha ist, nahezu das Gleiche wie zu denken, dass er oder sie ein Buddha ist. Da wir selbst der einzige Mensch sind, von dem wir sicher wissen, dass er kein Buddha ist, werden wir durch Schulung in dieser Denkweise allmählich dahin kommen, jeden anderen als höher und kostbarer als uns selbst zu betrachten.

Uns als den Geringsten von allen zu sehen, ist anfangs nicht leicht zu akzeptieren. Wenn wir zum Beispiel einem Hund begegnen, sollten wir uns als jemand sehen, der geringer ist als der Hund? Wir können uns an die Geschichte des buddhistischen Meisters Asanga erinnern, der auf einen sterbenden Hund traf, der sich in Wirklichkeit als Emanation von Buddha Maitreya entpuppte. Der Hund vor uns erscheint vielleicht als gewöhnliches Tier, doch Tatsache ist, dass wir seine wirkliche Natur nicht kennen. Vielleicht wurde auch er von Buddha ausgestrahlt, um uns zu helfen, Mitgefühl zu entwickeln. Da wir weder das eine noch das andere mit Sicherheit wissen können, sollten wir unsere Zeit nicht mit Mutmaßungen vergeuden, ob der Hund nun ein gewöhnliches Tier oder eine Emanation ist, sondern einfach denken: «Dieser Hund könnte eine Emanation Buddhas sein.» Von diesem Standpunkt aus können wir denken, dass wir geringer sind als der Hund, und dieser Gedanke wird uns vor allen Gefühlen der Überlegenheit schützen.

Einer der Vorteile der Bescheidenheit ist, dass sie es uns ermöglicht, von jedem zu lernen. Ein stolzer Mensch kann von anderen nichts lernen, denn er glaubt bereits alles besser zu wissen. Ein bescheidener Mensch jedoch, der jeden respektiert und weiß, dass alle sogar Buddhas Emanationen sein können, hat die Offenheit des Geistes, von jedem und aus jeder Situation zu lernen. Ebenso wie Wasser sich nicht auf Berggipfeln sammeln kann, so können sich gute Eigenschaften und Segnungen nicht auf den felsigen Gipfeln des Stolzes ansammeln. Nehmen wir stattdessen aber eine bescheidene, respektvolle Haltung gegenüber allen ein, werden gute Eigenschaften und Inspiration fortwährend in unseren Geist fließen wie Bäche in ein Tal.

Austauschen vom Selbst mit anderen

Während all meiner Handlungen untersuche ich mein Geisteskontinuum
Und sobald sich eine Verblendung der Selbstwertschätzung entwickelt,
Aufgrund derer ich mich oder andere sich unangemessen verhalten würden,
Möge ich ihr entschieden gegenübertreten und sie abwenden.

Während die ersten beiden Verse die Übung des Gleichstellens vom Selbst und anderen erklären – das heißt, uns selbst und alle anderen Lebewesen gleichermaßen wertzuschätzen – zeigt uns dieser Vers, wie wir das Selbst mit anderen austauschen. Damit ist gemeint, dass wir unsere Selbstwertschätzung aufgeben und nur noch andere wertschätzen. Da unsere Verblendungen die Haupthindernisse für diese Verwirklichung sind, erklärt Bodhisattva Langri Tangpa nun, wie wir unsere Verblendungen und insbesondere unsere Selbstwertschätzung überwinden können.

Normalerweise teilen wir die äußere Welt ein in das, was wir als gut oder wertvoll, als schlecht oder wertlos oder als keins von beiden ansehen. In den meisten Fällen sind diese Unterscheidungen nicht richtig oder haben wenig Bedeutung. So ist zum Beispiel unsere Gewohnheit, andere in Abhängigkeit davon, welche Gefühle sie uns vermitteln,

Tilopa

in Freunde, Feinde und Fremde einzuordnen, sowohl unrichtig als auch ein großes Hindernis für die Entwicklung unvoreingenommener Liebe für alle Lebewesen. Anstatt so stark an unseren Unterscheidungen in Bezug auf die äußere Welt festzuhalten, wäre es sehr viel nützlicher zu lernen, zwischen wertvollen und wertlosen Geisteszuständen zu unterscheiden.

Um eine bestimmte Verblendung zu überwinden, müssen wir in der Lage sein, sie richtig zu identifizieren und deutlich von anderen Geisteszuständen zu unterscheiden. Es ist ziemlich einfach, Verblendungen wie Wut oder Neid zu identifizieren und zu erkennen, wie sie uns schaden. Verblendungen wie Anhaftung, Stolz, Festhalten am Selbst und Selbstwertschätzung sind jedoch viel schwerer zu erkennen und können leicht mit anderen Geisteszuständen verwechselt werden. Wir haben zum Beispiel viele Begehren, doch nicht alle sind durch begehrende Anhaftung motiviert. Der Wunsch zu schlafen, zu essen, unsere Freunde zu treffen oder zu meditieren muss nicht durch Anhaftung beeinflusst sein. Ein Begehren, das Anhaftung ist, stört zwangsläufig unseren Geist, doch da es uns vielleicht in einer subtilen, indirekten Weise beeinflusst, können wir es vielleicht nur schwer erkennen, wenn es in unserem Geist entsteht.

WAS IST SELBSTWERTSCHÄTZUNG?

Von all den unzähligen begrifflichen Gedanken, die aus dem Ozean unseres Ursprungsgeistes auftauchen, ist Selbstwertschätzung der schädlichste und der Geist, der andere wertschätzt, der nützlichste. Was genau ist Selbstwertschätzung? Selbstwertschätzung ist unser Geist, der denkt: «Ich bin wichtig» und dabei andere außer Acht lässt.

Sie wird als eine Geistesart definiert, die uns selbst als überaus wichtig und kostbar ansieht und die sich aus der Erscheinung der wahren Existenz des Selbst entwickelt. Die Verblendung der Selbstwertschätzung ist fast immer in unserem Geist aktiv und der Wesenskern unserer samsarischen Erfahrung.

Es ist unsere Selbstwertschätzung, die uns das Gefühl gibt, dass unser Glück und unsere Freiheit wichtiger sind als das Glück und die Freiheit aller anderen, dass unsere Wünsche und Gefühle von größerer Bedeutung und dass unser Leben und unsere Erlebnisse interessanter sind. Aufgrund unserer Selbstwertschätzung finden wir es erschütternd, wenn wir kritisiert oder beleidigt werden, sind aber nicht erschüttert, wenn ein Fremder kritisiert wird und sind vielleicht sogar glücklich, wenn jemand beleidigt wird, den wir nicht mögen. Wenn wir Schmerzen haben, gibt es für uns nichts Wichtigeres auf der Welt, als unsere Schmerzen so schnell wie möglich zu stoppen. Wenn aber ein anderer Schmerzen hat, so haben wir weitaus mehr Geduld. Selbstwertschätzung ist uns so vertraut, dass wir uns ein Leben ohne sie kaum vorstellen können. Sie ist für uns fast so natürlich wie die Atmung. Doch wenn wir dies mit Weisheit prüfen, werden wir entdecken, dass Selbstwertschätzung ein vollkommen fehlerhafter Geist ist, der nichts mit der Wirklichkeit zu tun hat. Es gibt überhaupt keine gültigen Gründe zu denken, dass wir wichtiger sind als andere. Für Buddhas, deren Geist fehlerlos ist und die die Dinge genauso sehen, wie sie sind, sind alle Wesen gleich wichtig.

Selbstwertschätzung ist ein falsches Gewahrsein, da sein beobachtetes Objekt, das inhärent existente Selbst oder Ich, nicht existiert. Das inhärent existente Selbst oder Ich, das Selbst oder Ich, das wir normalerweise sehen, und das wahrhaft existente Selbst oder Ich sind synonym. Beobachten wir unseren Geist, sobald sich Selbstwertschätzung stark manifestiert, zum Beispiel wenn wir uns fürchten, verlegen oder entrüstet sind, werden wir feststellen, dass wir ein sehr lebhaftes Ich-Gefühl haben. Aufgrund der Unwissenheit des Festhaltens am Selbst erscheint uns unser Ich als feste, wirkliche Wesenheit, die aus sich heraus existiert, unabhängig von unserem Körper oder Geist. Dieses unabhängige Ich wird das «inhärent existente Ich» genannt und existiert überhaupt nicht. Das Ich, an dem wir so stark festhalten, das wir so sehr wertschätzen, dem wir dienen und das wir unser Leben lang beschützen, ist lediglich eine Erfindung unserer Unwissenheit. Denken wir eingehend über diesen Punkt nach, erkennen wir, wie unsinnig es ist, etwas zu schätzen, das nicht existiert. Im Kapitel über Schulung in endgültigem Bodhichitta wird erklärt, inwiefern das inhärent existente Ich nicht existiert.

Aufgrund der Prägungen des Festhaltens am Selbst, die wir seit anfangsloser Zeit angesammelt haben, scheint alles, was unserem Geist erscheint, einschließlich unseres Ich, inhärent zu existieren. Indem wir an unserem eigenen Ich als inhärent existent festhalten, halten wir auch am Selbst anderer als inhärent existent fest und stellen uns dann vor, dass das Selbst und andere inhärent unterschiedlich sind. Danach erzeugen wir Selbstwertschätzung und spüren instinktiv: «Ich bin überaus wichtig und kostbar.» Kurz gesagt erfasst unser Festhalten am Selbst unser Ich als inhärent existent und unsere Selbstwertschätzung schätzt dann dieses inhärent existente Ich mehr als alle anderen. Für gewöhnliche Wesen hängen das Festhalten am Selbst und die Selbstwertschätzung sehr eng zusammen und sind so gut wie miteinander verschmolzen. Wir können sagen, dass beides Arten der Unwissenheit sind, denn beide erfassen irrtümlich ein nichtexistentes Objekt, das inhärent existente Ich. Da jede Handlung, die durch diese Geistesarten motiviert ist, eine verunreinigte Handlung ist, die uns zu einer Wiedergeburt in Samsara führt, kann man sagen, dass für gewöhnliche Wesen sowohl das Festhalten am Selbst als auch die Selbstwertschätzung die Wurzel Samsaras sind.

Es gibt eine subtilere Art der Selbstwertschätzung, die nicht mit dem Festhalten am Selbst verknüpft und deshalb keine Unwissenheit ist. Diese Art der Selbstwertschätzung findet sich im Geist von Hinayana Feindzerstörern, die die Unwissenheit des Festhaltens am Selbst und alle anderen Verblendungen vollständig aufgegeben haben und Nirvana erlangten. Sie haben trotzdem immer noch eine subtile Form der Selbstwertschätzung, die aus den Prägungen des Festhaltens am Selbst entsteht und sie daran hindert, für das Wohl aller fühlenden Wesen zu arbeiten. Diese Art der Selbstwertschätzung zu erklären, würde den Rahmen dieses Buches sprengen. Hier bezieht sich Selbstwertschätzung auf die Selbstwertschätzung gewöhnlicher Wesen, den verblendeten Geist, der ein nichtexistentes Selbst wertschätzt und für überaus wichtig hält.

DIE FEHLER DER SELBSTWERTSCHÄTZUNG

Es ist nicht möglich, auch nur ein einziges Problem, Unglück oder eine schmerzliche Erfahrung zu finden, die nicht aus Selbstwertschätzung entsteht. Wie Shantideva sagt:

> Alles Glück dieser Welt
> Entsteht aus dem Wunsch, dass andere
>   glücklich sein mögen.
> Alles Leid dieser Welt

Entsteht aus dem Wunsch, dass wir selbst
glücklich sein mögen.

Wie sollten wir das verstehen? Wie zuvor erwähnt sind alle unsere Erfahrungen die Auswirkungen der Handlungen, die wir in der Vergangenheit begangen haben. Angenehme Erfahrungen sind Auswirkungen positiver Handlungen und unangenehme Erfahrungen sind Auswirkungen negativer Handlungen. Die Leiden werden uns nicht als Strafe auferlegt. Sie alle kommen aus unserem Geist der Selbstwertschätzung, der selbst glücklich sein möchte und das Glück anderer vernachlässigt. Wir können das auf zwei Arten verstehen. Erstens ist der Geist der Selbstwertschätzung der Schöpfer all unseres Leidens sowie all unserer Probleme und zweitens ist die Selbstwertschätzung die Grundlage, auf der wir all unser Leiden und unsere Probleme erfahren.

Wir leiden, weil wir in unseren früheren Leben, durch eine selbstsüchtige Absicht, unsere Selbstwertschätzung, motiviert, Handlungen begingen, die anderen Leiden zufügten. Als Folge dieser Handlungen erleben wir nun unser gegenwärtiges Leiden und unsere Probleme. Deshalb ist der wahre Schöpfer all unseres Leidens und unserer Probleme unser Geist der Selbstwertschätzung. Hätten wir nie negative Handlungen begangen, dann wäre es unmöglich, dass wir unangenehme Auswirkungen erfahren. Alle negativen Handlungen sind durch Verblendungen motiviert und diese entstehen wiederum aus der Selbstwertschätzung. Zuerst denken wir: «Ich bin wichtig», und glauben deshalb, dass die Erfüllung unserer Wünsche von höchster Wichtigkeit ist. Dann begehren wir das, was anziehend erscheint, und entwickeln Anhaftung. Wir fühlen tiefe Abneigung gegenüber dem, was abstoßend erscheint und entwickeln Wut.

Und gegenüber dem, was neutral erscheint, empfinden wir Gleichgültigkeit und entwickeln Unwissenheit. Aus diesen drei Verblendungen entstehen alle anderen Verblendungen. Das Festhalten am Selbst und die Selbstwertschätzung sind die Wurzeln des Baumes des Leidens. Verblendungen wie Wut und Anhaftung sind sein Stamm, negative Handlungen seine Äste und das Elend und die Schmerzen Samsaras seine bitteren Früchte.

Indem wir verstehen, wie sich Verblendungen entwickeln, können wir sehen, dass unserer Negativität und unserem Leiden Selbstwertschätzung zugrunde liegt. Indem wir das Glück anderer außer Acht lassen und selbstsüchtig unsere eigenen Interessen verfolgen, begehen wir viele nichttugendhafte Handlungen, deren Auswirkungen nur Leiden sind. Das ganze Elend von Leid, Krankheit, Naturkatastrophen und Krieg geht auf Selbstwertschätzung zurück. Es ist unmöglich, das Leiden der Krankheit oder irgendein anderes Unglück zu erleben, wenn wir nicht irgendwann in der Vergangenheit die Ursache dafür geschaffen haben, und dies war zwangsläufig eine nichttugendhafte Handlung, die durch Selbstwertschätzung motiviert war.

Wir sollten dies nicht so verstehen, dass das Leiden eines Menschen seine eigene Schuld ist und dass es daher nicht angebracht ist, Mitgefühl mit ihm zu haben. Die Lebewesen handeln negativ, weil sie durch ihre Verblendungen dazu getrieben werden, und wenn sie unter dem Einfluss von Verblendungen stehen, können sie ihren Geist nicht kontrollieren. Würde ein geistesgestörter Patient mit dem Kopf gegen die Wand schlagen und sich verletzen, würden die Ärzte sich nicht weigern, ihn zu behandeln, mit dem Argument, dass es seine eigene Schuld war. In gleicher Weise gibt es keinen Grund, mit jemandem kein Mitgefühl zu haben, der in einem früheren Leben eine negative Handlung beging, was jetzt dazu geführt hat, dass er an einer ernsthaften Krankheit leidet. Unser Mitgefühl wird in der Tat sehr viel stärker, wenn wir verstehen, dass Lebewesen nicht frei von Verblendungen sind, der Ursache all ihres Leidens. Um anderen wirksam helfen zu können, müssen wir die zutiefst mitfühlende Absicht haben, andere von ihrem manifesten Leiden und seinen zugrundeliegenden Ursachen zu befreien.

Der Geist der Selbstwertschätzung ist auch die Grundlage für all unser Leiden und unsere Probleme. Viele Menschen erleben zum Beispiel eine Depression oder Entmutigung, Unzufriedenheit und geistigen Schmerz, wenn sie ihre Wünsche nicht erfüllen können; manche wollen sich sogar umbringen. Das ist so, weil ihre Selbstwertschätzung glaubt, dass ihre eigenen Wünsche so wichtig sind. Deshalb ist es vor allem ihre Selbstwertschätzung, die für ihre Probleme verantwortlich ist. Ohne Selbstwertschätzung gäbe es keine Grundlage, solch ein Leiden zu erfahren.

Es ist nicht schwer zu erkennen, wie die Selbstwertschätzung, die wir in diesem Leben haben, zu Leiden führt. Jede Art von Disharmonie, Auseinandersetzung und Streit entsteht aus der Selbstwertschätzung der Beteiligten. Mit Selbstwertschätzung beharren wir sehr stark auf unseren Meinungen und Interessen und sind nicht gewillt, die Situation aus einer anderen Perspektive zu sehen. Infolgedessen werden wir schnell wütend und möchten andere verbal oder sogar körperlich verletzen. Selbstwertschätzung führt dazu, dass wir uns deprimiert fühlen, wann immer sich unsere Wünsche nicht erfüllen, unsere ehrgeizigen Ziele scheitern oder unser Leben anders verläuft als geplant. Denken wir an Zeiten zurück, in denen wir unglücklich waren, stellen wir fest, dass sie von einer übermäßigen Sorge um unser eigenes Wohl geprägt waren. Verlieren wir unsere Arbeit, unser Haus, unser Ansehen oder unsere Freunde, dann sind wir nur deshalb traurig, weil wir so an diesen Dingen hängen. Verlieren andere ihre Arbeit oder werden von ihren Freunden getrennt, macht uns das nicht annähernd so viel aus.

Äußere Bedingungen sind von sich aus weder gut noch schlecht. Zum Beispiel gilt Reichtum im Allgemeinen als erstrebenswert, wenn wir aber große Anhaftung an Reichtum haben, bereitet er uns bloß viele Sorgen und dient dazu, unsere Verdienste zu erschöpfen. Ist unser Geist jedoch vor allem darauf gerichtet, andere wertzuschätzen, kann es sogar nützlich sein, all unser Geld zu verlieren, denn das gibt uns die Gelegenheit, das Leiden derjenigen zu verstehen, die Ähnliches erleben und lenkt uns weniger von unserer spirituellen Praxis ab. Selbst wenn wir alle Wünsche unserer Selbstwertschätzung erfüllten, gibt es keine Garantie, dass wir glücklich wären, denn jede samsarische Errungenschaft führt zu neuen Problemen und unvermeidlich zu neuen Wünschen. Das unerbittliche Verfolgen unserer selbstsüchtigen Wünsche ist wie Salzwasser zu trinken, um unseren Durst zu löschen. Je mehr wir unseren Begehren frönen, desto größer ist unser Durst.

Wenn Menschen sich umbringen, dann meistens deshalb, weil ihre Wünsche nicht erfüllt wurden. Doch dies war für sie nur unerträglich, weil ihre Selbstwertschätzung ihnen das Gefühl gab, ihre Wünsche seien das Wichtigste auf der Welt. Aufgrund von Selbstwertschätzung nehmen wir unsere Wünsche und Pläne überaus ernst und können die Schwierigkeiten, die das Leben mit sich bringt, weder annehmen noch daraus lernen. Wir werden kein besserer Mensch, bloß weil wir uns unsere Wünsche nach weltlichem

Erfolg erfüllen. Es ist genauso wahrscheinlich, dass wir die Eigenschaften, die wirklich von Bedeutung sind, wie Weisheit, Geduld und Mitgefühl, durch unsere Misserfolge entwickeln wie durch unsere Erfolge.

Oft haben wir das Gefühl, dass ein anderer uns unglücklich macht, und können ziemlich nachtragend sein. Doch schauen wir uns die Umstände genau an, stellen wir fest, dass immer unsere eigene geistige Einstellung für unser Unglück verantwortlich ist. Was ein anderer macht, kann uns nur unglücklich machen, wenn wir negativ darauf reagieren. Zum Beispiel kann uns Kritik an sich nicht verletzen, wir sind nur verletzt aufgrund unserer Selbstwertschätzung. Selbstwertschätzung macht uns so abhängig von den Meinungen und der Anerkennung anderer, dass wir nicht mehr frei sind, in der konstruktivsten Weise zu reagieren und zu handeln.

Manchmal fühlen wir uns unglücklich, weil diejenigen, die wir mögen, Schwierigkeiten haben. Wir müssen uns daran erinnern, dass unsere Liebe für andere im Augenblick fast immer mit Anhaftung, einem ichbezogenen Geist, vermischt ist. Zum Beispiel ist die Liebe, die Eltern im Allgemeinen für ihre Kinder fühlen, tief und echt, doch es ist nicht immer reine Liebe. Sie ist vermischt mit Gefühlen wie dem Begehren, ebenfalls geliebt und geschätzt zu werden, mit dem Glauben, dass die Kinder irgendwie ein Teil der Eltern sind, mit dem Wunsch, andere Menschen durch die Kinder zu beeindrucken und mit der Hoffnung, dass die Kinder die Pläne und Träume der Eltern in irgendeiner Weise verwirklichen. Manchmal ist es sehr schwierig, zwischen unserer Liebe für andere und unserer Anhaftung an andere zu unterscheiden. Doch können wir das, dann stellen wir fest, dass es immer die Anhaftung ist, die zu Leiden

Naropa

führt. Reine, bedingungslose Liebe führt nie zu irgendeinem Schmerz oder einer Sorge, sondern nur zu Frieden und Freude.

Alle Probleme der menschlichen Gesellschaft wie Krieg, Verbrechen, Umweltverschmutzung, Drogenabhängigkeit, Armut, Unrecht und Disharmonie in Familien sind eine Folge von Selbstwertschätzung. In dem Glauben, dass nur der Mensch zählt und die Natur nur dazu da ist, menschliche Bedürfnisse zu stillen, haben wir Tausende von Tierarten ausgerottet und den Planeten in einem solchen Ausmaß verschmutzt, dass die große Gefahr besteht, dass er bald auch für Menschen unbewohnbar werden könnte. Würde jeder das Wertschätzen anderer umsetzen, so wären viele der größten Probleme dieser Welt in ein paar Jahren gelöst.

Selbstwertschätzung gleicht einer Eisenkette, die uns in Samsara gefangen hält. Der Hauptgrund unseres Leidens ist, dass wir in Samsara sind. Und wir sind in Samsara, weil wir unaufhörlich die verblendeten, ichbezogenen Handlungen begehen, die den Kreislauf unkontrollierter Wiedergeburt in Gang halten. Samsara ist die Erfahrung eines ichbezogenen Geistes. Die sechs Bereiche Samsaras, vom Götterbereich bis zum Höllenbereich, sind die traumgleichen Projektionen eines Geistes, der durch Selbstwertschätzung und das Festhalten am Selbst verzerrt ist. Indem diese beiden Geistesarten dazu führen, dass wir das Leben als ständigen Kampf betrachten unserem Ich zu dienen und es zu beschützen, zwingen sie uns, unzählige destruktive Handlungen zu begehen, die uns in diesem Albtraum Samsaras gefangen halten. Solange wir diese beiden Geistesarten nicht zerstören, werden wir nie wahre Freiheit oder wahres Glück erfahren, wir werden unseren Geist nie wirklich beherrschen und nie sicher vor der Gefahr einer niederen Wiedergeburt sein.

Selbst wenn wir unsere Selbstwertschätzung nur zeitweise unter Kontrolle bringen, hat das großen Wert. Alle Sorgen, Ängste und Traurigkeit beruhen auf Selbstwertschätzung. In dem Moment, in dem wir unsere zwanghafte Sorge um unser eigenes Wohl loslassen können, entspannt sich unser Geist ganz natürlich und wird leichter. Falls wir unsere normale ichbezogene Reaktion überwinden können, wird unser Geist sogar dann friedvoll bleiben, wenn wir schlechte Nachrichten erhalten. Gelingt es uns jedoch nicht, unsere Selbstwertschätzung zu besiegen, dann bringen uns sogar die belanglosesten Dinge aus der Fassung. Kritisiert uns ein Freund, regen wir uns sofort auf und selbst die Nichterfüllung unserer unwichtigsten Wünsche macht uns mutlos. Wenn ein Dharmalehrer etwas sagt, was wir nicht hören wollen, ärgern wir uns vielleicht über ihn oder sie oder verlieren sogar unser Vertrauen. Viele Menschen geraten außer sich, nur weil eine Maus in ihr Zimmer kommt. Mäuse fressen keine Menschen, warum also regen wir uns dann so auf? Es ist lediglich dieser dumme Geist der Selbstwertschätzung, der uns stört. Wenn wir die Maus so lieben würden wie uns selber, würden wir sie in unserem Zimmer willkommen heißen und denken: «Sie hat das gleiche Recht hier zu sein wie ich!»

Für diejenigen, die Erleuchtung anstreben, ist Selbstwertschätzung der schlimmste Fehler. Selbstwertschätzung ist das Haupthindernis, um andere wertzuschätzen. Andere nicht wertzuschätzen ist das Haupthindernis, um großes Mitgefühl zu entwickeln, und kein großes Mitgefühl zu entwickeln ist das Haupthindernis, wenn es darum geht, Bodhichitta zu entwickeln und den Pfad zur Erleuchtung, den Mahayanapfad, zu betreten. Da Bodhichitta die Hauptursache der großen Erleuchtung ist, erkennen wir, dass die Selbstwertschätzung auch das Haupthindernis ist, um Buddhaschaft zu erlangen.

Obwohl wir vielleicht einsehen, dass wir objektiv gesehen nicht wichtiger sind als irgendein anderer und dass Selbstwertschätzung viele Fehler hat, könnten wir dennoch das Gefühl haben, dass sie unentbehrlich ist. Wenn wir uns selbst nicht wertschätzen und auf uns achten, wird es bestimmt kein anderer tun! So zu denken ist falsch. Natürlich stimmt es, dass wir uns um uns kümmern müssen, doch dazu brauchen wir keine Selbstwertschätzung. Für uns selbst zu sorgen, ist keine Selbstwertschätzung. Wir können auf unsere Gesundheit achten, eine Arbeit haben und uns um unser Haus und unseren Besitz kümmern, einzig aus Sorge um das Wohl anderer. Betrachten wir unseren Körper als Werkzeug, mit dem wir anderen helfen, dann können wir ihn ernähren, kleiden, waschen und entspannen – alles ohne Selbstwertschätzung. Ebenso wie sich der Fahrer eines Rettungswagens um sein Fahrzeug kümmert, obwohl er weiß, dass es ihm nicht gehört, können wir uns zum Wohl der anderen um unseren Körper und Besitz kümmern. Die einzige Möglichkeit, wirklich allen Lebewesen helfen zu können, ist, ein Buddha zu werden und die menschliche Form ist das bestmögliche Fahrzeug, um dies zu erreichen. Deshalb müssen wir uns gut um unseren Körper kümmern. Tun wir das mit Bodhichitta Motivation, dann wird alles, was wir für unseren Körper tun, Teil des Pfades zur Erleuchtung.

Vielleicht verwechseln wir Selbstwertschätzung manchmal mit Selbstvertrauen oder Selbstachtung, doch in Wirklichkeit haben diese nichts gemeinsam. Nicht aus Selbstachtung wollen wir immer das Beste für uns selbst. Nicht aus Selbstachtung betrügen wir andere, beuten sie aus oder lassen sie im Stich. Wenn wir aufrichtig sind, dann sehen wir, dass es unsere Selbstwertschätzung ist, die uns in einer Art und Weise handeln lässt, die uns unsere Selbstachtung raubt und unser Selbstvertrauen zerstört. Manche Menschen werden durch ihre Selbstwertschätzung in den Sumpf des Alkoholismus oder der Drogenabhängigkeit getrieben und verlieren dabei auch noch den letzten Rest an Selbstachtung. Auf der anderen Seite werden unsere Selbstachtung und unser Selbstvertrauen umso größer, je mehr wir andere wertschätzen und ihnen helfen. Zum Beispiel ist das Bodhisattva Gelübde, in dem der Bodhisattva verspricht, alle Fehler und Unzulänglichkeiten zu überwinden, alle guten Eigenschaften zu erlangen und so lange für alle Lebewesen zu arbeiten, bis sie von den Leiden Samsaras befreit sind, Ausdruck eines enormen Selbstvertrauens, welches das eines ichbezogenen Wesens weit übersteigt.

Vielleicht fragen wir uns auch: «Wenn ich keine Selbstwertschätzung habe, bedeutet das nicht, dass ich mich selbst nicht mag? Doch ich muss mich selbst annehmen und lieben, denn wenn ich mich selbst nicht liebe, wie kann ich andere lieben?» Das ist ein wichtiger Punkt. In *Geistesschulung in sieben Punkten* erklärt Geshe Chekhawa eine Reihe von Verpflichtungen, die den Praktizierenden der Geistesschulung als Richtlinien dienen. Die erste lautet: «Lass es nicht zu, dass deine Geistesschulung zu unangemessenem Verhalten führt.» Diese Verpflichtung gibt den Praktizierenden den Rat, mit sich selbst glücklich zu sein. Sind wir übertrieben selbstkritisch, dann werden wir in uns gekehrt und entmutigt und es wird uns schwerfallen, unseren Geist umzudrehen und andere wertzuschätzen. Zwar sollten wir uns unserer Fehler bewusst sein, doch sollten wir uns ihretwegen nicht hassen. Diese Verpflichtung gibt uns auch den Rat, uns um uns selbst und unsere Bedürfnisse zu kümmern. Sollten wir versuchen, ohne lebensnotwendige Dinge wie genügend Nahrung und Unterkunft auszukommen, werden wir sicher unserer Gesundheit schaden und dadurch unsere Fähigkeit untergraben, anderen zu helfen. Außerdem könnten andere, die sehen, wie wir uns in einer extremen Weise verhalten, zum Schluss kommen, dass wir unausgeglichen sind, und uns daher nicht vertrauen oder glauben, was wir sagen. Unter solchen Umständen können wir ihnen nicht helfen. Selbstwertschätzung vollkommen aufzugeben ist nicht einfach und braucht viel Zeit. Wenn wir nicht glücklich mit uns selbst sind oder in unkluger Weise unser eigenes Wohlergehen vernachlässigen, werden wir weder das Selbstvertrauen noch die Kraft haben, eine derart radikale spirituelle Transformation herbeizuführen.

Wir verlieren nicht unseren Wunsch, glücklich zu sein, sobald wir frei von Selbstwertschätzung sind. Doch wir verstehen, dass wirkliches Glück nur zu finden ist, wenn wir anderen helfen. Wir haben eine unerschöpfliche Quelle des Glücks in unserem eigenen Geist entdeckt – unsere Liebe für andere. Schwierige äußere Umstände machen uns nicht unglücklich und angenehme Umstände lassen uns nicht aus dem Häuschen geraten, denn wir können beides umwandeln und uns an beidem erfreuen. Anstatt uns darauf zu konzentrieren, gute äußere Umstände zusammenzutragen, hat unsere Sehnsucht nach Glück zum Entschluss geführt, Erleuchtung zu erlangen, denn wir haben erkannt, dass sie die einzige Methode ist, reines Glück zu erlangen. Doch obwohl wir uns danach sehnen, die endgültige Glückseligkeit der vollen Erleuchtung zu genießen, tun wir dies allein zum Wohle anderer, denn Erleuchtung zu erlangen ist lediglich das Mittel, um unseren wahren Wunsch zu erfüllen: allen anderen Lebewesen dieses Glück zu schenken.

Wenn wir ein Buddha sind, erstrahlt unser Glück für immer als Mitgefühl, nährt alle Lebewesen und führt sie allmählich zum gleichen Zustand.

Kurz gesagt ist Selbstwertschätzung ein völlig wertloser und überflüssiger Geist. Wir sind vielleicht hochintelligent, doch sorgen wir uns nur um unser eigenes Wohl, werden wir uns nie unseren grundlegenden Wunsch, glücklich zu sein, erfüllen können. Selbstwertschätzung macht uns in Wirklichkeit dumm. Sie führt dazu, dass wir in diesem Leben unglücklich sind, lässt uns zahllose negative Handlungen begehen, die die Ursache für das Leiden zukünftiger Leben sind, fesselt uns an Samsara und blockiert den Pfad zur Erleuchtung. Andere wertzuschätzen hat den gegenteiligen Effekt. Wertschätzen wir nur andere, werden wir in diesem Leben glücklich sein, viele tugendhafte Handlungen begehen, die zu Glück in zukünftigen Leben führen, frei von den Verblendungen werden, die uns in Samsara festhalten und schnell alle Eigenschaften entwickeln, die wir brauchen, um volle Erleuchtung zu erlangen.

WIE SELBSTWERTSCHÄTZUNG ZERSTÖRT WIRD

Indem wir über die Fehler der Selbstwertschätzung und die Vorteile nachdenken, andere wertzuschätzen, werden wir den starken Entschluss fassen, unsere Selbstwertschätzung aufzugeben und immer alle Lebewesen ohne Ausnahme wertzuschätzen. Diesen Entschluss sollten wir in der Meditation so lange wie möglich halten. Nach der Meditation sollten wir versuchen unseren Entschluss umzusetzen und bei allem, was wir tun, bewahren. Wir können Selbstwertschätzung unmöglich sofort stoppen, denn sie ist eine sehr tief verwurzelte und alles durchdringende geistige Gewohnheit, die uns seit anfangsloser Zeit begleitet. Erkennen wir jedoch ihre Nachteile und strengen uns wirklich an, dann können wir sie langsam abbauen. Die schlimmsten Exzesse der Selbstwertschätzung können wir sofort stoppen und die subtileren Arten der Selbstwertschätzung schrittweise ausmerzen.

Haben wir den Vorsatz gefasst, unsere Selbstwertschätzung zu überwinden, ist der nächste Schritt, sie in dem Moment zu erkennen, in dem sie in unserem Geist entsteht. Um dies zu tun, rät uns Geshe Langri Tangpa unser Geisteskontinuum während all unserer Handlungen zu untersuchen. Das heißt, dass wir genauso wie Geshe Ben Gungyal üben sollten und unseren eigenen Geist, oder Geisteskontinuum, während all unserer Handlungen beobachten. Normalerweise beobachten wir stets aufmerksam, was andere tun, doch viel besser wäre es, auf das zu achten, was in unserem eigenen Geist abläuft. Was auch immer wir tun, ob wir arbeiten, uns unterhalten, uns entspannen oder Dharma studieren: Ein Teil unseres Geistes sollte immer hinschauen und überprüfen, welche Gedanken auftauchen. Sobald eine Verblendung im Begriff ist zu entstehen, sollten wir versuchen sie zu stoppen. Ertappen wir eine Verblendung im Frühstadium, können wir sie ziemlich leicht stoppen, lassen wir jedoch zu, dass sie sich vollständig entwickelt, dann ist sie sehr schwer zu bändigen.

Eine unserer zerstörerischsten Verblendungen ist Wut. Da sie in unserem Alltag so viel Schaden anrichtet, gebe ich im Buch *Wie wir unsere menschlichen Probleme lösen* weitere Anleitungen, wie wir mit dem Problem der Wut umgehen können. Wir werden wütend, weil wir unserem Geist erlauben auf einem Objekt zu verweilen, das wahrscheinlich Wut hervorruft. Ertappen wir unseren Geist, sobald er sich auf ein solches Objekt zu konzentrieren beginnt, können wir das Entstehen von Wut relativ leicht verhindern und unsere Gedanken in eine konstruktivere Richtung lenken. Wir müssen uns selbst lediglich sagen: «Diese Art zu denken ist nicht angebracht. Sie wird bald Wut hervorrufen, die viele Fehler hat.» Erwischen wir die Wut jedoch nicht früh genug und lassen zu, dass sie anwächst, wird sie bald wie ein Flächenbrand sein, der sehr schwer zu löschen ist. Das Gleiche gilt für alle Verblendungen, einschließlich der Selbstwertschätzung. Nehmen wir frühzeitig einen selbstsüchtigen Gedankengang wahr, können wir ihn leicht abwenden. Lassen wir es aber zu, dass er andauert, wird er so viel Fahrt aufnehmen, dass es fast unmöglich ist, ihn zu stoppen.

Verblendungen aufzugeben hat drei Stufen. Die erste ist, eine bestimmte Verblendung zu erkennen, sobald sie im Begriff ist zu entstehen, und zu verhindern, dass sie sich manifestiert, indem wir an ihre Nachteile denken. Solange wir unseren Geist beobachten, ist das ziemlich einfach und etwas, das wir die ganze Zeit üben sollten. Vor allem sollten wir besonders wachsam sein, sobald wir merken, dass unser Geist angespannt oder unglücklich wird, denn solch ein Geist ist ein idealer Nährboden für Verblendungen. Darum sagt Geshe Chekhawa in *Geistesschulung in sieben Punkten*: «Verlass dich immer allein auf einen glücklichen Geist.»

Die zweite Stufe des Aufgebens von Verblendungen ist, sie zu besiegen, indem wir ihre entsprechenden Gegenmittel anwenden. Um zum Beispiel Anhaftung zu besiegen, können wir über die Fehler Samsaras meditieren und unsere Anhaftung durch den entgegengesetzten Geist der Entsagung ersetzen. Durch regelmäßige und systematische Meditation über den Pfad zur Erleuchtung, oder Lamrim, und Geistesschulung, oder Lojong, verhindern wir nicht nur, dass verblendete Gedanken- und Gefühlsmuster entstehen, sondern ersetzen sie auch durch starke und stabile tugendhafte Muster, die auf Weisheit statt auf Unwissenheit beruhen. In dieser Weise können wir von vornherein verhindern, dass die meisten Verblendungen überhaupt entstehen. Sind wir zum Beispiel tief vertraut mit der Sicht, dass andere wichtiger sind als wir selbst, wird Selbstwertschätzung nur selten entstehen.

Die dritte Stufe des Aufgebens von Verblendungen ist, sie mitsamt ihren Samen vollkommen aufzugeben, indem wir eine direkte Verwirklichung der Leerheit erlangen. In dieser Weise zerstören wir das Festhalten am Selbst, das die Wurzel aller Verblendungen ist.

Wie zuvor erwähnt erklärt Langri Tangpa in den ersten beiden Versen vor allem die Praxis des Gleichstellens vom Selbst mit anderen, in der wir lernen andere genauso wertzuschätzen wie uns selbst. Wir denken: «Ebenso wie mein Glück wichtig ist, so ist auch das Glück aller anderen wichtig», und teilen in dieser Weise unser Gefühl der Wertschätzung. Dies anzunehmen und umzusetzen ist einfacher, da es unseren Sinn für Gerechtigkeit anspricht und unseren Geist der Selbstwertschätzung nicht direkt herausfordert. Wir können auch darüber nachdenken, dass wir, ganz gleich wie sehr wir auch leiden, nur eine einzige Person sind, andere Lebewesen hingegen zahllos, sodass es offensichtlich wichtig ist, dass sie zumindest etwas Frieden und Glück erleben. Obwohl uns jeder einzelne unserer Finger und Daumen viel wert ist, würden wir dennoch einen opfern, um die anderen neun zu retten, wohingegen es absurd wäre, neun zu opfern, um einen zu retten. Ebenso sind neun Menschen wichtiger als einer und deshalb sind zahllose Lebewesen natürlich wichtiger als ein einzelnes Selbst allein. Daraus folgt, dass es logisch ist, andere mindestens ebenso zu schätzen wie uns selbst.

Sind wir mit dem Gleichstellen vom Selbst mit anderen etwas vertraut geworden, können wir den Geist der Selbstwertschätzung direkter angehen und im dritten Vers ermutigt uns Langri Tangpa, genau dies zu tun. Mit den Worten «Aufgrund derer ich mich oder andere sich unangemessen verhalten würden» erklärt er, wie unsere Selbstwertschätzung nicht nur uns dazu bringt, uns unangemessen zu verhalten, sondern auch andere dazu bringt, nichttugendhaft zu handeln, indem wir ihren Geist stören und ein schlechtes Beispiel zeigen. Da Selbstwertschätzung so viele Fehler hat, ermutigt uns Langri Tangpa, dass wir «ihr entschieden gegenübertreten und sie abwenden», sobald sie in unserem Geist entsteht.

Indem wir unseren Geist die ganze Zeit genau beobachten, schulen wir uns darin, Selbstwertschätzung in dem Moment zu erkennen, in dem sie entsteht, und erinnern uns dann sofort an ihre Nachteile. Geshe Chekhawa gibt uns den Rat: «Fasse alle Schuld in einer zusammen.» Er meint damit, dass wir der Selbstwertschätzung die Schuld für all unsere Probleme und Leiden geben sollten. Normalerweise geben wir anderen die Schuld, wenn etwas schief läuft, die wirkliche Ursache all unserer Probleme ist jedoch unser Geist der Selbstwertschätzung. Sobald wir Selbstwertschätzung richtig identifiziert haben, sollten wir sie als unseren schlimmsten Feind betrachten und ihr die Schuld an all unserem Leiden geben. Obwohl es gut ist, anderen gegenüber duldsam zu sein und ihnen ihre Schwächen zu vergeben, sollten wir unserer Selbstwertschätzung gegenüber niemals tolerant sein, denn je nachsichtiger wir mit ihr sind, umso mehr wird sie uns schaden. Es ist weitaus besser, absolut skrupellos mit ihr zu sein und ihr für alles, was schief läuft, die Schuld zu geben. Wollen wir auf etwas wütend sein, dann sollten wir auf diesen «Dämon» unserer Selbstwertschätzung wütend sein. In Wirklichkeit ist die Wut, die sich gegen unsere Selbstwertschätzung richtet, keine echte Wut, denn sie beruht auf Weisheit statt auf Unwissenheit und macht unseren Geist rein und friedvoll.

Um in dieser Weise zu üben, müssen wir sehr geschickt sein. Sollten wir uns schuldig und unzulänglich fühlen, weil wir unserer Selbstwertschätzung die Schuld für all unsere Probleme gegeben haben, so zeigt dies, dass wir keine klare Unterscheidung getroffen haben, unserer Selbstwertschätzung die Schuld zu geben oder uns selbst die Schuld zu geben. Obwohl es stimmt, dass Selbstwertschätzung an all unseren Problemen schuld ist, heißt das nicht, dass wir schuld sind. Noch einmal: Wir müssen lernen, zwischen uns und unseren Verblendungen zu unterscheiden. Wenn wir angegriffen werden, ist das nicht unsere Schuld, sondern die Schuld unserer Selbstwertschätzung. Wieso? Weil es die karmische Auswirkung einer nichttugendhaften Handlung ist, die wir in einem früheren Leben unter dem Einfluss von Selbstwertschätzung begangen haben. Darüber hinaus schadet uns auch derjenige, der uns angreift, nur aufgrund seiner oder ihrer Selbstwertschätzung. Ihn zu beschuldigen hilft nichts, da uns das nur verbittert. Geben wir aber unserem Geist der Selbstwertschätzung die Schuld und entschließen uns, ihn zu zerstören, dann bleiben wir nicht bloß ungestört, sondern untergraben auch die Grundlage für all unser zukünftiges Leiden.

Diese Unterweisung, die Fehler unserer Selbstwertschätzung zu erkennen und in der Folge den Wunsch zu entwickeln, sie zu überwinden, ist nicht leicht umzusetzen und deshalb müssen wir geduldig sein. Eine Übung, die für den einen angemessen ist, ist nicht unbedingt angemessen für einen anderen, und eine Übung, die für jemanden zu einer bestimmten Zeit angemessen ist, ist zu einer anderen Zeit für den gleichen Menschen nicht unbedingt angemessen. Buddha erwartete nicht, dass wir alle seine Lehren sofort in die Praxis umsetzen können. Sie sind für eine große Vielzahl von Praktizierenden verschiedener Entwicklungsstufen und Neigungen gedacht. Es gibt außerdem einige Anleitungen, die wir nicht umsetzen können, solange wir andere Übungen betonen, genauso wie es nicht angemessen ist, zur gleichen Zeit Tee und Kaffee zu trinken. Dharma Anleitungen sind wie eine Arznei und müssen geschickt verabreicht werden, indem man das Wesen eines Menschen und seine oder ihre besonderen Bedürfnisse berücksichtigt. Um uns zum Beispiel zu ermutigen Entsagung zu entwickeln, den Wunsch, Befreiung aus Samsara zu erlangen, gab Buddha ausführliche Unterweisungen darüber, inwiefern ein gewöhnliches Leben die Natur von Leiden hat. Doch nicht jeder kann diese Lehren sofort umsetzen. Die Meditation über Leiden führt bei einigen Menschen bloß dazu, dass sie sich niedergeschlagen fühlen. Anstatt einen freudvollen Geist der Entsagung zu entwickeln, sind sie einfach nur bedrückt. Für diese Menschen ist es besser, für einige Zeit nicht über Leiden zu meditieren, sondern später darauf zurückzukommen, wenn ihr Geist stärker und ihre Weisheit klarer geworden ist.

Praktizieren wir fortgeschrittene Unterweisungen und stellen fest, dass unser Stolz oder unsere Verwirrung zunehmen, so bedeutet dies, dass wir für derartige Lehren noch nicht bereit sind, und wir sollten zuerst die Betonung darauf legen, durch grundlegende Übungen ein festes Fundament zu bauen. Falls irgendeine Meditation oder Übung keine gute Wirkung auf unseren Geist hat, uns unglücklich macht oder unsere Verblendungen verstärkt, ist das ein deutliches Zeichen, dass wir nicht richtig üben. Anstatt hartnäckig an der Übung festzuhalten, sollten wir sie lieber erst einmal lassen und uns Rat bei erfahrenen Praktizierenden suchen. Wenn wir verstanden haben, was unser Fehler ist und wie wir richtig üben sollten, können wir die Praxis wieder aufnehmen. Wir sollten aber nie irgendeine Dharma Anleitung ablehnen und denken: «Das werde ich nie praktizieren.»

Wenn wir einkaufen gehen, müssen wir nicht unbedingt alles kaufen, was es im Geschäft gibt. Doch es ist nützlich, sich daran zu erinnern, was das Geschäft vorrätig hat, damit wir später zurückkommen können, wenn wir etwas brauchen. Genauso ist es mit Dharma Unterweisungen. Vielleicht können wir nicht alles, was wir hören, sofort umsetzen, doch es ist wichtig, uns an alles zu erinnern, sodass wir ein umfassendes Verständnis des Dharma bilden können. Wenn wir später so weit sind, können wir alle Anleitungen, die wir gehört haben, umsetzen. Einer der großen Vorteile des Lamrim, oder der Stufen des Pfades zur Erleuchtung, ist, dass sie uns eine Struktur oder so etwas wie einen Speicher zur Verfügung stellen, in dem wir alle Dharma Unterweisungen, die wir je gehört haben, aufbewahren können.

Falls wir uns nur an die Unterweisungen erinnern, die wir sofort auf unsere gegenwärtigen Umstände anwenden können, dann haben wir nichts, auf das wir zurückgreifen können, wenn sich unsere Umstände ändern. Können wir uns aber an alle Lehren, die wir erhalten haben, erinnern, steht uns eine riesige Palette von Anleitungen zur Verfügung, die wir zu gegebener Zeit anwenden können. Eine Übung, die uns jetzt vielleicht verworren und unwichtig erscheint, wird später vielleicht zu einem wesentlichen Teil unserer spirituellen Schulung. Wichtig ist, dass wir sorgfältig und in unserem eigenen Tempo vorgehen, sonst könnten wir uns verwirrt oder entmutigt fühlen und am Ende den Dharma vielleicht ganz ablehnen.

Atisha

Es gibt keine großartigere spirituelle Übung als die, Selbstwertschätzung zu erkennen, wann immer sie entsteht, und ihr dann die Schuld für all unsere Probleme zu geben. Ganz gleich wie lange wir darauf verwenden, selbst wenn es Jahre dauert oder unser ganzes Leben: Wir müssen damit fortfahren, bis unsere Selbstwertschätzung vollkommen zerstört ist. Wir sollten es nicht eilig mit Ergebnissen haben, sondern stattdessen geduldig und aufrichtig üben. Schnelle Ergebnisse zu erwarten beruht selbst auf Selbstwertschätzung und ist ein Rezept für Enttäuschungen. Üben wir mit Freude und Beharrlichkeit, während wir gleichzeitig unsere Negativität reinigen, Verdienste ansammeln und Segnungen erhalten, werden wir mit Sicherheit unsere Selbstwertschätzung erfolgreich abbauen und schließlich aufgeben.

Selbst wenn unsere Meditation nicht gut läuft, können wir im Alltag Achtsamkeit und Wachsamkeit üben und die Selbstwertschätzung stoppen, sobald sie entsteht. Das ist eine einfache Übung, die aber großartige Ergebnisse hat. Üben wir dies fortwährend, dann verschwinden unsere Probleme und wir werden ganz natürlich immer glücklich sein. Es gibt Menschen, denen es gelungen ist, ihre Selbstwertschätzung vollkommen aufzugeben und die jetzt nur andere wertschätzen. Infolgedessen sind ihre Probleme verschwunden und ihr Geist ist immer freudvoll. Ich versichere Ihnen, dass Sie umso glücklicher werden, je weniger Sie sich selbst wertschätzen und je mehr Sie andere wertschätzen.

Wir sollten den festen Entschluss in unserem Herzen bewahren, unseren Geist der Selbstwertschätzung aufzugeben. Wenn wir uns diesem Entschluss Tag für Tag, Jahr für Jahr mit rüstungsgleichem Bemühen widmen, wird sich unsere Selbstwertschätzung allmählich verringern und schließlich insgesamt aufhören. Die frühen Kadampa Geshes pflegten zu sagen, dass wir nur eins tun müssen, um ein tugendhaftes Leben zu führen: unseren Verblendungen so viel wie möglich zu schaden und anderen so viel wie möglich zu helfen. Indem wir das verstehen, sollten wir fortwährend gegen unseren inneren Feind der Selbstwertschätzung zu Felde ziehen und danach streben, andere wertzuschätzen und ihnen zu helfen.

Um unsere Selbstwertschätzung völlig zu zerstören, müssen wir uns auf die Praxis des Austauschens vom Selbst mit anderen verlassen. Wir klammern uns nicht länger an unser eigenes Glück, sondern erkennen, dass alle Lebewesen mit ihren Bedürfnissen und Wünschen von höchster Wichtigkeit sind. Unsere einzige Sorge ist das Wohlergehen der anderen.

Obwohl jemand, der sich vollkommen mit anderen ausgetauscht hat, keine Selbstwertschätzung mehr hat, heißt dies nicht, dass er nicht auf sich achtgibt. Er passt auf sich auf, aber zum Wohle anderer. Er betrachtet sich als Diener aller Lebewesen, als gehörte er ihnen. Aber sogar Diener müssen essen und sich ausruhen, sollen sie effektiv sein. Es wäre ziemlich töricht, zum Beispiel all unser Hab und Gut wegzugeben, sodass uns nichts bleibt, um unser Leben oder unsere spirituelle Praxis aufrechtzuerhalten. Da es unser wahrer Wunsch ist, allen Lebewesen zu helfen, und wir das nur können, indem wir ein Buddha werden, müssen wir unsere spirituelle Praxis schützen und unser Leben so einrichten, dass wir in der effektivsten Weise praktizieren können. Wenn wir anderen helfen, sollten wir außerdem sicherstellen, dass unsere Hilfe für eine Person nicht unsere Fähigkeit untergräbt, vielen Menschen zu helfen. Obwohl wir von Herzen gerne bereit sind alles wegzugeben, was wir haben, um einem Menschen zu helfen, müssen wir auf einer praktischen Ebene jedoch unsere Zeit und unsere Ressourcen so einteilen, dass wir allen Lebewesen von größtem Nutzen sein können.

Die Praxis des Austauschens vom Selbst mit anderen gehört zu der besonderen Weisheitslinie, die von Buddha Shakyamuni über Manjushri und Shantideva zu Atisha und Je Tsongkhapa überliefert wurde. Der Bodhichitta, der durch diese Methode entwickelt wird, ist tiefgründiger und kraftvoller als der Bodhichitta, der durch andere Methoden entwickelt wird. Obwohl jeder, der ein Interesse an spiritueller Entwicklung hat, seine Selbstwertschätzung verringern und lernen kann, andere wertzuschätzen, ist die vollständige Verwirklichung des Austauschens vom Selbst mit anderen eine sehr tiefgründige Erlangung. Um unseren Geist in einer solch radikalen Weise umzuwandeln, brauchen wir tiefes Vertrauen in diese Praxis, eine Fülle von Verdiensten und die kraftvollen Segnungen eines spirituellen Meisters, der diese Lehren persönlich erfahren hat. Sind alle diese förderlichen Bedingungen gegeben, ist die Praxis des Austauschens vom Selbst mit anderen nicht schwierig.

Vielleicht fragen wir uns, warum es notwendig ist, andere mehr zu schätzen als uns selbst. Wäre es nicht viel besser, den Menschen jetzt gleich auf praktische Weise zu helfen, statt eine solch hohe spirituelle Verwirklichung anzustreben? Der Grund, warum wir unseren Geist im Austauschen vom Selbst mit anderen schulen müssen, ist, dass unsere Selbstwertschätzung sowohl unserer Absicht als auch unserer Fähigkeit im Wege steht, anderen zu helfen. Mit Selbstwertschätzung haben wir keine unvoreingenommene, allumfassende Liebe für alle Lebewesen, und so lange unser Wunsch, ihnen zu helfen, mit Selbstwertschätzung vermischt ist, können wir nicht sicher sein, dass unsere Handlungen ihnen wirklich helfen werden. Obwohl wir einigen aufrichtig helfen möchten, wie unserer Familie, unseren Freunden oder jenen in Not, erwarten wir normalerweise etwas zurück und sind gekränkt und enttäuscht, wenn das nicht geschieht. Da unser Wunsch zu helfen mit selbstsüchtigen Interessen vermischt ist, ist unsere Hilfe fast immer an Erwartungen oder persönliche Vorteile geknüpft. Da unsere Absicht unrein ist, hat unsere Fähigkeit zu helfen wenig Kraft und ist begrenzt.

Bemühen wir uns nicht, unsere Selbstwertschätzung auszumerzen, behaupten aber dennoch, dass wir zum Wohle aller arbeiten, ist dies nur ein Lippenbekenntnis und kommt nicht aus dem Herzen. Natürlich sollten wir anderen in praktischer Weise helfen, so gut wir können. Doch wir sollen nie vergessen, dass es unsere Hauptabsicht ist, unseren Geist zu entwickeln. Indem wir uns im Austauschen vom Selbst mit anderen schulen, werden wir schließlich das endgültige Glück der Buddhaschaft erfahren und die vollkommene Kraft haben, allen Lebewesen zu helfen. Erst dann können wir sagen: «Ich bin ein Wohltäter aller Lebewesen.» Auf diese Weise erfüllt unsere Schulung im Austauschen vom Selbst mit anderen sowohl unsere eigenen Absichten als auch die der anderen.

Zurzeit ist unsere wichtigste Aufgabe, unseren Geist zu schulen und insbesondere unsere Absicht zu verstärken, anderen zu Diensten zu sein. In *Freundlicher Brief* sagt Nagarjuna, dass unsere Fähigkeit, anderen zu helfen, allmählich zunehmen wird, wenn wir die Absicht zu helfen die ganze Zeit in unserem Geist bewahren, selbst wenn wir im Augenblick noch nicht die Fähigkeit dazu haben. Das ist so, weil unsere Verdienste, Weisheit und die Fähigkeit, ihnen wirklich helfen zu können, zunehmen werden, je mehr wir andere wertschätzen. Und Gelegenheiten, in praktischer Weise zu helfen, ergeben sich dann wie von selbst.

WIE IST ES MÖGLICH, DAS SELBST MIT ANDEREN AUSZUTAUSCHEN?

Das Selbst mit anderen auszutauschen bedeutet nicht, dass wir die andere Person werden, sondern dass wir das Objekt unserer Wertschätzung austauschen, sodass wir statt uns selbst andere wertschätzen. Um zu verstehen, wie das möglich ist, sollten wir verstehen, dass sich das Objekt unserer Selbstwertschätzung ständig ändert. Wenn wir jung sind, ist das Objekt unserer Selbstwertschätzung ein Mädchen oder ein Junge, später wird es ein Jugendlicher, ein Erwachsener und schließlich ein alter Mensch sein. In diesem Moment wertschätzen wir uns selbst vielleicht als jemand, der Maria oder Hans genannt wird, doch wenn wir sterben, wird sich das Objekt unserer Wertschätzung völlig ändern. In dieser Weise verändert sich das Objekt unserer Wertschätzung fortwährend, sowohl in diesem Leben als auch von Leben zu Leben. Da unsere Wertschätzung ganz natürlich von einem Objekt zu einem anderen wechselt, können wir durch Schulung in Meditation auf jeden Fall das Objekt unserer Wertschätzung wechseln, vom Selbst zu anderen.

Aufgrund unserer Unwissenheit halten wir sehr stark an unserem Körper fest und denken: «Dies ist mein Körper.» Indem wir uns mit dem Körper als «mein» identifizieren, schätzen und lieben wir ihn über alles und glauben, dass er das Kostbarste ist, was wir besitzen. In Wirklichkeit aber gehört unser Körper anderen. Wir brachten ihn nicht aus unserem früheren Leben mit, sondern bekamen ihn von den Eltern dieses Lebens. Im Augenblick der Empfängnis trat unser Bewusstsein in die Vereinigung des Spermas unseres Vaters mit der Eizelle unserer Mutter ein, die sich allmählich zu unserem jetzigen Körper entwickelte. Unser Geist identifizierte sich dann mit diesem Körper und wir fingen an ihn wertzuschätzen. Wie Shantideva in *Leitfaden für die Lebensweise eines Bodhisattva* sagt, gehört unser Körper nicht wirklich uns selbst, sondern anderen. Er wurde von anderen erzeugt und wird nach unserem Tod von anderen entsorgt. Denken wir sorgfältig darüber nach, so werden wir erkennen, dass wir schon jetzt ein Objekt wertschätzen, das in Wirklichkeit anderen gehört. Warum also können wir andere Lebewesen nicht wertschätzen? Zudem führt die Wertschätzung unseres Körpers nur zu einer Wiedergeburt in Samsara, während die Wertschätzung anderer eine Ursache für die Erlangung des Nirvana der vollen Erleuchtung ist, den Zustand jenseits von Leiden.

«Selbst» und «andere» sind relative Begriffe, so wie «dieser Berg» und «jener Berg», aber nicht wie «Esel» und «Pferd». Sehen wir ein Pferd, dann können wir nicht sagen, dass es ein Esel ist und genauso wenig können wir sagen, dass ein Esel ein Pferd ist. Wenn wir aber einen Berg im Osten erklimmen nennen wir ihn «dieser Berg», und den Berg im Westen nennen wir «jener Berg». Steigen wir aber vom Berg im Osten herunter und erklimmen den Berg im Westen, dann nennen wir den westlichen Berg «dieser Berg» und den östlichen Berg «jener Berg». Was «dieser» und «jener» ist, hängt also von unserem Standpunkt ab. Das Gleiche gilt für Selbst und andere. Steigen wir vom Berg des Selbst herab, so können wir den Berg des anderen erklimmen und dadurch andere ebenso sehr wertschätzen wie wir im Augenblick uns selbst wertschätzen. Wir können das, indem wir erkennen, dass aus Sicht eines anderen er oder sie das Selbst ist, während wir der andere sind.

Diejenigen, die im Geheimen Mantra, oder Tantra, geübt sind, haben eine tiefgründige Erfahrung im Austauschen vom Selbst mit anderen. In der tantrischen Praxis der Selbsterzeugung tauschen wir unser gegenwärtiges Selbst mit dem Selbst eines tantrischen Buddha aus. Nehmen wir eine Vajrayogini Praktizierende namens Sarah. Solange sie nicht ihre tantrische Praxis ausführt, erscheint ihr ihr gewöhnlicher Körper, und sie identifiziert sich mit ihm und wertschätzt ihn. Sobald sie sich jedoch fest auf die Meditation der Erzeugungsstufe konzentriert, verschwindet das Gefühl, Sarah zu sein und Sarahs Körper zu haben, vollständig. Anstatt sich mit Sarahs Körper zu identifizieren, identifiziert sie sich mit dem göttlichen Körper Buddha Vajrayoginis und entwickelt den Gedanken: «Ich bin Vajrayogini.» Die Übende hat nun das Objekt der Wertschätzung vollständig ausgetauscht und wertschätzt nicht mehr den unreinen Körper eines gewöhnlichen Wesens, sondern den nichtverunreinigten Körper eines erleuchteten Wesens, Buddha Vajrayogini. Durch Schulung in Meditation macht sich die Übende tief mit dem Körper der Gottheit vertraut und wird sich vollkommen mit ihm identifizieren. Da Vajrayoginis Körper ein reiner Körper ist, ist es eine Ursache der Erleuchtung, sich mit ihm zu identifizieren und ihn wertzuschätzen. Dies zeigt uns, dass es möglich ist, unsere Grundlage der Identifikation zu ändern – es hängt nur von unserer Motivation und Vertrautheit ab.

DIE EIGENTLICHE PRAXIS DES AUSTAUSCHENS VOM SELBST MIT ANDEREN

Wenn wir über das Austauschen vom Selbst mit anderen meditieren, können wir damit beginnen, über den folgenden Vers aus *Darbringung an den spirituellen Meister* nachzudenken:

Da meine Selbstwertschätzung das Tor zu allen Fehlern
Und die Wertschätzung der Mutterwesen die Grundlage
aller guten Eigenschaften ist,
Erbitte ich Deine Segnungen, um den Yoga des
Austauschens vom Selbst mit anderen
Zu meiner wesentlichen Praxis zu machen.

Wir können auch über Shantidevas Rat nachdenken, in dem er uns bittet, unsere Situation mit der der Buddhas zu vergleichen:

Die Kindischen arbeiten nur für sich selbst,
Während Buddhas nur für andere arbeiten.
Seht euch einfach den Unterschied zwischen ihnen an!

Die «Kindischen» sind gewöhnliche Wesen, die durch Selbstwertschätzung motiviert für ihr eigenes Wohlergehen arbeiten und folglich nur Leiden erleben. Im Gegensatz dazu haben Buddhas die Selbstwertschätzung aufgegeben und arbeiten allein zum Wohle anderer, und genießen folglich die Glückseligkeit der vollen Erleuchtung. Wir denken:

Seit anfangsloser Zeit habe ich für meine eigenen Ziele gearbeitet und versucht glücklich zu sein und Leiden zu vermeiden. Doch was habe ich trotz all meiner Mühen vorzuweisen? Ich leide immer noch. Ich habe immer noch einen ungezähmten Geist. Ich erlebe immer noch eine Enttäuschung nach der anderen. Ich bin immer noch in Samsara. Dies ist der Fehler meiner Selbstwertschätzung. Sie ist mein schlimmster Feind und ein schreckliches Gift, das sowohl mir als auch anderen schadet.

Andere wertzuschätzen ist hingegen die Grundlage allen Glücks und aller Tugend. Diejenigen, die nun Buddhas sind, sahen die Sinnlosigkeit, für ihre eigenen Ziele zu arbeiten, und beschlossen, stattdessen für andere zu arbeiten. Infolgedessen wurden sie reine Wesen, frei von allen Problemen Samsaras, und erlangten das immerwährende Glück der vollen Erleuchtung. Ich muss meine gewöhnliche, kindische Haltung grundlegend ändern. Von jetzt an werde ich aufhören mich selbst wertzuschätzen und nur andere wertschätzen.

Indem wir wie oben erklärt die großen Nachteile verstehen, uns selbst wertzuschätzen, und die großen Vorteile, alle Lebewesen wertzuschätzen, und indem wir uns daran erinnern, dass wir den Entschluss gefasst haben, unsere Selbstwertschätzung aufzugeben und immer alle Lebewesen ohne Ausnahme wertzuschätzen, denken wir aus der Tiefe unseres Herzens:

Ich muss es aufgeben, mich selbst wertzuschätzen, und stattdessen alle anderen Lebewesen ohne Ausnahme wertschätzen.

Über diesen Entschluss meditieren wir. Wir sollten diese Meditation fortwährend üben, bis wir spontan glauben, dass das Glück und die Freiheit jedes einzelnen anderen Lebewesens weitaus wichtiger sind als unser eigenes Glück, unsere eigene Freiheit. Dieser Glaube ist die Verwirklichung des Austauschens vom Selbst mit anderen. Er wird zu einem tiefen Gefühl wertschätzender Liebe für alle Lebewesen führen. Wir meditieren über dieses Gefühl so lange wir können.

Während der Meditationspause versuchen wir dieses Gefühl zu halten. Wann immer wir jemandem begegnen, denken wir: «Dieser Mensch ist wichtig. Sein Glück und seine Freiheit sind wichtig.» Wann immer sich Selbstwertschätzung in unserem Geist regt, denken wir: «Selbstwertschätzung ist

Gift. Ich dulde sie nicht in meinem Geist.» In dieser Weise können wir unser Objekt der Wertschätzung austauschen und statt uns selbst alle Lebewesen wertschätzen. Wenn wir eine solche Liebe, die nicht die geringste Spur von Selbstsucht aufweist, für alle Lebewesen entwickelt haben, dann haben wir die Verwirklichung des Austauschens vom Selbst mit anderen erlangt.

Erfüllen sich unsere Wünsche nicht und fangen wir an uns unglücklich zu fühlen, sollten wir uns sogleich erinnern, dass dies nicht an den anderen oder an den Umständen liegt, sondern an unserem eigenen Geist der Selbstwertschätzung, der instinktiv spürt: «Meine Wünsche sind von höchster Wichtigkeit.» Indem wir uns ständig an die Gefahren unserer Selbstwertschätzung erinnern, werden wir unseren Vorsatz verstärken, sie aufzugeben. Und anstatt uns selbst zu bedauern, wenn wir Probleme haben, können wir unser eigenes Leiden nutzen, um uns an das Leiden zahlloser Mutterwesen zu erinnern und Liebe und Mitgefühl für sie zu entwickeln.

In *Leitfaden für die Lebensweise eines Bodhisattva* erklärt Shantideva eine besondere Methode, unsere Erfahrung mit dem Austauschen vom Selbst mit anderen zu vertiefen. In der Meditation stellen wir uns vor, dass wir mit einem anderen den Platz tauschen, und versuchen die Welt von seinem oder ihrem Standpunkt zu sehen. Normalerweise entwickeln wir den Gedanken «Ich» auf der Grundlage unseres eigenen Körpers und Geistes. Doch nun versuchen wir «Ich» zu denken, während wir den Körper und Geist eines anderen betrachten. Diese Übung hilft uns, tiefe Empathie für andere zu entwickeln. Sie zeigt uns, dass sie ein Selbst haben, das auch ein Ich ist und das ebenso wichtig ist wie unser eigenes Selbst oder Ich. Eine Mutter versteht die Bedürfnisse und Wünsche ihres Säuglings viel besser als jemand anderer, weil sie in der Lage ist, sich mit den Gefühlen ihres Kindes zu identifizieren. In ähnlicher Weise werden sich unser Verständnis für andere und unser Einfühlungsvermögen verbessern, wenn wir mit dieser Meditation vertraut werden.

Diese Methode ist besonders kraftvoll, wenn wir sie auf jemanden anwenden, mit dem wir eine schwierige Beziehung haben, zum Beispiel jemand, den wir nicht mögen oder den wir als Rivalen betrachten. Wenn wir uns vorstellen diese Person zu sein und die Situation aus seiner oder ihrer Sicht betrachten, wird es uns schwerfallen, an unseren verblendeten Sichtweisen festzuhalten. Weil wir aus unserer eigenen Erfahrung heraus verstehen, wie relativ Selbst und andere sind, und indem wir lernen unser «Selbst» als «anderer» zu sehen, werden wir viel objektiver und unparteiischer gegenüber unserem Selbst sein und unser Gefühl, dass wir der Mittelpunkt des Universums sind, wird ins Wanken geraten. Wir werden uns mehr für die Sichtweise anderer öffnen, werden toleranter und verständnisvoller sein und anderen ganz natürlich mit mehr Respekt und Rücksichtnahme begegnen. Im Buch *Sinnvoll zu betrachten* wird diese Übung genauer erklärt.

Kurz gesagt haben Bodhisattva Langri Tangpa und zahllose andere frühere Praktizierende tiefgründige spirituelle Verwirklichungen erlangt, indem sie die Anleitungen der Geistesschulung umsetzten, einschließlich der vollkommenen Verwirklichung des Austauschens vom Selbst mit anderen. Anfangs waren diese Praktizierenden ebenso selbstsüchtig wie wir. Doch durch anhaltende Beharrlichkeit gelang es ihnen, ihre Selbstwertschätzung vollkommen auszumerzen. Setzen wir diese Anleitungen aufrichtig und geduldig um, gibt es keinen Grund, warum nicht auch wir die gleichen Verwirklichungen erlangen sollten. Wir sollten nicht erwarten, dass wir unsere Selbstwertschätzung sofort zerstören. Doch sie wird durch geduldige Übung allmählich immer schwächer, bis sie schließlich ganz und gar verschwindet. Die vollkommene Beseitigung der Selbstwertschätzung ist eine außergewöhnliche Mahayana Verwirklichung, die allein durch das Austauschen vom Selbst mit anderen erreicht werden kann.

Großes Mitgefühl

Wann immer ich bedauernswerte Wesen sehe,
Auf denen Böses und schweres Leiden lastet,
Möge ich sie schätzen,
Als ob ich einen seltenen und kostbaren Schatz
gefunden hätte.

Nachdem wir etwas Erfahrung mit der Wertschätzung aller Lebewesen gewonnen haben, können wir nun unser Mitgefühl ausweiten und vertiefen. Die Methode, dies zu tun, wird in diesem Vers aufgezeigt. Im Allgemeinen hat jeder bereits etwas Mitgefühl. Wir alle fühlen mit, wenn wir sehen, dass unsere Familie oder unsere Freunde Kummer haben. Selbst Tiere haben Mitgefühl, wenn sie sehen, dass ihre Jungen Schmerzen haben. Unser Mitgefühl ist unser Buddha Samen oder Buddha Natur, unser Potenzial, ein Buddha zu werden. Da alle Lebewesen diesen Samen haben, werden sie alle schließlich Buddhas werden.

Sieht eine Hündin, dass ihre Welpen Schmerzen haben, so möchte sie sie beschützen und von Schmerzen befreien. Dieser mitfühlende Wunsch ist ihr Buddha Samen. Leider haben Tiere aber keine Möglichkeit, sich in Mitgefühl zu schulen und deshalb kann ihr Buddha Samen nicht reifen. Menschen hingegen haben eine großartige Möglichkeit, ihre Buddha Natur zu entwickeln. Durch Meditation können wir unser Mitgefühl ausdehnen und vertiefen, bis es sich in den

Dromtönpa

Geist des allumfassenden, oder großen, Mitgefühls umwandelt – den aufrichtigen Wunsch, alle Lebewesen dauerhaft von Leiden zu befreien. Indem wir diesen Geist des allumfassenden Mitgefühls vertiefen, wird er sich schließlich in das Mitgefühl eines Buddha umwandeln, das tatsächlich die Kraft hat, alle Lebewesen zu befreien. Deshalb besteht der Weg, ein Buddha zu werden, darin unsere mitfühlende Buddha Natur zu erwecken und die Schulung in allumfassendem Mitgefühl zu vollenden. Nur Menschen können dies tun.

Mitgefühl ist die eigentliche Essenz des Buddhadharma und die Hauptübung eines Mahayana Buddhisten. Es ist die Wurzel der Drei Juwelen – Buddha, Dharma und Sangha. Es ist die Wurzel des Buddha, weil alle Buddhas aus Mitgefühl geboren sind. Es ist die Wurzel des Dharma, weil Buddhas die Dharma Lehren einzig und allein aus Mitgefühl für andere geben. Es ist die Wurzel der Sangha, weil wir durch hören und umsetzen der Dharma Unterweisungen, die aus Mitgefühl gegeben werden, zur Sangha, oder höheren Wesen, werden.

WAS IST MITGEFÜHL?

Was genau ist Mitgefühl? Mitgefühl ist ein Geist, der durch die Wertschätzung anderer Lebewesen motiviert ist und sie von ihren Leiden befreien möchte. Manchmal können wir uns aus einer selbstsüchtigen Absicht heraus wünschen, dass jemand von seinem Leiden befreit sein möge. Das geschieht ziemlich häufig in Beziehungen, die hauptsächlich auf Anhaftung beruhen. Wenn unser Freund zum Beispiel krank oder niedergeschlagen ist, wünschen wir ihm vielleicht, dass er sich schnell erholt, damit es uns in seiner Gesellschaft wieder gut geht. Doch das ist im Grunde genommen ein eigensüchtiger Wunsch, kein echtes Mitgefühl. Echtes Mitgefühl beruht notwendigerweise auf der Wertschätzung für andere.

Obwohl wir bereits ein gewisses Maß an Mitgefühl haben, ist es zurzeit sehr voreingenommen und begrenzt. Wenn unsere Familie und Freunde leiden, entwickeln wir leicht Mitgefühl für sie. Doch wir finden es weitaus schwieriger, Fremden mit Anteilnahme zu begegnen oder Menschen, die wir unangenehm finden. Außerdem haben wir Mitgefühl für diejenigen, die manifeste Schmerzen erleben, aber nicht für diejenigen, die sich guter Umstände erfreuen, und schon gar nicht für diejenigen, die schädliche Handlungen begehen. Möchten wir ernsthaft unser Potenzial verwirklichen, indem wir die volle Erleuchtung erlangen, müssen wir den Umfang unseres Mitgefühls ausdehnen, bis es alle Lebewesen ohne Ausnahme umfasst, so wie eine liebevolle Mutter für alle ihre Kinder Mitgefühl hat, ganz gleich ob sie sich gut oder schlecht benehmen. Dieses allumfassende Mitgefühl ist das Herz des Mahayana Buddhismus. Im Gegensatz zu unserem gegenwärtigen, begrenzten Mitgefühl, das schon jetzt ab und zu ganz natürlich entsteht, muss allumfassendes Mitgefühl über einen langen Zeitraum ganz bewusst in Meditation geschult werden.

WIE WIR MITGEFÜHL ENTWICKELN

Es gibt zwei wesentliche Stufen, um allumfassendes Mitgefühl zu entwickeln. Zuerst müssen wir alle Lebewesen lieben und dann auf der Grundlage, andere wertzuschätzen, über ihr Leiden nachdenken. Wenn wir jemanden nicht lieben, können wir kein echtes Mitgefühl entwickeln, selbst wenn er oder sie Schmerzen hat. Denken wir aber über das Leiden von jemandem nach, den wir lieben, dann entsteht spontan Mitgefühl. Deshalb empfinden wir Mitgefühl für unsere Freunde und Verwandten, nicht aber für diejenigen, die wir nicht mögen. Andere wertzuschätzen ist die Grundlage, auf der wir Mitgefühl entwickeln. Deshalb sagt Bodhisattva Langri Tangpa: «Möge ich sie schätzen», und nicht «Möge ich Mitgefühl für sie entwickeln». Die Art und Weise, wie wir unseren Geist der wertschätzenden Liebe entwickeln und vertiefen, wurde bereits erklärt. Jetzt müssen wir darüber nachdenken, wie jedes einzelne samsarische Wesen Leiden erlebt.

Zunächst können wir an diejenigen denken, die in diesem Moment intensiven, manifesten Schmerz erleiden. So viele Menschen erleben furchtbares geistiges und körperliches Leid aufgrund von Krankheiten wie Krebs, AIDS oder Parkinson. Wie viele Menschen haben ein geliebtes Kind oder einen Freund durch die Geißel Krebs verloren, während sie dabei zusahen, wie sie immer schwächer wurden, wohl wissend, dass eine Heilung schwierig ist. Täglich erleben Tausende die Qualen des Todes durch Krankheiten oder Unfälle. Ohne eine Wahl zu haben, werden sie für immer von all jenen getrennt, die sie lieben, und diejenigen, die zurückbleiben, sind oft untröstlich in ihrer Trauer und Einsamkeit. Stellen wir uns nur eine alte Frau vor, die ihren Ehemann und lebenslangen Partner verloren hat und nach der Beerdigung traurig in ein leeres Haus heimkehrt, um dort den Rest ihrer Tage alleine zu verbringen.

Überall auf der Welt können wir sehen, wie Millionen Menschen unter den Gräueln des Krieges und ethnischer Säuberungen, Bombardierungen, Landminen und Massakern leiden. Stellen Sie sich vor, es wäre Ihr Kind, das nach draußen zum Spielen geht, auf eine Landmine tritt und eines seiner Gliedmaßen oder sogar sein Leben verliert. Hunderttausende Flüchtlinge leben weltweit in armseligen Lagern und hoffen, eines Tages in ihre zerstörten Häuser zurückkehren zu können. Viele von ihnen warten darauf, mit ihren Lieben wieder vereint zu sein, obwohl sie nicht wissen, ob diese noch leben oder schon tot sind.

Jedes Jahr verwüsten Naturkatastrophen wie Überschwemmungen, Erdbeben und Orkane ganze Gemeinden und lassen Menschen heimatlos und hungernd zurück. Nur wenige Sekunden eines Erdbebens können Tausende von Menschenleben kosten, Häuser zerstören und alles unter tonnenschweren Trümmern begraben. Überlegen Sie sich, wie Sie sich fühlen würden, wenn dies Ihnen geschähe. Hungersnot und Dürre sind in vielen Ländern der Welt zu Hause. So viele Menschen leben mit einem Minimum an Nahrung und kratzen kaum eine magere tägliche Mahlzeit am Tag zusammen, während andere, die weniger Glück haben, aufgeben und hungers sterben. Stellen Sie sich die Qual vor, zuschauen zu müssen, wie Ihre Lieben langsam dahinsiechen, und zu wissen, dass Sie nichts dagegen tun können. Wann immer wir eine Zeitung lesen oder uns Nachrichten im Fernsehen anschauen, sehen wir Lebewesen, die furchtbaren Schmerz erleben, und wir alle kennen persönlich Menschen, die ungeheures geistiges oder körperliches Leid erfahren.

Wir können insbesondere über die Not der zahllosen Tiere nachdenken, die extreme Hitze oder Kälte erleben und unter großem Hunger und Durst leiden. Täglich können wir ringsherum das Leiden der Tiere sehen. Tiere in freier Wildbahn leben fast immer in Angst, Beute eines anderen Tieres zu werden und viele werden tatsächlich bei lebendigem Leib von Raubtieren gefressen. Denken wir nur an die panische Angst und den Schmerz einer Feldmaus, die von einem Habicht gepackt und in Stücke gerissen wird! Zahllose Tiere werden von Menschen als Arbeitstiere, für Nahrung oder zum Vergnügen gehalten und leben oft in abscheulichen Umständen, bis sie geschlachtet, verarbeitet und für den menschlichen Verzehr verpackt werden. Hungrige Geister und Höllenwesen müssen für eine unvorstellbar lange Zeit noch viel schlimmere Leiden erfahren.

Wir sollten uns auch daran erinnern, dass sogar diejenigen, die gegenwärtig keinen manifesten Schmerz erleben, trotzdem andere Arten des Leidens erfahren. In Samsara erlebt jeder das Leiden, seine Wünsche nicht erfüllen zu können. So viele Menschen können nicht einmal die bescheidensten Wünsche nach angemessener Unterkunft, Nahrung oder Gesellschaft befriedigen, und selbst wenn diese Wünsche erfüllt werden, haben wir weitere, die ihren Platz einnehmen. Je mehr wir das bekommen, was wir wollen, umso stärker wird unsere Anhaftung, und je stärker unsere Anhaftung ist, umso schwieriger wird es, Zufriedenheit zu finden. Die Begehren samsarischer Wesen haben kein Ende. Einen gewöhnlichen Menschen, der alle seine Wünsche erfüllt hat, gibt es nicht, das gelingt nur denjenigen, die selbstsüchtige Geistesarten überwunden haben.

Alles Leiden ist das Ergebnis negativen Karmas. Wenn wir für diejenigen Mitgefühl entwickeln, die die Auswirkungen ihrer früheren negativen Handlungen erleben, warum können wir nicht auch Mitgefühl für diejenigen entwickeln, die die Ursachen dafür schaffen, in Zukunft Leiden zu erleben? Langfristig gesehen ist ein Folterer in einer schlimmeren Lage als sein Opfer, denn sein Leiden beginnt gerade erst. Kann das Opfer seinen Schmerz ohne Hass annehmen, wird es dieses besondere negative Karma erschöpfen und kein weiteres erschaffen, und somit ist ein Ende seines Leidens in Sicht. Der Folterer aber muss erst einmal viele Äonen in der Hölle durchleiden und wenn er dann als Mensch wiedergeboren wird, muss er einen ähnlichen Schmerz erleben wie den, den er seinem Opfer zugefügt hat. Aus diesem Grund ist es vollkommen angebracht, starkes Mitgefühl mit solchen Menschen zu haben.

Wenn ein Kind sich verbrennt, weil es seine Hand ins Feuer hält, wird das seine Mutter nicht davon abhalten, Mitgefühl zu entwickeln, selbst wenn sie das Kind vorher vor den Gefahren des Feuers gewarnt hat. Niemand möchte leiden und doch erschaffen Lebewesen aus Unwissenheit die Ursachen von Leiden, nichttugendhafte Handlungen, weil sie unter der Kontrolle ihrer Verblendungen stehen. Deshalb sollten wir für alle Lebewesen das gleiche Mitgefühl empfinden, sowohl für diejenigen, die die Ursachen von Leiden erschaffen als auch für diejenigen, die bereits die Folgen ihrer ungeschickten Handlungen erleiden. Es gibt kein einziges Lebewesen, das nicht ein geeignetes Objekt unseres Mitgefühls ist.

Vielleicht finden wir es auch schwierig, Mitgefühl für die Reichen, Gesunden und Angesehenen zu empfinden, die scheinbar keinen manifesten Schmerz erleben. In Wirklichkeit aber erleben auch sie eine ganze Menge geistigen Leidens und können nur schwer einen friedvollen Geist bewahren. Sie machen sich Sorgen um ihr Geld, ihren Körper und ihren Ruf. Wie alle anderen samsarischen Wesen leiden sie unter Wut, Anhaftung und Unwissenheit und haben keine andere Wahl, als Leben für Leben unaufhörlich und unerbittlich die Leiden der Geburt, des Alterns, der Krankheit und des Todes zu ertragen. Darüber hinaus haben ihr Reichtum und ihre guten Umstände gar keinen Sinn, wenn sie sie aus Unwissenheit nur dazu verwenden, um die Ursache für zukünftiges Leiden zu erschaffen.

Denken wir auf der Grundlage der Wertschätzung für alle Lebewesen darüber nach, dass sie Leben für Leben ohne Ende den Kreislauf körperlichen Leidens und geistigen Schmerzes erfahren müssen, dass sie sich selbst nicht von Leiden befreien können, dass sie keine Freiheit haben und die Ursache für zukünftiges Leiden erschaffen, indem sie negative Handlungen begehen, dann werden wir tiefes Mitgefühl für sie entwickeln. Wir müssen uns in sie hineinversetzen und ihren Schmerz so stark spüren, als wäre es unser eigener.

Alle Lebewesen leiden, weil sie verunreinigte Wiedergeburten annehmen. Menschen haben keine andere Wahl, als die immensen menschlichen Leiden zu erleben, weil sie eine Wiedergeburt als Mensch angenommen haben, die durch das innere Gift der Verblendungen verunreinigt ist. Ebenso müssen Tiere das Leiden der Tiere erleben und hungrige Geister und Höllenwesen müssen all die Leiden ihrer jeweiligen Bereiche erfahren. Müssten die Lebewesen all dieses Leiden nur ein einziges Leben lang erdulden, so wäre das nicht so schlimm. Doch der Kreislauf des Leidens setzt sich endlos fort, Leben für Leben.

Zu Beginn können wir über das Leiden unserer Familie und engen Freunde nachdenken und danach unseren Geist des Mitgefühls ausdehnen, bis er alle Lebewesen umfasst. Wenn dieses allumfassende Mitgefühl entsteht, mischen wir unseren Geist damit und versuchen, es so lange wie möglich zu halten. In dieser Weise können wir unseren Geist mit großem Mitgefühl vertraut machen. Zunächst können wir dieses Gefühl wahrscheinlich nur einige Minuten halten, doch durch Schulung werden wir es nach und nach immer länger aufrechterhalten können, bis es Tag und Nacht spontan entsteht und alle unsere Gedanken durchdringt. Ab dem Moment wird uns alles, was wir tun, der Erleuchtung näherbringen und unser ganzes Leben wird sinnvoll sein.

Zusammenfassend sollten wir denken:

> *Ich kann das Leiden dieser zahllosen Mutterwesen nicht ertragen. Sie ertrinken im weiten und tiefen Ozean Samsaras, dem Kreislauf verunreinigter Wiedergeburt und müssen dabei unerträgliches körperliches Leiden und geistigen Schmerz in diesem Leben und in zahllosen zukünftigen Leben erfahren. Ich muss alle diese Lebewesen dauerhaft von ihrem Leiden befreien.*

Wir sollten fortwährend über diesen Entschluss, der allumfassendes Mitgefühl ist, meditieren und uns sehr stark bemühen, sein Ziel zu verwirklichen.

DER INNERE REICHTUM DES MITGEFÜHLS

Wenn wir uns aus der Meditation erheben, versuchen wir, unsere Erfahrung des Mitgefühls in die Meditationspause zu tragen. Wann immer wir jemandem begegnen, sollten wir uns an sein Leiden erinnern und Mitgefühl für ihn entwickeln. Ein Lebewesen nur zu sehen wird dann mit Langri Tangpas Worten so sein, als hätten wir einen «seltenen und kostbaren Schatz» gefunden. Das ist so, weil das Mitgefühl, das wir empfinden, wenn wir anderen begegnen, ein höchster innerer Reichtum ist, eine unerschöpfliche Quelle des Nutzens für uns in diesem und in zukünftigen Leben.

Wie bereits erwähnt kann uns äußerer Reichtum in unseren zukünftigen Leben nicht helfen und sogar in diesem Leben ist nicht sicher, ob er uns glücklich macht, denn oft genug ist er die Ursache vieler Ängste und kann sogar unser Leben in Gefahr bringen. Reiche Menschen haben besondere Sorgen, die arme Menschen nie haben. Sie machen sich zum Beispiel oft Sorgen über Diebe, über Geldanlagen und Zinssätze und darüber, ob sie ihr Geld und ihren gesellschaftlichen Status verlieren. Das alles lastet schwer auf ihnen. Während die meisten Menschen einfach ausgehen können, wann sie wollen, brauchen viele Reiche und Berühmte Leibwächter und machen sich vielleicht sogar Sorgen, entführt zu werden. Reiche Menschen haben wenig Freiheit oder Unabhängigkeit und können sich nie ganz entspannen. Je höher unser Status in der Welt ist, desto tiefer müssen wir fallen. Dem Boden näher zu sein ist sicherer.

Ganz gleich wie gut wir darin sind, unsere äußeren Umstände verbessern, sie können uns niemals reines Glück schenken noch wahren Schutz vor Leiden gewähren. In dieser unreinen Welt kann kein reines Glück gefunden werden. Anstatt nach äußerem Reichtum zu streben, sollten wir besser den inneren Reichtum der Tugend suchen, denn im Gegensatz zu äußerem Reichtum kann uns dieser nie täuschen und wird uns mit Sicherheit den Frieden und das Glück schenken, nach dem wir uns sehnen.

Sind wir geschickt, dann können Freunde wie Schatztruhen sein, aus denen wir den kostbaren Reichtum der Liebe, des Mitgefühls, der Geduld und so weiter schöpfen. Damit unsere Freunde diese Funktion jedoch erfüllen können, muss unsere Liebe frei von Anhaftung sein. Wenn unsere Liebe mit starker Anhaftung vermischt ist, wird sie dadurch bedingt sein, dass sich unsere Freunde so verhalten, wie es uns gefällt. Sobald sie etwas tun, was uns nicht passt, kann unsere Zuneigung in Wut umschlagen. Es ist eine

Tatsache, dass am häufigsten unsere Freunde die Objekte unserer Wut sind, nicht unsere Feinde oder Fremde!

Wenn wir oft auf unsere Freunde wütend sind, verwandeln wir sie in Maras. Ein Mara, oder behindernder Dämon, ist jemand oder etwas, der oder das unsere spirituelle Praxis stört. Niemand ist von sich aus ein Mara. Doch lassen wir es zu, dass Menschen verblendete Geistesarten wie Wut, starke Anhaftung oder Selbstwertschätzung in uns hervorrufen, dann verwandeln wir sie in Maras. Ein Mara muss keine Hörner und keinen furchteinflößenden Ausdruck haben. Jemand, der ein guter Freund zu sein scheint, uns schmeichelt und zu sinnlosen Tätigkeiten verführt, kann ein größeres Hindernis für unsere spirituelle Praxis sein. Ob unsere Freunde kostbare Schätze oder Maras sind, hängt gänzlich von uns ab. Üben wir Dharma auf geschickte Art und Weise, können sie wie unschätzbare Juwelen sein. Doch ist unsere Praxis mit den acht weltlichen Belangen vermischt, können sie zu Maras werden.

Wenn wir eine verborgene Schatzkiste entdecken oder eine große Summe Geld gewinnen würden, wären wir begeistert und würden uns sehr glücklich schätzen. Bedenken wir aber die trügerische Natur äußeren Reichtums und die Überlegenheit des inneren Reichtums der Tugend, sollten wir uns umso glücklicher schätzen, wann immer wir einem anderen Lebewesen begegnen, das die potenzielle Quelle grenzenlosen inneren Reichtums ist. Für aufrichtige Mahayana Praktizierende ist es so, als würden sie einen verborgenen Schatz entdecken, wenn sie andere Lebewesen nur sehen, mit ihnen sprechen oder bloß an sie denken. Alle Begegnungen mit anderen Menschen dienen dazu, ihr Mitgefühl zu vertiefen, und sogar alltägliche Tätigkeiten wie einkaufen oder mit Freunden plaudern werden zu Ursachen der Erleuchtung.

Von allen tugendhaften Geistesarten ist Mitgefühl die höchste. Mitgefühl reinigt unseren Geist und wenn unser Geist rein ist, werden seine Objekte ebenfalls rein. Es gibt viele Berichte von spirituell Praktizierenden, die ihren Geist durch starkes Mitgefühl von der Negativität reinigten, die lange Zeit ein Hindernis für ihr spirituelles Wachstum gewesen war. Asanga zum Beispiel, ein großer buddhistischer Meister, der im fünften Jahrhundert n. Chr. in Indien lebte, meditierte in einer abgelegenen Berghöhle, um eine Vision von Buddha Maitreya zu erlangen. Als er es nach zwölf Jahren noch nicht geschafft hatte, verließ ihn der Mut und er gab sein Retreat auf. Beim Abstieg ins Tal stieß er auf einen alten Hund, der mitten auf dem Weg lag. Sein Körper war mit Wunden übersät, die von Maden wimmelten, und er schien dem Tod nahe zu sein. Dieser Anblick erweckte in Asanga ein überwältigendes Mitgefühl für alle Lebewesen, die in Samsara gefangen sind. Während er mit äußerster Sorgfalt die Maden vom sterbenden Hund entfernte, erschien ihm plötzlich Buddha Maitreya. Maitreya erklärte, er sei seit Beginn des Retreats bei Asanga gewesen, doch habe Asanga ihn wegen der Unreinheiten seines Geistes nicht wahrnehmen können. Erst Asangas außerordentliches Mitgefühl hatte schließlich die karmischen Behinderungen gereinigt, die ihn daran gehindert hatten, Maitreya zu sehen. In Wirklichkeit war der Hund die ganze Zeit eine Emanation Buddha Maitreyas gewesen. Maitreya hatte sich als leidender Hund ausgestrahlt, um Asangas Mitgefühl zu erwecken. Daraus können wir erkennen, dass Buddhas sich auf viele unterschiedliche Arten manifestieren, um Lebewesen zu helfen.

Jeder, der mit einem Geist reinen Mitgefühls stirbt, wird mit Sicherheit in einem Reinen Land wiedergeboren, wo er oder sie nie mehr die Leiden Samsaras erleben muss. Es war der Hauptwunsch des Bodhisattva Geshe Chekhawa, in der Hölle wiedergeboren zu werden, um den dort leidenden Wesen zu helfen. Als er aber im Sterben lag, hatte er eine Vision des Reinen Landes und erkannte, dass sein Wunsch sich nicht erfüllen würde. Anstatt in der Hölle wiedergeboren zu werden, blieb ihm keine andere Wahl, als ins Reine Land zu gehen! Das war so, weil sein Mitgefühl seinen Geist so sehr gereinigt hatte, dass aus der Sicht seiner eigenen Erfahrung unreine Objekte wie die Höllenbereiche nicht mehr existierten. Für ihn war alles rein. Doch obwohl Geshe Chekhawa in einem Reinen Land wiedergeboren wurde, konnte er den Höllenwesen durch seine Emanationen helfen.

Vielleicht fällt es uns schwer, diese Geschichten zu glauben. Das liegt daran, dass wir die Beziehung zwischen unserem Geist und seinen Objekten nicht verstehen. Wir glauben, dass die Welt «da draußen» existiert, unabhängig von dem Geist, der sie wahrnimmt. Doch in Wirklichkeit sind die Objekte völlig abhängig von den Geistesarten, die sie wahrnehmen. Diese unreine Welt, die wir gegenwärtig erleben, existiert nur in Beziehung zu unserem unreinen Geist. Haben wir erst einmal unseren Geist durch die Schulung im Austauschen vom Selbst mit anderen, in Mitgefühl und so weiter gereinigt, wird diese unreine Welt verschwinden und wir werden eine neue, reine Welt wahrnehmen. Unser Gefühl, dass die Dinge getrennt von unserem Geist existieren und ihre eigene feste, inhärente Natur haben, entsteht aus unserer Unwissenheit. Verstehen wir die wahre Natur der Dinge, werden wir sehen, dass unsere Welt wie ein Traum ist, insofern als dass alles als bloße Erscheinung des

Geistes existiert. Wir werden erkennen, dass wir unsere Welt verändern können, einfach indem wir unseren Geist verändern und dass wir nur eins tun müssen, wenn wir frei von Leiden sein wollen, nämlich unseren Geist reinigen. Haben wir unseren eigenen Geist gereinigt, werden wir in der Lage sein, unseren mitfühlenden Wunsch zu erfüllen, indem wir anderen zeigen, wie sie das Gleiche tun können.

Bedenken wir alle diese Vorteile des Mitgefühls, sollten wir uns entschließen jede Gelegenheit zu nutzen, Mitgefühl zu entwickeln. Das Wichtigste ist, dass wir die Lehren über Mitgefühl umsetzen, sonst bleiben sie für uns nur leere Worte.

Reines Mitgefühl ist ein Geist, der das Leiden anderer nicht erträgt, aber es deprimiert uns nicht. Tatsächlich versorgt es uns mit unglaublicher Kraft, für andere zu arbeiten und ihnen zuliebe den spirituellen Pfad zu vollenden. Es erschüttert unsere Selbstzufriedenheit und macht es uns unmöglich, uns mit dem oberflächlichen Glück zu begnügen, unsere weltlichen Wünsche zu befriedigen. Stattdessen werden wir einen tiefen inneren Frieden erleben, der nicht durch sich ändernde Umstände gestört werden kann. Es ist unmöglich, dass in einem Geist voller Mitgefühl starke Verblendungen entstehen. Entwickeln wir keine Verblendungen, so haben äußere Bedingungen allein nicht die Kraft, uns zu stören. Deshalb bleibt unser Geist stets friedvoll, wenn er von Mitgefühl bestimmt wird. Dies ist die Erfahrung all jener, die ihr Mitgefühl über das begrenzte Mitgefühl, das wir gewöhnlich für einen engen karmischen Kreis empfinden, hinaus entwickelt haben zu einem selbstlosen Mitgefühl für alle Lebewesen.

Mitgefühl und Weisheit zu entwickeln und den Notleidenden zu helfen, wann immer es möglich ist, ist der wahre Sinn des Lebens. Indem wir unser Mitgefühl vertiefen, nähern wir uns der Erleuchtung und Erfüllung unserer tiefsten Wünsche. Wie gütig sind die Lebewesen, dass sie uns als Objekte unseres Mitgefühls dienen! Wie kostbar sie sind! Gäbe es keine leidenden Wesen mehr, die uns helfen, müssten Buddhas sie für uns ausstrahlen! Denken wir über die Geschichte von Maitreya und Asanga nach, werden wir sehen, dass wir nicht mit Sicherheit wissen können, ob diejenigen, denen wir gegenwärtig zu helfen versuchen, nicht in Wirklichkeit Buddhas Emanationen sind, die zu unserem Wohl manifestiert wurden. Das Zeichen, dass wir die Meditationen über die Wertschätzung für andere und Mitgefühl gemeistert haben, ist, dass wir das authentische Gefühl haben, als hätten wir einen seltenen und kostbaren Schatz gefunden, wann immer wir jemanden treffen, selbst wenn es jemand ist, der uns schadet.

Wünschende Liebe

Sogar wenn jemand, dem ich geholfen
Und in den ich große Hoffnungen gesetzt habe,
Mir absichtlich Schaden zufügt,
Möge ich ihn oder sie als meinen heiligen spirituellen
Meister sehen.

Der Sinn dieses Verses liegt vor allem darin, uns zu lehren, wie wir unsere Erfahrung der wünschenden Liebe entwickeln und verbessern können. Im Allgemeinen gibt es drei Arten der Liebe: zuneigungsvolle Liebe, wertschätzende Liebe und wünschende Liebe. Zuneigungsvolle Liebe ist ein Geist, der nicht mit begehrender Anhaftung vermischt ist und jemanden als angenehm, liebenswert oder schön ansieht. Wenn zum Beispiel eine Mutter ihre Kinder betrachtet, empfindet sie große Zuneigung für sie und hält sie für schön, ganz gleich wie sie anderen erscheinen. Aufgrund ihrer zuneigungsvollen Liebe sind die Kinder für sie ganz natürlich kostbar und wichtig. Dieses Gefühl ist wertschätzende Liebe. Da sie ihre Kinder wertschätzt, wünscht sie ihnen aufrichtig, glücklich zu sein. Dieser Wunsch ist wünschende Liebe. Wünschende Liebe entsteht aus wertschätzender Liebe, die wiederum aus zuneigungsvoller Liebe entsteht. Diese drei Arten der Liebe müssen wir für ausnahmslos alle Lebewesen entwickeln.

Geshe Potowa

WIE WIR WÜNSCHENDE LIEBE ENTWICKELN

Es wurde bereits erklärt, wie wir wertschätzende Liebe entwickeln und vertiefen. Nun müssen wir wünschende Liebe entwickeln und vertiefen, indem wir darüber nachdenken, wie es diesen Lebewesen, die wir so innig schätzen, an wahrem Glück mangelt. Alle möchten glücklich sein, doch in Samsara erlebt niemand wahres Glück. Im Vergleich zum Ausmaß an Leiden, das Lebewesen ertragen, ist ihr Glück selten und flüchtig und selbst dies ist nur ein verunreinigtes Glück, das in Wirklichkeit die Natur von Leiden hat. Buddha nannte die angenehmen Gefühle, die aus weltlichem Vergnügen entstehen, «sich veränderndes Leiden», denn sie sind bloß das Erfahren einer vorübergehenden Verringerung manifesten Leidens. Mit anderen Worten erfahren wir Freude, weil sich unser vorheriger Schmerz verringert hat. So ist zum Beispiel das Vergnügen, das wir beim Essen erleben, in Wirklichkeit bloß eine vorübergehende Verringerung unseres Hungers, das Vergnügen, das wir beim Trinken erleben, ist bloß eine vorübergehende Verringerung unseres Durstes und das Vergnügen, das wir in gewöhnlichen Beziehungen erleben, ist zum größten Teil bloß eine vorübergehende Verringerung unserer zugrunde liegenden Einsamkeit.

In *Vierhundert Verse* sagt der buddhistische Meister Aryadeva:

Die Erfahrung von Leid wird nie durch die gleiche
  Ursache verändert werden,
Doch wir können sehen, dass sich die Erfahrung von
  Glück durch die gleiche Ursache verändern wird.

Das heißt, dass zum Beispiel das Leiden, das durch Feuer entsteht, niemals durch dieses Feuer in Glück verändert wird. Wir sehen aber, dass zum Beispiel das Glück, das durch Essen entsteht, einfach durch Essen in Leiden verändert werden wird. Wie ist das zu verstehen? Wenn wir die Ursache unseres weltlichen Glücks verstärken, wird sich unser Glück allmählich in Leiden umwandeln. Essen wir unser Leibgericht, dann schmeckt es köstlich, doch würden wir weiteressen, einen Teller nach dem anderen, so würde sich unser Vergnügen bald zu Unbehagen, Ekel und schließlich zu Schmerz verändern. Bei schmerzhaften Erfahrungen aber ist das umgekehrt nicht der Fall. Mit einem Hammer zum Beispiel immer wieder auf unseren Finger zu hauen, kann nie vergnüglich werden, da es eine wahre Ursache von Leiden ist. Ebenso wie eine wahre Ursache von Leiden nie zu Glück führen kann, so kann eine wahre Ursache von Glück nie zu Schmerz führen. Da sich die angenehmen Gefühle, die aus weltlichen Vergnügen entstehen, in Schmerz umwandeln, folgt, dass sie kein wirkliches Glück sein können. Der anhaltende Genuss von Essen, Sport, Sex oder irgendeines anderen gewöhnlichen Vergnügens führt unweigerlich zu Leiden. Ganz gleich, wie sehr wir auch versuchen in weltlichen Vergnügen Glück zu finden, es wird uns nicht gelingen. Wie zuvor erwähnt ist das Frönen in weltlichen Vergnügen wie Salzwasser zu trinken. Anstatt unseren Durst zu stillen, wird unser Durst größer, je mehr wir trinken. In Samsara kommen wir nie an den Punkt, wo wir sagen können: «Jetzt bin ich völlig zufrieden. Ich brauche nichts weiter.»

Weltliches Vergnügen ist nicht nur kein wahres Glück, es hält auch nicht lange an. Menschen widmen ihr Leben dem Erwerb von Besitz und gesellschaftlichem Status, sie bauen ein Haus, gründen eine Familie und einen Freundeskreis, doch wenn sie sterben, verlieren sie alles. All das, wofür sie gearbeitet haben, verschwindet schlagartig und sie treten allein und mit leeren Händen in ihr nächstes Leben ein. Sie sehnen sich danach, tiefe und anhaltende Freundschaften mit anderen zu schließen, doch das ist in Samsara unmöglich. Das zärtlichste Liebespaar wird sich schließlich trennen müssen und sollten sie sich in einem zukünftigen Leben wieder begegnen, werden sie sich nicht mehr erkennen. Wir denken vielleicht, dass diejenigen, die gute Beziehungen haben und ihre Ziele im Leben verwirklicht haben, wahrhaft glücklich sind. Doch in Wirklichkeit ist ihr Glück so fragil wie eine Seifenblase. Unbeständigkeit verschont nichts und niemanden; in Samsara zerbrechen am Ende alle unsere Träume. Wie Buddha in den *Vinaya Sutras* sagt:

> Das Ende der Ansammlung ist die Auflösung.
> Das Ende des Aufstiegs ist der Fall.
> Das Ende der Begegnung ist die Trennung.
> Das Ende der Geburt ist der Tod.

Die Natur Samsaras ist Leiden. Solange Lebewesen also in Samsara wiedergeboren werden, können sie kein wahres Glück erleben. Buddha verglich das Leben in Samsara damit, auf einer Stecknadel zu sitzen. Ganz gleich, wie oft wir versuchen unsere Lage zu ändern, es tut immer weh. Und ganz gleich, wie sehr wir versuchen uns einzurichten und unsere samsarische Situation zu verbessern, sie wird uns immer stören und zu Schmerz führen. Wahres Glück finden wir nur, wenn wir Befreiung aus Samsara erlangen. Während wir darüber nachdenken, entsteht in uns der innige Wunsch, dass alle Lebewesen reines Glück erleben mögen, indem sie Befreiung erlangen.

Wir sollten unsere Meditation damit beginnen, uns auf unsere Familie und Freunde zu konzentrieren und darüber nachzudenken, dass sie nie wahrem Glück begegnen werden, solange sie in Samsara sind, und dass ihnen selbst das begrenzte Glück, das sie gegenwärtig erleben, bald entrissen wird. Danach dehnen wir dieses Gefühl der wünschenden Liebe aus und beziehen alle Lebewesen mit ein. Und mit dem Verständnis und Glauben, dass das Glück und die Freiheit jedes einzelnen Lebewesens weitaus wichtiger sind als unser eigenes, denken wir:

> *Wie wunderbar wäre es, wenn alle Lebewesen das reine und immerwährende Glück der Erleuchtung erlangen würden! Mögen sie dieses Glück erlangen. Ich selbst werde für dieses Ziel arbeiten.*

Wir verweilen so lange wie möglich einsgerichtet auf diesem kostbaren Geist der wünschenden Liebe für alle Lebewesen. Wir wiederholen diese Meditation immer wieder, bis wir uns spontan wünschen, dass jedes einzelne Lebewesen das Glück der Erleuchtung erleben möge. Dieser spontane Wunsch ist die eigentliche Verwirklichung wünschender Liebe.

Wir mischen unseren Geist so lange wie möglich mit diesem Gefühl wünschender Liebe. Wann immer wir nach der Meditation Lebewesen sehen oder an Lebewesen denken, seien es Menschen oder Tiere, sollten wir im Geist beten: «Mögen sie die ganze Zeit glücklich sein. Mögen sie das Glück der Erleuchtung erlangen.» Indem wir fortwährend so denken, können wir wünschende Liebe bewahren, Tag und Nacht, sogar wenn wir schlafen.

Die Meditation über Liebe ist sehr kraftvoll. Wünschende Liebe wird auch «unermessliche Liebe» genannt, da uns allein die Meditation über wünschende Liebe unermesslichen Nutzen in diesem und in zahllosen zukünftigen Leben bringen wird, selbst wenn unsere Konzentration nicht sehr stark ist. Auf der Grundlage von Buddhas Lehren zählte der große Gelehrte Nagarjuna acht Vorteile der zuneigungsvollen und der wünschenden Liebe auf: (1) Meditieren wir auch nur einen Augenblick über zuneigungsvolle Liebe und wünschende Liebe, sammeln wir mehr Verdienste an, als würden wir dreimal täglich all den Hungernden in der Welt Nahrung geben.

Geben wir Hungernden etwas zu essen, dann geben wir kein wirkliches Glück. Das ist so, weil das Glück, das aus dem Essen von Nahrung entsteht, kein wirkliches Glück ist, sondern bloß eine vorübergehende Verringerung des Leidens des Hungers. Die Meditation über zuneigungsvolle Liebe und wünschende Liebe aber führt uns und alle Lebewesen zum reinen und immerwährenden Glück der Erleuchtung.

Die verbleibenden sieben Vorteile der Meditation über zuneigungsvolle Liebe und wünschende Liebe sind, dass wir in Zukunft (2) große liebevolle Güte von Menschen und Nichtmenschen erhalten, (3) auf vielfache Weise von Menschen und Nichtmenschen beschützt werden, (4) die ganze Zeit einen glücklichen Geist haben, (5) die ganze Zeit körperlich gesund sind, (6) nicht durch Waffen, Gift oder andere schädliche Umstände verletzt werden, (7) mühelos alle notwendigen Bedingungen erhalten und (8) im höheren Himmel eines Buddhalandes geboren werden.

Nachdem wir über diese Vorteile nachgedacht haben, sollten wir uns bemühen, jeden Tag mehrmals über wünschende Liebe zu meditieren.

Liebe ist der große Beschützer. Sie beschützt uns vor Wut und Neid und vor Schaden durch Geister. Als Buddha Shakyamuni unter dem Bodhibaum meditierte, wurde er von allen furchterregenden Dämonen dieser Welt angegriffen, doch seine Liebe verwandelte ihre Waffen in einen Regen aus Blumen. Letztendlich wird unsere Liebe die allumfassende Liebe eines Buddha, die tatsächlich die Kraft hat, allen Lebewesen Glück zu schenken.

Die meisten Beziehungen zwischen Menschen beruhen auf einer Mischung aus Liebe und Anhaftung. Das ist keine reine Liebe, denn sie beruht auf dem Wunsch nach unserem eigenen Glück - wir schätzen den anderen, weil er uns ein gutes Gefühl gibt. Reine Liebe ist nicht mit Anhaftung vermischt und entspringt einzig und allein der Sorge um das Glück anderer. Sie führt nie zu Problemen, sondern nur zu Frieden und Glück für uns selbst und andere. Wir müssen die Anhaftung aus unserem Geist entfernen, was aber nicht heißt, dass wir unsere Beziehungen aufgeben müssen. Stattdessen sollten wir lernen, zwischen Anhaftung und Liebe zu unterscheiden und allmählich versuchen, alle Spuren der Anhaftung aus unseren Beziehungen zu tilgen und unsere Liebe zu vertiefen, bis sie rein wird.

WIDRIGE UMSTÄNDE UMWANDELN

Wenn alles glatt läuft und jeder freundlich ist und uns mit Respekt behandelt, ist es nicht so schwierig, anderen zu wünschen, dass sie glücklich sind. Nimmt unsere Liebe für andere aber ab, sobald sie uns Probleme bereiten oder uns nicht würdigen, dann zeigt dies, dass unsere Liebe nicht rein ist. Solange unsere guten Gefühle für andere davon abhängen, dass sie uns gut behandeln, wird unsere Liebe schwach und instabil sein und wir werden sie nicht in allumfassende Liebe umwandeln können. Es ist unvermeidlich, dass Menschen manchmal undankbar oder negativ auf unsere Güte reagieren. Deshalb ist es unbedingt notwendig, einen

Weg zu finden, diese Erfahrung in den spirituellen Pfad umzuwandeln.

Wenn jemand, dem wir geholfen haben, unsere Güte erwidert, indem er uns schadet, sollten wir versuchen, in ihm oder ihr einen spirituellen Lehrer zu sehen und einen Geist der Dankbarkeit zu entwickeln statt wütend zu werden. Ausdrücklich erwähnt dieser Vers nur diejenigen, denen wir in der Hoffnung geholfen haben, dass unsere Hilfe sowohl für sie als auch für andere zu guten Ergebnissen führt. Indirekt ist aber jeder inbegriffen, der uns schadet. Wir können verschiedene Begründungen anwenden, um diese besondere Einsicht zu entwickeln. Wir können denken:

> *Der einzige Grund, weshalb Menschen mir schaden, ist, dass ich durch meine früheren negativen Handlungen die Ursache dafür geschaffen habe, dass sie es tun. Diese Menschen lehren mich das Gesetz des Karmas. Indem sie mich täuschen und meine Hilfe mit Schaden vergelten, erinnern sie mich daran, dass ich andere in der Vergangenheit getäuscht und ihnen geschadet habe. Sie betrügen mich nur, weil ich sie oder andere in früheren Leben betrogen habe. Sie ermutigen mich, mein negatives Karma zu reinigen und mich in Zukunft von schädlichen Handlungen zurückzuhalten. Wie gütig sie sind! Sie müssen mein spiritueller Meister sein, der von Buddha Amitabha ausgestrahlt wurde.*

Indem wir so denken, verwandeln wir eine Situation, in der wir normalerweise wütend geworden wären oder uns selbst bemitleidet hätten, in eine kraftvolle Lektion darüber, wie notwendig Reinigung und moralische Disziplin sind.

Wahlweise können wir denken:

Diese Erfahrung zeigt mir, dass es in Samsara keine Gewissheit gibt. Alles ändert sich. Freunde werden zu Feinden und Feinde zu Freunden. Woran liegt das? Es ist so, weil jeder in Samsara von seinen Verblendungen beherrscht wird und niemand irgendeine Freiheit hat. Diese Situation spornt mich dazu an, samsarische Wiedergeburt aufzugeben. Deshalb muss ich, statt wütend oder entmutigt zu werden, samsarische Wiedergeburt aufgeben und den freudvollen Geist der Entsagung erzeugen – den aufrichtigen Wunsch, den dauerhaften inneren Frieden der Befreiung zu erlangen. Ich bete, dass ich Befreiung von Samsara erlangen möge und dass alle Lebewesen ebenfalls diesen Zustand erreichen mögen.

Indem wir diesem Gedankengang folgen, sehen wir in demjenigen, der uns unfreundlich behandelt, einen spirituellen Lehrer, der uns ermutigt, Samsara zu verlassen und reines Glück zu erfahren. Diese geschickte Art, unsere Schwierigkeiten zu betrachten, wandelt sie in eine Chance um, auf unserem spirituellen Pfad fortzuschreiten. Da derjenige uns eine tiefgründige Lektion über die Natur Samsaras erteilt und eine solch hilfreiche Wirkung auf unseren Geist hat, ist er oder sie äußerst gütig.

Wir können auch denken:

Dieser Mensch, der mir schadet oder mich stört, ermutigt mich in Wirklichkeit, Geduld zu üben. Und da es unmöglich ist, auf dem spirituellen Pfad fortzuschreiten, ohne den starken Geist der Geduld zu entwickeln, ist er oder sie eine große Hilfe für mich.

Geduld ist ein Geist, der durch eine tugendhafte Absicht motiviert ist und freudig Schwierigkeiten und Schaden durch andere annimmt. Ein Mensch ohne Geduld besitzt keine geistige Stabilität und gerät durch kleinste Hindernisse oder Kritik aus der Fassung. Im Gegensatz dazu wird unser Geist so stabil wie ein Berg sein und so still wie die Tiefen des Ozeans, sobald wir echte Geduld entwickeln. Mit solch einem ruhigen, starken Geist wird es nicht schwierig sein, die spirituellen Verwirklichungen von allumfassender Liebe, großem Mitgefühl und Bodhichitta zu vervollkommnen.

Indem wir diese geschickten Überlegungen anstellen, können wir sogar diejenigen, die uns verletzen oder täuschen, als unsere spirituellen Lehrer betrachten. Das ist eine sehr wichtige Erkenntnis, denn es bedeutet, dass jeder unser Lehrer sein kann. Ob jemand unser spiritueller Lehrer, unsere spirituelle Lehrerin, oder ein Hindernis für unseren spirituellen Fortschritt ist, hängt einzig und allein von unserem Geist ab. In mancherlei Hinsicht sind diejenigen, die uns schaden, die Gütigsten von allen, denn sie erschüttern unsere selbstgefällige Sicht, die Samsara als einen Lustgarten ansieht, und inspirieren uns wie ein kraftvoller spiritueller Meister, uns stärker mit unserer spirituellen Praxis zu beschäftigen. Indem wir so denken, können wir den Schaden, der uns zugefügt wird, in den spirituellen Pfad umwandeln und statt den Mut zu verlieren, können wir lernen, sogar diejenigen wertzuschätzen, die uns Leiden zufügen. Besonders wichtig ist diese Einstellung gegenüber unseren engen Freunden und unserer Familie. Da wir so viel Zeit mit ihnen verbringen, wäre es sehr hilfreich, sie als reine spirituelle Meister zu betrachten!

Wir stellen hohe Ansprüche an unsere Freunde, weil wir darauf hoffen, dass sie eine Quelle wahren Glücks für uns sind. Doch in Samsara können wir nie solche Freunde finden.

Selbst wenn sie uns nicht absichtlich schaden, werden sie uns unvermeidlich von Zeit zu Zeit Schwierigkeiten bereiten. Wir denken, dass wir nur lange genug suchen müssen, um den richtigen Freund oder vollkommenen Partner zu finden, der uns nie enttäuschen wird, doch in Samsara gibt es keine vollkommenen Freunde. Samsarische Beziehungen sind von Natur aus täuschend. Wir hoffen auf eine beständige harmonische und befriedigende Beziehung, aber irgendwie klappt es nie. Es ist überflüssig, dem anderen die Schuld zu geben, dass er unsere Erwartungen nicht erfüllt – schuld ist die samsarische Wiedergeburt. In Samsara wiedergeboren zu sein bedeutet, dass wir unweigerlich unbefriedigende Beziehungen erleben. Es ist unmöglich, in dieser unreinen Welt reine Freunde zu finden. Wollen wir uns wirklich reiner, harmonischer Beziehungen erfreuen, dann müssen wir Samsara aufgeben. Deshalb sollten wir nicht wütend werden, wenn unsere Freunde uns im Stich lassen, sondern sie stattdessen als spirituelle Lehrer ansehen, die uns die Fehler Samsaras zeigen.

Auch samsarische Orte sind von Natur aus täuschend. Wir denken, dass wir einen Ort finden, wo wir uns wirklich wohl fühlen und glücklich sind, wenn wir in ein anderes Haus umziehen, aus der Stadt wegziehen oder in ein anderes Land umsiedeln. Aber solange wir in Samsara sind, werden wir nie einen solchen Ort finden. Wir sind so oft umgezogen, aber zufrieden sind wir immer noch nicht. Wenn wir eine neue Gegend besuchen, erscheint sie uns so schön, dass wir glauben, alle unsere Probleme seien gelöst, wenn wir dort leben. Doch sind wir wirklich umgezogen, tauchen schon bald neue Probleme auf. Es gibt in dieser Welt keinen Ort, wo wir keinerlei Probleme erfahren. Möchten wir in einer reinen Umwelt leben oder einen Ort finden, wo wir uns immer zu Hause fühlen, dann müssen wir unseren Geist reinigen, indem wir allumfassende Liebe und Mitgefühl entwickeln.

Obwohl wir unser Leben damit verbringen, in Samsara nach Glück zu suchen und dabei von einem Freund zum anderen und von einem Ort zum anderen wandern, werden wir nie wahres Glück finden. Wir sind wie der Dieb, der eines Nachts in Milarepas Höhle schlich und nach etwas Kostbarem Ausschau hielt, um es zu stehlen. Als Milarepa ihn hörte, lachte er und sagte: «Wie kannst du erwarten, hier bei Nacht etwas Wertvolles zu finden, wenn ich am Tag nichts Wertvolles entdecken kann?» Wie können wir, umnachtet von der Dunkelheit unserer Verblendungen, erwarten, Glück in der leeren Höhle Samsaras zu finden, selbst wenn alle Buddhas in ihrer allwissenden Weisheit es nicht finden konnten? Samsara ist ein Gefängnis, aus dem wir ausbrechen müssen, anstatt darin unsere Zeit mit der fruchtlosen Suche nach Glück zu vergeuden.

Indem wir so denken, können wir scheinbar widrige Umstände in Gelegenheiten für spirituelles Wachstum umwandeln. Es gibt zwei Arten, widrige Umstände in den Pfad umzuwandeln: mittels Methode und mittels Weisheit. Wir tragen die Samen der Buddhaschaft bereits in uns, doch um diese Samen in den vollkommenen Körper und Geist eines Buddha umzuwandeln, müssen wir sie sowohl nähren als auch von allen Behinderungen für ihr Wachstum befreien. Übungen, die das Wachstum der Buddha Samen nähren, wie Entsagung, Mitgefühl und Bodhichitta, werden «Methodenübungen» genannt und Übungen, die die Buddha Samen von Behinderungen befreien, werden «Weisheitsübungen» genannt. Nutzen wir Widrigkeiten, um unsere Erfahrung der Entsagung, dem Wertschätzen anderer und so weiter zu vertiefen, dann verwandeln wir widrige Umstände mittels

Methode in den Pfad. Nutzen wir Widrigkeiten, um unsere Verwirklichung der endgültigen Wahrheit oder Leerheit zu vertiefen, dann verwandeln wir widrige Umstände mittels Weisheit in den Pfad. Im Buch *Allumfassendes Mitgefühl* wird dies im Einzelnen erklärt.

In dieser degenerierten Zeit ist es unbedingt notwendig, widrige Umstände in den Pfad umzuwandeln, denn wir sind ständig von Schwierigkeiten umgeben, so wie eine Kerzenflamme, die dem Wind ausgesetzt ist, einmal in diese, dann in jene Richtung geweht wird. Es ist unmöglich, schwierige Situationen zu vermeiden, doch wenn wir unsere Einstellung zu ihnen ändern können, sind sie kein Problem mehr für uns. Statt zuzulassen, dass Widrigkeiten uns unglücklich und mutlos machen, können wir sie nutzen, um unsere Erfahrung der Stufen des spirituellen Pfades zu vertiefen und dadurch allzeit einen reinen und friedvollen Geist zu bewahren.

In *Rad der scharfen Waffen* erklärt Dharmarakshita, dass alle Schwierigkeiten, die wir in diesem Leben erfahren, eine Folge der negativen Handlungen sind, die wir in vergangenen Leben oder früher in diesem Leben begangen haben. Fällt es uns schwer, unsere Wünsche zu erfüllen, so liegt das daran, dass wir in der Vergangenheit andere daran gehindert haben, die ihren zu erfüllen. Werden wir von unseren Freunden getrennt, die wir sehr lieben, so liegt das daran, dass wir die Beziehungen anderer gestört haben. Finden wir keine vertrauenswürdigen Freunde, so liegt das daran, dass wir Menschen getäuscht haben. Wird unser Körper von Krankheiten geplagt, so liegt das daran, dass wir anderen körperlichen Schmerz zugefügt haben. Finden andere uns unattraktiv, so liegt das daran, dass wir häufig wütend auf andere waren. Sind wir arm, so liegt das daran, dass wir das Hab und Gut anderer gestohlen haben. Ist unsere Lebensspanne kurz, so liegt das daran, dass wir andere getötet haben. Dharmarakshita zählt viele derartige Beispiele von Handlungen und ihren Auswirkungen auf, die von Buddha in Sutras wie dem *Sutra der einhundert Taten* und den *Vinaya Sutras* erklärt werden. Lesen wir diese Sutras, so werden wir in der Lage sein, alle Schwierigkeiten, die wir in unserem Alltag erleben, als ein Rad scharfer Waffen zu verstehen, das aufgrund des Schadens, den wir verursacht haben, in großem Bogen auf uns zurückkommt.

Es ist wichtig die Beziehung zwischen Handlungen und ihren Auswirkungen zu verstehen. Sind wir mit einem Problem konfrontiert, dann ist unsere normale Reaktion, jemanden zu finden, dem wir die Schuld geben können. Doch schauen wir uns die Situation mit Weisheit an, so werden wir einsehen, dass wir selbst durch unsere negativen Handlungen die Ursache für dieses Problem erschaffen haben. Die Hauptursache all unserer Probleme ist zwangsläufig eine negative körperliche, sprachliche oder geistige Handlung, die wir selbst in der Vergangenheit begangen haben. Die Handlungen anderer Menschen sind bloß sekundäre Bedingungen, die unser negatives Karma reifen lassen. Wenn nicht sie es sind, die die Bedingungen für das Reifen unseres negativen Karmas bereitstellen, so wird das mit Sicherheit jemand oder etwas anderes tun. Denn sobald die Hauptursache erschaffen wurde, kann nichts früher oder später die Auswirkung verhindern, außer wir reinigen die Hauptursache durch eine Reinigungspraxis. Anstatt anderen die Schuld an unseren Problemen zu geben, sollten wir unser Unglück nutzen, um unser Verständnis von Karma zu vertiefen.

Schulen wir unseren Geist darin, die spirituellen Lektionen zu erkennen, die in all unseren Erfahrungen enthalten sind, dann können wir jeden und alles als unseren spirituellen Lehrer ansehen und jede beliebige Situation zu unserem Vorteil nutzen. Das ist eine sehr wichtige Erkenntnis, denn sie bedeutet, dass keine Erfahrung jemals verschwendet ist. Die Zeit, die wir aufbringen, um Dharma Unterweisungen zu hören oder Dharma Bücher zu lesen, ist normalerweise ziemlich begrenzt. Doch können wir die Dharma Lektionen in unserem Alltag erkennen, so werden wir immer in der Gegenwart unseres spirituellen Meisters sein. Wie Milarepa sagte:

> Ich muss keine Bücher lesen, denn alles, was meinem Geist erscheint, ist ein Dharma Buch. Alle Dinge bestätigen die Wahrheit der Lehren Buddhas und vergrößern meine spirituelle Erfahrung.

Da Milarepa alles als seinen spirituellen Meister ansah, schritt er sehr schnell auf dem spirituellen Pfad voran und erlangte im gleichen Leben die volle Erleuchtung.

Die Lamrim Lehren erläutern, dass es die Aufgabe eines Buddha ist, den heiligen Dharma zu enthüllen und Segnungen zu gewähren. Da unser spiritueller Meister diese Aufgaben erfüllt, ist er oder sie aus unserer Sicht ein Buddha. In ähnlicher Weise sind für einen qualifizierten Dharma Praktizierenden alle Lebewesen spirituelle Lehrer und alle Situationen sind Dharma Lektionen. Können wir diese besondere Erkenntnis mit Achtsamkeit aufrechterhalten, dann wird es keine Hindernisse mehr für unsere spirituelle Praxis geben, denn alle unsere Alltagserfahrungen werden sinnvoll sein und dazu dienen, unsere guten Eigenschaften zu vermehren.

Sind wir geschickt, dann kann jeder, den wir sehen, uns das Gesetz des Karmas lehren. Sehen wir arme Menschen oder hören von ihnen, dann können wir darüber nachdenken, dass Armut die Folge davon ist, dass in der Vergangenheit Geben nicht geübt wurde. Dies wird uns zur Praxis des Gebens ermutigen. Sehen wir Tiere, dann können wir darüber nachdenken, dass sie eine niedere Wiedergeburt angenommen haben, weil sie keine moralische Disziplin übten. So lehren sie, dass ich jetzt reine moralische Disziplin einhalten muss. In ähnlicher Weise lehren mich diejenigen, die unter Wut leiden, wie wichtig es ist, Geduld zu üben. Und all jene, die im Gefängnis Samsaras gefangen sind, lehren mich, dass ich Faulheit aufgeben und mich mit großer Entschlossenheit bemühen muss, die dauerhafte Beendigung samsarischer Wiedergeburt zu erlangen und allen anderen zu helfen, das Gleiche zu tun. Indem wir so denken, werden wir allmählich die tiefe Erfahrung machen, dass alle Lebewesen uns das unbezahlbare Geschenk von Dharma Unterweisungen machen. Anstatt auf diejenigen herabzuschauen, die Leiden erleben, werden wir sie als unsere unvergleichlich kostbaren spirituellen Meister respektieren und schätzen.

Je Tsongkhapa

Die Niederlage annehmen und den Sieg anbieten

Wenn andere mich aus Neid oder Wut
Verletzen oder beleidigen,
Möge ich selbst die Niederlage annehmen
Und ihnen den Sieg anbieten.

Der sechste Vers enthüllt, dass wir nun, nachdem wir etwas Erfahrung mit Liebe und Mitgefühl für alle Lebewesen erlangt haben, dieses gute Herz in unserem Alltag umsetzen müssen. Wenn uns jemand zum Beispiel aus Wut oder Neid verletzt oder beleidigt, sollten wir diesen Schaden mit einem Geist der Liebe und des Mitgefühls freudig annehmen und keine Vergeltung üben: Dies ist die Bedeutung davon, die Niederlage anzunehmen und anderen den Sieg anzubieten. Diese Übung schützt uns direkt vor Entmutigung und Unzufriedenheit. Bodhisattva Langri Tangpas Hauptabsicht in diesem Vers ist, uns zu ermutigen Geduld zu üben. Das aufrichtige Üben von Geduld ist die Grundlage für die Verwirklichung des Nehmens und Gebens, das im nächsten Kapitel erläutert wird.

Wenn uns unbelebte Objekte oder andere Menschen Probleme bereiten und wir alles getan haben, um die Situation zu verbessern, dann können wir nichts anderes tun, als unser Leiden geduldig zu ertragen, ohne wütend zu werden oder aus der Fassung zu geraten. Sobald die Auswirkungen unserer negativen Handlungen gereift sind, ist es unmöglich, sie zu vermeiden und nicht einmal ein Buddha kann unser Leiden verhindern. Das Einzige, was wir tun können, ist, Geduld zu üben und unsere Schwierigkeiten freudig anzunehmen. So bleibt unser Geist ausgeglichen und positiv, ganz gleich wie schlecht unsere äußeren Umstände auch sein mögen. Üben wir zum Beispiel Geduld, wenn wir krank sind, so wird es uns möglich sein, ruhig und friedvoll zu bleiben. Und üben wir Geduld, wenn uns jemand verletzt, so werden wir die Klarheit und Ruhe des Geistes haben, um in einer konstruktiven Weise darauf zu reagieren, ohne Wut oder Selbstmitleid. Wann immer wir uns in einer unangenehmen oder schmerzhaften Situation befinden, sollten wir denken:

Diese Situation ist die Folge meines negativen Karmas. Da die Auswirkung bereits herangereift, ist es zu spät, sie zu reinigen. Ich kann nichts anderes tun, als die Situation geduldig, mit einem freudigen Geist anzunehmen. Ich selbst habe die Ursache für dieses Problem erschaffen und deshalb ist es meine Verantwortung, das Ergebnis anzunehmen. Wer sonst, wenn nicht ich, sollte die Folgen meiner negativen Handlungen erfahren?

Obwohl die Geduld, unser Leiden freiwillig zu ertragen, nicht die eigentliche Übung des Nehmens ist, wird es uns nicht schwerfallen, das Leiden anderer auf uns zu nehmen, wenn wir unser eigenes Leiden mutig ertragen können. Diejenigen, die in der Lage sind, diese Art der Geduld zu üben, haben einen sehr starken Geist. Sie gleichen echten Helden und Heldinnen. Unerschrocken begegnen sie den Leiden Samsaras und nichts hat die Kraft, ihren Geist zu stören. Wie Dharmarakshita sagt:

Jemand, der samsarische Vergnügen annimmt, aber
kein Leiden ertragen kann,
Wird viele Probleme erleben.
Ein Bodhisattva aber, der Leiden mutig annimmt,
Wird immer glücklich sein.

Diejenigen, die innerhalb Samsaras nur Glück erwarten und denen es schwerfällt, Samsaras Leiden zu ertragen, bürden sich nur noch mehr Elend auf. Wir leiden, weil wir in Samsara sind. Samsara ist die Schöpfung unseres unreinen Geistes der Selbstwertschätzung und des Festhaltens am Selbst und deshalb ist die eigentliche Natur Samsaras Leiden. Solange die Ursache in unserem Geist ist: Selbstwertschätzung und die Unwissenheit des Festhaltens am Selbst, solange werden wir die Wirkungen erleben: Samsara und all sein Elend. Zu hoffen, dem Leiden zu entkommen, ohne unseren Geist von Selbstwertschätzung und dem Festhalten am Selbst zu reinigen, offenbart einen grundlegenden Mangel an Weisheit. Da es uns an Weisheit mangelte, suchten wir in all unseren Leben die Befreiung von Leiden durch Manipulation unserer samsarischen Welt, während wir es versäumten, unseren Geist zu reinigen. Statt so fortzufahren, sollten wir jetzt die weise und mutige Haltung eines Bodhisattva einnehmen und unser Leiden und unsere Probleme als Anreize betrachten, die uns in unserer spirituellen Schulung anspornen.

Der Grund, weshalb wir Leiden so schwer annehmen können, ist, dass unser Geist der Selbstwertschätzung die Bedeutung unseres eigenen Glücks stark übertreibt. Wenn wir glücklich sind, ist in Wirklichkeit nur einer glücklich, und wenn wir leiden, leidet nur einer. Verglichen mit dem Leiden zahlloser Lebewesen ist unser eigenes Leiden unbedeutend. Natürlich ist jedes einzelne Lebewesen wichtig. Doch würden wir gefragt, wer wichtiger ist, ein Mensch oder zehn Menschen, dann müssten wir sagen, dass zehn Menschen wichtiger sind. Diese Begründung ist sehr nützlich und kann uns in unserer Übung, die Niederlage anzunehmen, helfen.

Dennoch müssen wir in dieser Praxis unsere Weisheit nutzen. Sollte unser Annehmen der Niederlage und das Anbieten des Sieges ein ernsthaftes Hindernis für die Erfüllung unseres Bodhichitta Wunsches sein, wird dies indirekt unzähligen Lebewesen schaden, auch demjenigen, dem wir den Sieg anbieten. Ohne Weisheit lassen wir es vielleicht zu, dass jemand unsere großartige Gelegenheit zerstört, zur Erleuchtung zu gelangen und vielen Lebewesen zu helfen. Solch ein Mitgefühl wäre unangebracht und würde zu einer unrichtigen Praxis führen. Nehmen wir zum Beispiel eine Praktizierende namens Maria, die alle ihre Handlungen dem Wohl anderer widmet. Wenn jemand aus Neid versucht sie zu töten und Maria dies zulässt, um die Wünsche ihres Angreifers zu erfüllen, dann wäre dies ein törichtes Mitgefühl. Mitgefühl allein reicht nicht, denn wir müssen es mit Weisheit ausgleichen, sonst werden wir viele Fehler begehen.

Einst fand ein mitfühlender Mann auf der Straße einen großen, noch lebenden Fisch, der vom Karren eines Fischers heruntergefallen war. Da er dessen Leben retten wollte, hob er ihn vorsichtig auf und warf ihn in einen Teich in der Nähe. Kurz darauf bemerkten jedoch die Einheimischen, dass alle kleinen Fische im Teich verschwunden waren und nur der große Fisch übrig war. Als sie erkannten, dass der Große all die anderen Fische im Teich gefressen hatte, waren sie sehr aufgebracht und töteten ihn. Deshalb hatte die mitfühlende Handlung des Mannes nicht nur den Tod aller Fische im Teich zur Folge, sondern auch des großen Fisches, den er zu retten versucht hatte. Diese Geschichte macht deutlich, dass wir mehr brauchen als nur den mitfühlenden Wunsch zu helfen, wenn wir anderen wirklich helfen wollen. Wir müssen auch unsere Weisheit entwickeln, denn ohne Weisheit können unsere Anstrengungen zu helfen oft ins Gegenteil umschlagen. Im Buddhismus werden Mitgefühl und Weisheit als sich ergänzend angesehen und als gleichermaßen notwendig, um anderen wirkungsvoll zu helfen.

Angenommen wir haben Selbstwertschätzung aufgegeben und jemand verlangt von uns, dass wir unser Leben hergeben. Vielleicht sind wir fähig, unser Leben ohne Gefühl von Verlust aufzugeben, doch bevor wir es tun, sollten wir uns fragen, ob das anderen wirklich hilft. In besonderen Fällen kann es das Sinnvollste sein, was wir tun können. Der tibetische König Yeshe Ö opferte sein Leben, um den großen indischen Gelehrten Dhipamkara Shrijana einzuladen, in Tibet den Dharma zu lehren. Dhipamkara Shrijana war so tief bewegt von Yeshe Ös selbstloser Handlung des Gebens, dass er in der Folge die Einladung annahm. Es gelang ihm, den rauen und widerspenstigen Tibetern den kostbaren Kadam Dharma zu lehren und sie erwiderten dies mit Liebe und Dankbarkeit. Aus Respekt wurde ihm der Name «Atisha» gegeben, der «Frieden» bedeutet, und der reine Buddhadharma, den er lehrte, erblühte in ganz Tibet und in anderen Ländern. Seit jener Zeit hat Yeshe Ös geschickte Handlung, sein Leben freiwillig herzugeben, zahllosen Wesen großen Nutzen gebracht und tut es noch heute. Diese Geschichte wird ausführlich in den Büchern *Freudvoller Weg* und *Moderner Buddhismus* erzählt.

Andererseits gibt es Situationen, in denen es vielleicht einen Menschen erfreut, wenn wir unser Leben aufgeben, dies aber gleichzeitig die Möglichkeit zunichtemacht, vielen anderen zu helfen. Sehen wir ein, dass wir mehr Menschen helfen können, wenn wir am Leben bleiben, dann sollten wir unser Leben nicht aufgeben. Wird jemand wütend und droht uns umzubringen, dann können wir uns sogar wehren und unser Leben zum Wohle der vielen schützen. Buddha sagte, dass es ein schwerwiegender Fehler wäre, unseren Körper aus nichtigem Grund aufzugeben oder unsere Gesundheit unnötig zu gefährden, da dies ein großes Hindernis für unsere spirituelle Praxis darstellt.

Normalerweise sollten wir versuchen, anderen eine Freude zu machen, indem wir ihren Wünschen nachkommen und jede Kritik oder alle Schwierigkeiten, die sie uns bereiten, annehmen. Allerdings ist dies nicht ratsam, wenn etwa die Wünsche eines anderen schädlich sind und zu unnötigem Leiden führen. Würde uns zum Beispiel jemand darum bitten, ihm zu helfen eine Bank auszurauben, oder würde unser Kind uns bitten, ihm eine Angel zu kaufen oder ein Gewehr, um Vögel zu schießen, dann sollten wir das natürlich ablehnen. Wir müssen unsere Weisheit nutzen und nicht einfach blindlings alles tun, worum wir gebeten werden.

Es ist auch möglich, dass uns keine Zeit für Dharma Studium, Kontemplation und Meditation bleibt, wenn wir die meiste Zeit damit verbringen, den Wünschen anderer nachzukommen. Außerdem haben viele Menschen unangemessene Wünsche und nutzen uns vielleicht aus. Wenn wir uns nicht jeden Tag etwas Zeit zum Meditieren nehmen, wird es schwierig sein, im Alltag einen friedvollen und positiven Geist zu bewahren und unsere spirituelle Praxis wird insgesamt darunter leiden. Da es der wirkliche Sinn der Meditation ist, unsere Fähigkeit zu verbessern, anderen zu helfen, ist es keineswegs selbstsüchtig, sich jeden Tag etwas Zeit für die Meditation zu nehmen. Wir müssen unsere Zeit und Energie so einteilen, dass wir anderen in bestmöglicher Weise helfen können, und um darin effektiv zu sein, brauchen wir Zeit für uns, um neue Kraft zu schöpfen, unsere Gedanken zu sammeln und die Dinge im rechten Licht zu sehen.

Praktizierende der Geistesschulung nehmen ihr Leiden geduldig an, wenn ihnen der Schaden einmal zugefügt wurde. Das heißt aber nicht, dass sie nicht zuerst versuchen, sich vor Schaden zu schützen. Es ist falsch zu glauben, dass wir anderen gestatten sollten uns zu verletzen, nur weil wir versuchen Geduld zu üben und unseren Geist der Selbstwertschätzung zu zerstören. Es ist tatsächlich unsere Pflicht, uns vor Schaden zu schützen, denn gelingt es anderen, uns zu verletzen, so erschaffen sie die Ursache für zukünftiges großes Leiden. Bodhisattvas nutzen alle ihnen zur Verfügung stehenden friedvollen und zornvollen Mittel, um andere davon abzuhalten, ihnen zu schaden. Doch sie tun dies einzig und allein mit der Motivation, andere davor zu schützen, negatives Karma zu erschaffen und um zu gewährleisten, dass sie selbst weiterhin die Möglichkeit haben, anderen zu helfen. Obwohl es nach außen so aussehen mag, als handelten sie aus Eigeninteresse, so beschützen sie ihren Körper und ihr Leben in Wirklichkeit aus Mitgefühl für alle Lebewesen.

Einst besuchte ein reiner Dharma Praktizierender seinen Lehrer, um ihm eine Frage über seine Lamrim Praxis zu stellen, und nahm dazu seinen kostbaren Lamrim Text mit. Auf dem Weg zurück zu seiner Höhle wurde er von einem Hund wüst angefallen. Normalerweise ging der Praktizierende mit seinen Dharma Büchern sehr sorgfältig und respektvoll um, doch um den Hund daran zu hindern, ihn zu beißen, schlug er mit dem Text zu. War es falsch von ihm, den Dharma Text als Waffe zu benutzen? Im Allgemeinen sollten wir Dharma

Texte natürlich so behandeln, als wären sie tatsächliche Dharma Juwelen. Doch hätte er sich nicht verteidigt, dann hätte der Hund ihn gebissen und vielleicht sogar getötet. So wäre seine Dharma Praxis jäh unterbrochen worden und das hätte indirekt vielen fühlenden Wesen geschadet. Da seine Motivation rein war, beging der Praktizierende kein negatives Karma. In ähnlicher Weise können Bodhisattvas in bestimmten extremen Umständen sogar mit anderen kämpfen, um viele fühlende Wesen zu beschützen. Es ist sehr schwierig, allein aufgrund äußerer Handlungen zu beurteilen, ob jemand Dharma rein praktiziert oder nicht. Vielleicht verstehen wir die wirklichen Beweggründe eines anderen erst dann, wenn wir viele Jahre mit ihm oder ihr zusammenleben, allein aufgrund des äußeren Verhaltens jedoch ist dies nicht möglich.

Ferner ist es sinnlos, unnötig Leiden zu ertragen, wie ärztliche Hilfe abzulehnen, wenn wir ernsthaft krank sind. Wir könnten denken: «Als Praktizierender der Geistesschulung kann ich alle meine Probleme allein durch meine innere Stärke lösen». Doch lehnen wir Hilfe ab, so brechen wir in Wirklichkeit die Verpflichtung der Geistesschulung: «Bleibe natürlich, während du dein Bestreben änderst.» Der Kadampa Tradition von Je Tsongkhapa zufolge sollten wir die normalen gesellschaftlichen Konventionen beachten, selbst wenn wir hohe Verwirklichungen haben. Da es üblich ist, ärztliche Hilfe in Anspruch zu nehmen, wenn wir krank sind, sollten wir nicht zu viel ungebührliche Aufmerksamkeit auf uns ziehen und sie ablehnen, wenn sie uns helfen kann, selbst wenn wir geistig stark genug wären, den Schmerz ohne fremde Hilfe zu ertragen. Die Tradition Je Tsongkhapas, in der wir äußerlich ein gewöhnlicher Mensch bleiben, im Innern aber besondere Geistesarten wie allumfassendes Mitgefühl und Liebe fördern, ist sehr praktisch und schön.

Wir glauben vielleicht, dass sich unser Leiden und unsere Probleme vervielfachen und uns völlig überwältigen werden, wenn wir die ganze Zeit die Niederlage geduldig annehmen. Tatsächlich aber verringert die Übung der Geduld immer unser Leiden, da wir den Schwierigkeiten, die wir haben, nicht noch geistigen Schmerz hinzufügen. Da Leiden, Sorgen, Niedergeschlagenheit und Schmerz Gefühle sind, sind sie Geistesarten und existieren deshalb innerhalb unseres Geistes, nicht außerhalb. Bleibt unser Geist durch die Übung in Geduld unter widrigen Umständen ruhig und friedvoll, so haben wir kein Problem. Wir mögen in einer schwierigen Lage oder sogar krank oder verletzt sein, dennoch sind wir frei von Schmerz. Indem wir unseren Geist in dieser Weise kontrollieren, werden wir erleben, wie unser Schmerz, unsere Sorge und Niedergeschlagenheit aufhören und wir wahren inneren Frieden finden. Außerdem wird es uns wahrscheinlich leichter fallen, Lösungen zu finden und konstruktiv zu handeln, wenn unser Geist in schwierigen Situationen friedvoll bleibt. Die Praxis der Geistesschulung ist sehr behutsam. Sie erfordert keine körperliche Entbehrung und Mühsal, sondern beschäftigt sich hauptsächlich mit der inneren Aufgabe, den Geist zu beherrschen und umzuwandeln. Haben wir einmal gelernt, wie das geht, werden wir die wirkliche Bedeutung der Lehren Buddhas verstehen.

In Tibet begegnete ich einer ganzen Anzahl von bescheidenen Praktizierenden, die, obwohl sie nicht berühmt waren, in ihrem Alltag immer das Annehmen der Niederlage und das Anbieten des Sieges übten. Einer von ihnen war ein Mönch namens Kachen Sangye, den die Menschen später als einen Bodhisattva erkannten. Wann immer jemand etwas

Unangenehmes zu ihm sagte, nahm er es an, ohne Vergeltung zu üben. Und wann immer jemand ihn um etwas bat, gab er es ihm sogleich, ohne eine Spur von Geiz. Forderte man von ihm beim Einkaufen zu viel Geld, so zahlte er es ohne Kommentar und wenn der Ladenbesitzer arm war, gab er ihm sogar mehr. Kachen Sangyes kostbarster Besitz war ein Kupfertopf zur Aufbewahrung von Wasser. Als er eines Tages außer Haus war, betrat ein Dieb sein Zimmer und stahl den Topf. Doch als der Dieb die Straße entlanglief, begegnete ihm Kachen Sangye, der zu seinem Zimmer zurückkehrte. Da der Mönch ihn kannte, war der Dieb so beschämt, dass er den Topf fallen ließ und wegrannte. Kachen Sangye aber überkam der starke Wunsch, seinen Kupfertopf zu verschenken und so nahm er ihn, ging zum Haus des Diebes und sagte: «Du hättest nicht weglaufen müssen. Du darfst dir jederzeit alles aus meinem Zimmer nehmen, was du willst!» Seine Nachbarn pflegten zu sagen, dass er sogar freudig sein Leben hergegeben hätte, falls er darum gebeten worden wäre. Es gibt viele Beispiele solch Praktizierender aus der Vergangenheit und es gibt keinen Grund, warum es ähnliche Praktizierende nicht auch heute oder in der Zukunft geben sollte. Diejenigen, die in der Lage sind so zu denken und zu handeln, haben keine Schwierigkeiten im Leben, denn sie können freudig jede Situation annehmen, ganz gleich wie sie ist.

Kurz gesagt, wenn wir anderen wirklich helfen wollen, müssen wir auf jeden Fall in der Lage sein, unsere Probleme anzunehmen, ohne wütend oder entmutigt zu werden. Anderen zu helfen ist nicht immer einfach. Es bringt oft beträchtliche Schwierigkeiten und Unannehmlichkeiten mit sich und macht es erforderlich, dass wir gegen die Wünsche unseres Geistes der Selbstwertschätzung angehen. Solange wir das nicht annehmen können, bleibt unsere

Verpflichtung, anderen zu helfen, halbherzig und unstabil. Sobald wir jedoch die Fähigkeit entwickeln, unsere eigenen Probleme geduldig anzunehmen, werden wir die geistige Stärke haben, das Leiden anderer auf uns zu nehmen und ihnen Glück zu geben. Allmählich werden wir die innere Verwirklichung erlangen, die Niederlage anzunehmen und den Sieg anzubieten, und nichts wird die Kraft haben, uns in unseren nutzbringenden Tätigkeiten zu entmutigen.

Jampel Gyatso

Nehmen und Geben

Kurz gesagt, möge ich direkt und indirekt
Allen meinen Müttern Glück und Hilfe geben
Und im Geheimen allen Schaden
Und all ihr Leiden auf mich nehmen.

Im siebten Vers erklärt Bodhisattva Langri Tangpa als Abschluss zu den vorangehenden Versen die Praxis des Nehmens mittels Mitgefühl und die Praxis des Gebens mittels Liebe. «Kurz gesagt» bedeutet in diesem Fall also «zum Abschluss».

Bodhisattva Langri Tangpas Darlegung ist sehr schön. Im ersten Vers erklärt er, wie man andere wertschätzt, im zweiten, wie man den Geist der Wertschätzung anderer vertieft und im dritten, wie man die Selbstwertschätzung und andere Hindernisse zur wertschätzenden Liebe beseitigt. Die ersten zwei Verse enthüllen die Praxis des Gleichstellens vom Selbst und anderen und der dritte Vers enthüllt die Praxis des Austauschens vom Selbst mit anderen. Im vierten Vers erklärt Langri Tangpa, wie unser Mitgefühl weiter und tiefer wird und im fünften Vers erklärt er, wie unsere Liebe weiter und tiefer wird. In dem Maße wie unsere Liebe und unser Mitgefühl wachsen, nimmt unsere Selbstwertschätzung ab und es wird immer leichter, Leiden anzunehmen und Nehmen und Geben zu üben. Im sechsten Vers erklärt Langri Tangpa wie man die Geduld übt, Leiden freiwillig zu ertragen, eine Voraussetzung für die eigentliche Praxis des Nehmens. Im siebten Vers erklärt er nun die Übung des Nehmens und Gebens, durch die wir unsere Liebe und unser Mitgefühl weiter vertiefen zu können. Abhängig von dieser Übung können wir einen ganz besonderen Bodhichitta entwickeln und dann erfolgreich die sechs Vollkommenheiten üben, den eigentlichen Pfad zur Buddhaschaft.

Wenn wir damit beginnen, über Nehmen und Geben zu meditieren, können wir weder das Leiden anderer tatsächlich auf uns nehmen, noch können wir ihnen unser Glück geben. Doch indem wir uns vorstellen, es jetzt zu tun, schulen wir unseren Geist darin, es künftig tun zu können. Im Moment können wir nicht allen Lebewesen helfen, doch wir haben das Potenzial für diese Fähigkeit, die ein Teil unserer Buddha Natur ist. Indem wir uns mit starkem Mitgefühl für alle Lebewesen den Meditationen über Nehmen und Geben widmen, wird das Potenzial reifen, allen Lebewesen helfen zu können, und wenn dies geschieht, sind wir ein erleuchtetes Wesen, ein Buddha, geworden.

«Nehmen» bedeutet in diesem Zusammenhang, das Leiden anderer durch Meditation auf uns zu nehmen. Das Wort «direkt» bezieht sich darauf, die Leiden anderer kraft unserer Konzentration tatsächlich auf uns zu nehmen und «indirekt» bedeutet, die Leiden anderer kraft unserer Vorstellung auf uns zu nehmen. Wenn wir mit unserer Übung des Nehmens und Gebens beginnen, müssen wir nicht zu viel darüber nachdenken, wie es möglich ist, das Leiden anderer allein durch die Kraft unserer Vorstellung zu lindern. Stattdessen sollten wir Nehmen und Geben einfach mit einer guten Motivation üben und verstehen, dass dies eine überragende Methode ist, unsere Verdienste zu vermehren und unsere Konzentration zu verbessern. Diese Übung reinigt außerdem unsere Nichttugenden und Verblendungen, insbesondere unsere Selbstwertschätzung, und stärkt deutlich unsere Liebe und unser Mitgefühl. Durch schrittweise Schulung wird unsere Meditation über Nehmen und Geben so kraftvoll, dass wir die Fähigkeit entwickeln, das Leiden anderer unmittelbar auf uns zu nehmen und ihnen Glück zu geben.

Es gibt viele Beispiele von verwirklichten buddhistischen Yogis, die ihre Konzentration nutzen, um das Leiden anderer Wesen, mit denen sie eine karmische Beziehung haben, auf sich zu nehmen. Es gibt die Geschichte eines indischen buddhistischen Meisters namens Maitriyogi. Er nahm den Schmerz eines Hundes, der geschlagen wurde, auf sich, sodass die Wunden auf seinem Körper erschienen statt auf dem des Hundes. Der große tibetische Yogi Milarepa hatte die Meditation über Nehmen und Geben vollständig gemeistert. Bei einer Gelegenheit nahm er das Leiden eines Kranken auf sich. Doch der Mann glaubte nicht, dass er dank Milarepa von seinem Schmerz befreit war. Um es zu beweisen, gab Milarepa ihm den Schmerz zurück und als er zu stark wurde, übertrug er den Schmerz auf eine Tür, die daraufhin zu zittern begann! Vertrauensvolle buddhistische Praktizierende glauben, dass ihr spiritueller Meister in Wirklichkeit das Leiden anderer auf sich nimmt, wenn er oder sie krank ist. Viele Christen glauben auch, dass Jesus die Leiden der Menschen auf sich nahm, als er sich kreuzigen ließ. Es ist gut möglich, dass Jesus Nehmen praktizierte, als er am Kreuz hing.

Wenn Buddhas und hohe Bodhisattvas die Kraft haben, das Leiden anderer direkt auf sich zu nehmen und ihnen Glück zu geben, fragen wir uns vielleicht, warum Lebewesen immer noch leiden. Da Buddhas diese Kraft haben, gewähren sie allen Lebewesen unaufhörlich ihre Segnungen. Als direkte Folge dieser Segnungen erlebt jedes einzelne Lebewesen, auch Tiere und Höllenwesen, gelegentlich geistigen Frieden und ist in diesem Moment glücklich und von manifestem Leiden befreit. Der einzige Weg für Lebewesen, dauerhafte Befreiung von Leiden zu erlangen, ist jedoch, Buddhas Lehren tatsächlich umzusetzen. Ebenso wie ein Arzt eine Krankheit nicht heilen kann, wenn der Kranke das Heilmittel, das der Arzt verschrieben hat, nicht tatsächlich einnimmt, so können Buddhas die innere Krankheit unserer Verblendungen nicht heilen, wenn wir nicht tatsächlich das Heilmittel des Dharma annehmen. In den Sutras heißt es:

> Buddhas können das Leid fühlender Wesen nicht mit
> ihren Händen beseitigen
> Oder das Böse mit Wasser aus ihrem Geist waschen
> Oder ihnen Verwirklichungen schenken.
> Sie können sie aber zur Befreiung führen, indem sie
> die endgültige Wahrheit enthüllen.

Selbst wenn die Sonne scheint, gelangt nur wenig Licht ins Haus, wenn die Fensterläden geschlossen sind, und unser Haus bleibt kalt und dunkel. Doch sobald wir die Fensterläden öffnen, strömen die warmen Sonnenstrahlen herein. Genauso können nur wenige Segnungen in unseren Geist gelangen, obwohl die Sonne der Segnungen Buddhas immer scheint, wenn er durch mangelndes Vertrauen verschlossen ist, und unser Geist bleibt kalt und dunkel. Entwickeln wir jedoch starkes Vertrauen, so öffnet sich unser Geist und die volle Sonne der Segnungen Buddhas strömt herein. Vertrauen ist die Lebenskraft spiritueller Praxis. Wir müssen unerschütterliches Vertrauen in Buddhas Lehren haben, sonst werden wir nie die Kraft aufbringen, diese Lehren umzusetzen.

NEHMEN MITTELS MITGEFÜHL

Nichtmenschen wie Tieren oder sogar Göttern bringt Leiden nur Not und Elend und sie können aus ihrem Schmerz nichts lernen. Im Gegensatz dazu können Menschen, die dem Buddhadharma begegnet sind, eine ganze Menge aus ihrem Leiden lernen. Für uns kann Leiden ein großer Ansporn sein, um Entsagung, Mitgefühl und Bodhichitta zu entwickeln, und es kann uns dazu ermutigen, aufrichtig Reinigungspraxis zu üben.

Als der buddhistische Meister Je Gampopa ein junger Mann war, war er mit einer wunderschönen, jungen Frau glücklich verheiratet, aber nach kurzer Zeit wurde sie krank und starb. Wegen seiner starken Anhaftung an seine Frau war Gampopa untröstlich, doch sein Verlust machte ihm klar, dass Tod und Unbeständigkeit die eigentliche Natur Samsaras sind, und das spornte ihn an, durch reine Dharma Praxis dauerhafte Befreiung aus Samsara zu suchen. Zuerst verließ er sich auf eine Reihe von Kadampa Geshes und übte Kadam Lamrim. Später begegnete er Milarepa und erhielt die Anleitungen des Mahamudra. Indem er alle Lehren, die er gehört hatte, aufrichtig umsetzte, wurde er schließlich ein großer Meister, der viele Wesen auf spirituellen Pfaden führte. Das zeigt uns, dass Leiden für qualifizierte Dharma Praktizierende viele gute Eigenschaften hat. Für diese Praktizierenden sind die Leiden Samsaras wie ein spiritueller Meister, der sie auf dem Pfad zur Erleuchtung führt.

Shantideva sagt:

> Außerdem hat Leiden viele gute Eigenschaften.
> Indem wir es erfahren, können wir Stolz beseitigen,
> Mitgefühl für jene entwickeln, die in Samsara
> gefangen sind,
> Nichttugend aufgeben und uns an Tugend erfreuen.

Verstehen wir die guten Eigenschaften des Leidens, dann sollten wir uns sehr über unsere Gelegenheit freuen, Nehmen mittels Mitgefühl üben zu können.

UNSER EIGENES ZUKÜNFTIGES LEIDEN AUF UNS NEHMEN

Um uns auf die eigentliche Meditation vorzubereiten, die Leiden anderer auf uns zu nehmen, können wir damit beginnen, unser eigenes zukünftiges Leiden auf uns zu nehmen. Diese Meditation ist eine kraftvolle Methode, das negative Karma zu reinigen, das die Hauptursache unseres zukünftigen Leidens ist. Beseitigen wir die Ursache unseres zukünftigen Leidens, so gibt es keine Grundlage mehr, um ihre Auswirkung zu erfahren. Von zukünftigem Leiden frei zu sein ist wichtiger als von gegenwärtigem Leiden frei zu sein, denn unser zukünftiges Leiden ist endlos, wohingegen unser gegenwärtiges Leiden bloß das Leiden eines kurzen Lebens ist. Deshalb sollten wir uns darin schulen, dieses Leiden auf uns zu nehmen, solange wir noch die Möglichkeit haben, die Ursachen unseres zukünftigen Leidens zu reinigen. Diese Übung hilft auch, unsere Selbstwertschätzung zu verringern, die der Hauptgrund ist, weshalb wir unser Leiden nur so schwer ertragen können, und sie stärkt außerdem unsere Geduld. Wenn wir durch die Übung, unser eigenes Leiden geduldig anzunehmen, all unsere Widrigkeiten mit Freude ertragen können, wird es uns nicht schwerfallen, das Leiden anderer auf uns zu nehmen. In dieser Weise erlangen wir die Fähigkeit, unser eigenes Leiden zu verhindern und anderen zu helfen. Wenn wir dies verstehen, dann entschließen wir uns, unsere Nichttugend zu reinigen, indem wir ihre Auswirkungen jetzt auf uns nehmen.

Wir stellen uns vor, dass all die Leiden, die wir in Zukunft als Mensch, Gott, Halbgott, Tier, hungriger Geist oder Höllenwesen erleben werden, sich in Form von schwarzem Rauch sammeln und sich in die Unwissenheit des Festhaltens am Selbst und unserer Selbstwertschätzung in unserem Herzen auflösen. Wir glauben fest daran, dass unsere Unwissenheit des Festhaltens am Selbst und unsere Selbstwertschätzung vollkommen zerstört sind und dass wir die negativen Potenziale in unserem Geist, die Ursache unseres gesamten zukünftigen Leidens, gereinigt haben. Über diesen Glauben meditieren wir so lange wie möglich. Wir sollten diese Meditation über das Nehmen unseres zukünftigen Leidens so oft wiederholen, bis wir Zeichen erhalten, dass unser negatives Karma gereinigt ist. In dieser Meditation werden wir eine solche Freude erleben, die uns ermutigt, den aufrichtigen Wunsch zu entwickeln, mittels Mitgefühl das Leiden anderer auf uns zu nehmen.

Wir können uns auch durch Gebete auf die eigentliche Meditation über das Nehmen des Leidens anderer vorbereiten. Gebete zu sprechen ist sehr einfach und wenn wir mit aufrichtigem Herzen und starker Konzentration beten, sind sie sehr kraftvoll. Während wir uns auf die Bedeutung konzentrieren, beten wir:

Deshalb, o mitfühlender, ehrwürdiger Guru, erbitte ich
Deine Segnungen,
Damit all die Leiden, Negativität und Hindernisse der fühlenden Mutterwesen
Gleich jetzt in mir reifen.

Wir empfinden Freude bei dem Gedanken, dass wir das Leiden aller Lebewesen auf uns nehmen, und halten dieses besondere Gefühl so lange wie möglich. Indem wir dieses Gebet Tag und Nacht wiederholen, stärken wir kontinuierlich unseren aufrichtigen Wunsch, das Leiden anderer auf uns zu nehmen. Dann üben wir uns in der eigentlichen Meditation über das Nehmen des Leidens anderer.

DIE VORTEILE, DAS LEIDEN ANDERER AUF UNS ZU NEHMEN

Die Worte «allen meinen Müttern» in diesem Vers des Urtextes beziehen sich auf alle Lebewesen. Buddha erkannte aufgrund seiner allwissenden Weisheit, dass es kein einziges Lebewesen gibt, das in der Vergangenheit nicht unsere Mutter gewesen ist, und dass alle diese Mütter unendlich gütig zu uns waren. Da wir uns nicht an unsere früheren Leben erinnern können und sich die Gestalt unserer Mütter von Leben zu Leben verändert, erkennen wir sie nicht wieder und erinnern uns nicht an ihre Güte. Doch dies ändert nichts an der Tatsache, dass alle Lebewesen in ihrer Essenz unsere gütigen Mütter sind. Betrachten wir alle Lebewesen in dieser Weise, so wird es uns leichtfallen, reine Liebe und reines Mitgefühl für sie zu empfinden. Dies wird uns daran hindern, wütend oder neidisch zu sein und uns ermutigen, ihnen so oft wie möglich zu helfen. Da diese Erkenntnis auf der Weisheit aller Buddhas beruht und uns in Richtung Erleuchtung lenkt, sollten wir sie ohne zu zögern annehmen. Es hat keinen Sinn, über die Fehler der anderen nachzudenken. Es ist weitaus nützlicher, sich auf ihre Güte zu konzentrieren.

Obwohl es uns vielleicht schwerfällt, uns selbst davon zu überzeugen, dass alle Lebewesen unsere Mütter sind, wären wir dennoch klug, diese Sicht anzunehmen, da dies enorme Vorteile für uns hat. Wir sollten verstehen, dass letztendlich nichts außer Leerheit wahr ist. Konventionelle Objekte wie Menschen, Bäume, Atome oder Planeten haben einen relativen Grad an Wirklichkeit, der sie von nichtexistenten Dingen wie quadratischen Kreisen oder Einhörnern unterscheidet. Doch nur die endgültige Natur, oder Leerheit, von Phänomenen ist wahr, da nur Leerheit so existiert, wie sie erscheint. Objekte existieren nur in Beziehung zum Geist, der sie erkennt. Da die Natur eines Objekts und seine Merkmale vom Geist abhängen, der sie betrachtet, können wir die Objekte, die wir sehen, verändern, indem wir die Art und Weise, sie zu sehen, verändern. Wir haben die Wahl uns selbst, andere Menschen und unsere Welt so zu sehen, wie es am nützlichsten ist. Indem wir beharrlich eine positive Sicht bewahren, werden wir mit der Zeit in einer positiven Welt und schließlich in einem Reinen Land leben.

Es gibt vier Hauptvorteile der Meditationen über Nehmen und Geben: Sie sind kraftvolle Methoden, um (1) die Potenziale nichttugendhafter Handlungen zu reinigen, die dazu führen, dass wir unheilbare Krankheiten wie Krebs erfahren, um (2) eine große Ansammlung von Verdiensten anzusammeln, um (3) unser Potenzial heranreifen zu lassen, allen Lebewesen helfen zu können und um (4) unseren Geist zu reinigen.

Wenn wir unseren Geist durch die Übungen des Nehmens und Gebens reinigen, wird es für jede Verwirklichung leicht sein, in unserem Geist heranzuwachsen. Wir denken über die vier Hauptvorteile der Meditation über Nehmen und Geben nach und machen uns auf diese Weise Mut, uns aufrichtig in den Meditationen zu schulen.

Meditieren wir darüber, die Leiden aller Wesen auf uns zu nehmen, verstärkt sich unser Mitgefühl und wandelt sich schließlich in das allumfassende Mitgefühl eines Buddha um. Außerdem werden wir einen sehr starken Geist entwickeln, der Widrigkeiten mutig ertragen kann. Gegenwärtig gleicht unser Geist einer offenen Wunde: bei der geringsten Unannehmlichkeit zucken wir erschrocken zurück. Mit solch einem schwachen Geist stören selbst unbedeutende Schwierigkeiten unsere Dharma Praxis. Schulen wir uns aber in Nehmen, dann können wir unseren Geist festigen, bis er unerschütterlich wird. Die Kadampa Geshes beten darum, einen Geist zu entwickeln, der so stark und stabil wie der Amboss eines Schmieds ist und der selbst unter den härtesten Schlägen nicht zerbricht. Wir brauchen einen starken und stabilen Geist, einen Geist, der selbst unter den widrigsten Umständen, die das Leben mit sich bringt, ungestört bleibt. Mit einem solchen Geist sind wir wie ein Held oder eine Heldin und nichts kann unseren Fortschritt in Richtung Erleuchtung behindern.

Diejenigen mit einer tiefen Erfahrung in der Übung des Nehmens können ihre eigenen Wünsche und die anderer mit Leichtigkeit erfüllen. Woran liegt das? Das ist so, weil sie so viele Verdienste haben und weil ihre Wünsche immer rein und durch Mitgefühl motiviert sind. Sie können ihre Wünsche sogar durch Gebete erfüllen oder einfach, indem sie die Wahrheit verkünden. Einst gab es zu der Zeit als Je

Mönlam Palwa der Thronhalter Je Tsongkhapas am Kloster Ganden war eine schreckliche Überschwemmung, die bereits die angrenzenden Felder überflutet sowie viele Häuser zerstört hatte und nun die nahegelegene Stadt bedrohte. Als die Bewohner Je Mönlam Palwa baten, ihnen zu helfen, schrieb er einfach auf ein Stück Papier: «Wenn es wahr ist, dass ich Bodhichitta habe, sollst du sofort weichen.» Er bat sie, dieses Papier den Fluten entgegenhalten. Sie befolgten seine Anleitungen und das Hochwasser ebbte ab.

Es gibt viele Geschichten von Bodhisattvas, die durch ihre Kraft, die Wahrheit zu verkünden, Wundertaten vollbrachten. Diese Verkündigungen sind sehr kraftvoll, denn sie sind durch Bodhichitta motiviert und Bodhichitta bezieht seine Kraft aus großem Mitgefühl. Als ich als junger Mönch im Kloster Jampaling in Westtibet lebte, war ich einige Monate lang ernsthaft krank. Als der Schmerz so stark wurde, dass ich ihn kaum ertragen konnte, besuchte mich mein Lehrer Geshe Palden. Er besaß eine gesegnete Mala, von der er uns schon oft erzählt hatte, wie besonders sie sei, doch wir glaubten immer, dass er scherze. Dieses Mal aber stand er an meinem Bett und sagte: «Wenn es wahr ist, dass meine Mala durch den Weisheitsbuddha Manjushri gesegnet ist, dann sollst du rasch gesund werden». Daraufhin segnete er mich, indem er meinen Scheitel mit der Mala berührte. Danach erholte ich mich vollständig.

Geshe Palden war die Reinkarnation eines Praktizierenden namens Lama Gelong, der im kleinen Kloster Deshar Ritö bei Jampaling gelebt hatte. Lama Gelong machte häufig Nyungnä Fastenretreats und betonte die Praxis Avalokiteshvaras, des Buddha des Mitgefühls. Er konnte Menschen von bestimmten Krankheiten heilen, die durch Naga Geister hervorgerufen werden, und die durch gewöhnliche Medizin nicht geheilt werden konnten. Auf seinem Altar stand eine wunderschöne Statue von Avalokiteshvara, die ständig größer wurde, was dazu führte, dass er regelmäßig seinen Schrein vergrößern musste! Dies war ein Zeichen für seine sich ständig vergrößernden Verwirklichungen und brachte viele Menschen dazu, großes Vertrauen in ihn zu entwickeln.

DIE EIGENTLICHE MEDITATION ÜBER NEHMEN

Es gibt zwei Arten der Schulung in Nehmen mittels Mitgefühl. Die erste ist, uns auf alle Lebewesen im Allgemeinen zu konzentrieren und uns vorzustellen, ihr Leiden auf uns zu nehmen. Die zweite ist, uns auf bestimmte Lebewesen zu konzentrieren und uns vorzustellen, ihre Leiden auf uns zu nehmen.

Um die erste Art zu praktizieren, stellen wir uns vor, dass wir von der Versammlung ausnahmslos aller Mutterlebewesen umgeben sind. Der Glücksverheißung wegen und um uns zu helfen, leichter eine Beziehung zu ihnen herzustellen, stellen wir uns alle in menschlichem Aspekt vor, doch sollten wir daran denken, dass jedes einzelne Wesen das Leiden seines eigenen besonderen Bereichs erlebt. Es ist nicht notwendig, sie klar wahrzunehmen; ein grobes geistiges Bild reicht aus.

Nun entwickeln wir Mitgefühl mit all diesen Lebewesen, indem wir über ihr Leiden nachdenken. Menschen erleben die Leiden der Geburt, der Krankheit, des Alterns und des Todes, der Armut, des Hungers und Durstes, dass sie widrigen Umständen begegnen und ihre Wünsche nicht erfüllen können, von ihren Lieben getrennt werden sowie zahllosen weiteren Kummer. Tiere erleiden die gleichen Leiden, jedoch viel intensiver. Zusätzlich leiden sie an großer

Unwissenheit, werden durch Menschen ausgebeutet und leben in ständiger Gefahr, von anderen Tieren getötet zu werden. Hungrige Geister erleben die Leiden intensiven Hungers und Durstes und Höllenwesen erleben unvorstellbare Leiden von Hitze und Kälte. Halbgötter erleben für lange Zeiträume die Leiden der Eifersucht und des Streits. Sogar die Götter, die den größten Teil ihres Lebens damit verbringen, die Vergnügen Samsaras zu genießen, sind nicht frei von Leiden. Ihre Vergnügen, Welten und Körper sind verunreinigt und in der Natur des Leidens und zum Zeitpunkt ihres Todes erleben sie große Ängste. Da auch sie unter der Kontrolle ihrer Verblendungen stehen, sind sie nicht frei von samsarischer Wiedergeburt und müssen die Leiden Samsaras erfahren, Leben für Leben, endlos.

Während wir uns auf alle Lebewesen der sechs Bereiche konzentrieren und über ihr Leiden nachdenken, denken wir aus tiefstem Herzen:

> *In ihren zahllosen zukünftigen Leben müssen diese Lebewesen fortwährend, ohne Wahl, die Leiden der Menschen, Tiere, hungrigen Geister, Höllenwesen, Halbgötter und Götter erfahren. Wie wunderbar wäre es, wenn all diese Lebewesen für immer von den Leiden und Ängsten dieses Lebens und zahlloser zukünftiger Leben befreit wären! Mögen sie dies erreichen. Ich selbst werde daran arbeiten, dass sie es erreichen. Das muss ich tun.*

Während wir so denken, stellen wir uns vor, dass sich die Leiden aller Lebewesen in Form von schwarzem Rauch sammeln. Dieser löst sich in die Unwissenheit des Festhaltens am Selbst und die Selbstwertschätzung in unserem Herzen auf. Wir glauben nun fest daran, dass alle Lebewesen für immer von Leiden befreit sind und dass unsere Unwissenheit des

Festhaltens am Selbst und unsere Selbstwertschätzung vollständig zerstört sind. Über diesen Glauben meditieren wir einsgerichtet so lange wie möglich.

Aus Mitgefühl für alle Lebewesen sollten wir diese Meditation kontinuierlich so lange üben, bis wir Zeichen erhalten, die darauf hinweisen, dass unser Geist gereinigt ist. Derartige Zeichen können die Heilung einer Krankheit sein, die wir vielleicht gehabt haben, eine Abnahme unserer Verblendungen, ein zunehmend friedlicher und glücklicher Geist, das Anwachsen von Vertrauen, richtiger Absicht und richtiger Sicht und insbesondere eine stärkere Erfahrung von allumfassendem Mitgefühl.

Wir könnten denken, dass unser Glaube, durch unsere Meditation hätten alle Lebewesen dauerhafte Befreiung von Leiden erlangt, nicht richtig ist, da die Lebewesen dies nicht tatsächlich erlangt haben. Obwohl es wahr ist, dass die Lebewesen nicht tatsächlich dauerhafte Befreiung erlangt haben, ist unser Glaube dennoch richtig, denn er entsteht aus unserem Mitgefühl und unserer Weisheit. Indem wir über diesen Glauben meditieren, werden unsere Potenziale, alle Lebewesen dauerhaft von Leiden zu befreien, schnell reifen, sodass wir schnell Erleuchtung erlangen werden. Deshalb sollten wir diesen hilfreichen Glauben, dessen Natur Weisheit ist, niemals aufgeben.

Es stimmt, dass wir zu Beginn nicht die Kraft haben, das Leiden anderer direkt auf uns zu nehmen, doch indem wir wiederholt über die Überzeugung meditieren, dass wir ihr Leiden auf uns genommen haben, werden wir allmählich die eigentliche Kraft entwickeln, dies zu tun. Die Meditation über Nehmen ist der schnelle Pfad zur Erleuchtung und ähnelt der tantrischen Übung, das Ergebnis in den Pfad zu bringen, in der wir durch die starke Vorstellung, bereits ein

Buddha zu sein, allmählich ein Buddha werden. Tatsache ist, dass wir nie Erleuchtung erlangen werden, wenn wir uns das nicht einmal vorstellen können! Nach den Lehren der Geistesschulung ähnelt die Übung des Nehmens und Gebens der Übung des Geheimen Mantra, oder Tantra. Es heißt, dass tantrische Verwirklichungen einfach dadurch erlangt werden können, dass wir uns auf richtigen Glauben und richtige Vorstellung verlassen. Diese Übung ist ganz einfach. Wir müssen nur eins tun: uns kontinuierlich bemühen, mit der Meditation über richtigen Glauben und richtige Vorstellung tief vertraut zu werden, so wie es im Tantra dargelegt wird.

Wie kann etwas, das nur in unserer Vorstellung existiert, Wirklichkeit werden? Es ist eine bemerkenswerte Eigenschaft des Geistes, dass wir Objekte zuerst in unserer Vorstellung erschaffen und sie dann in unsere alltägliche Wirklichkeit bringen. Tatsächlich beginnt alles in der Vorstellung. Zum Beispiel entstand das Haus, in dem wir zurzeit leben, zuerst in der Vorstellung des Architekten. Danach brachte er oder sie einen Entwurf zu Papier, den Bauplan für das tatsächliche Gebäude. Wenn sich niemand zuerst unser Haus vorgestellt hätte, wäre es nie gebaut worden. In Wirklichkeit ist unser Geist der Schöpfer all dessen, was wir erleben. Alle äußeren Schöpfungen wie Geld, Autos und Computer wurden in Abhängigkeit der Vorstellungskraft von jemandem entwickelt. Hätte sich niemand diese Dinge vorgestellt, wären sie nie erfunden worden. Ebenso werden alle inneren Schöpfungen und alle Dharma Verwirklichungen, sogar Befreiung und Erleuchtung, abhängig von Vorstellung entwickelt. Deshalb ist die Vorstellung sowohl für weltliche als auch für spirituelle Erlangungen von elementarer Bedeutung.

Stellen wir uns etwas vor, das theoretisch existieren könnte, und machen unseren Geist lange genug damit vertraut, so wird es unserem Geist schließlich direkt erscheinen, zuerst unserem geistigen Gewahrsein und dann sogar unseren Sinnesgewahrseinsarten. Solange das Objekt noch ein vorgestelltes Objekt ist, ist der Geist, der es erfasst, bloß ein Glaube. Wenn das Objekt hilfreich ist, ist es ein richtiger Glaube, und wenn es Verblendungen anregt, ist es ein falscher Glaube. Ein Glaube ist ein begrifflicher Geist, der sein Objekt durch ein allgemeines, oder geistiges, Bild des Objekts erfasst. Meditieren wir lange genug über einen richtigen Glauben, so wird das allgemeine Bild immer transparenter, bis es schließlich völlig verschwindet und wir das Objekt direkt wahrnehmen. Nun ist das vorgestellte Objekt ein wirkliches Objekt geworden. Indem wir über den hilfreichen Glauben meditieren, dass wir alle fühlenden Wesen befreit und unseren Geist der Selbstwertschätzung zerstört haben, werden wir dies schließlich tatsächlich erreichen. Unser richtiger Glaube wird sich in einen gültigen Erkenner umgewandelt haben, in eine völlig verlässliche Geistesart.

In der zweiten Art der Schulung in Nehmen mittels Mitgefühl, nehmen wir die Leiden bestimmter Personen oder Gruppen von Lebewesen aus den unendlichen Welten auf uns. Wir richten unsere Aufmerksamkeit zum Beispiel auf alle Lebewesen, die das Leiden der Krankheit erfahren und entwickeln Mitgefühl. Dann denken wir:

> *Diese Lebewesen erfahren in diesem Leben und in ihren zahllosen zukünftigen Leben ohne Ende das Leiden der Krankheit. Wie wunderbar wäre es, wenn sie alle für immer von Krankheit befreit wären! Mögen sie dies erreichen. Ich selbst werde daran arbeiten, dass sie es erreichen. Das muss ich tun.*

Während wir so denken, stellen wir uns vor, dass sich das Leiden der Krankheit aller Lebewesen in Form von schwarzem Rauch sammelt. Er löst sich in die Unwissenheit des Festhaltens am Selbst und der Selbstwertschätzung in unserem Herzen auf. Wir glauben nun fest, dass alle diese Lebewesen für immer von Krankheit befreit sind und dass unsere Unwissenheit des Festhaltens am Selbst und der Selbstwertschätzung vollständig zerstört sind. Über diesen Glauben meditieren wir einsgerichtet so lange wie möglich.

Ebenso können wir die Meditation über Nehmen üben, indem wir unsere Aufmerksamkeit auf eine bestimmte Person oder eine Gruppe von Lebewesen richten, die andere Leiden wie Armut, Kampf und Hungersnot erleben müssen.

Wann immer wir ein besonderes Problem haben, sei es durch Krankheit, fehlende Mittel oder unsere Verblendungen, können wir an die zahllosen fühlenden Wesen denken, die vor ähnlichen Probleme stehen und uns dann mit einer mitfühlenden Motivation vorstellen, ihr Leiden auf uns zu nehmen. Das wird uns helfen, mit unserem eigenen Problem besser umgehen zu können, und indem wir das negative Karma reinigen, das das Problem länger andauern lässt, können wir es vielleicht sogar loswerden. Leiden wir zum Beispiel unter starker Anhaftung, so können wir an all diejenigen denken, die auch unter Anhaftung leiden. Wir entwickeln Mitgefühl für sie und stellen uns vor, dass wir all ihre Anhaftung auf uns nehmen, mitsamt dem Leiden, das sie hervorbringt. Das ist eine kraftvolle Methode, um unsere eigene Anhaftung zu zerstören.

Durch Mitgefühl motiviertes Nehmen ist ein außergewöhnlich reiner Geist, unbefleckt von Selbstwertschätzung. Wenn unser Geist rein ist, so führt dies dazu, dass alle unsere Handlungen rein sind und wir ein reines Wesen werden.

Sterben wir mit starkem Mitgefühl für alle Lebewesen, werden wir mit Sicherheit im Reinen Land eines Buddha geboren. Das ist so, weil unser Mitgefühl, das sich zum Zeitpunkt unseres Todes manifestiert, direkt unser Potenzial reifen lässt, eine Wiedergeburt im Reinen Land eines Buddha anzunehmen. Das ist das gute Ergebnis eines guten Herzens. Ein gutes Herz zu bewahren, den aufrichtigen Wunsch, alle Lebewesen für immer von ihren Leiden zu befreien, führt dazu, dass wir selbst dauerhafte Befreiung von Leiden erlangen werden, indem wir im Reinen Land eines Buddha wiedergeboren werden.

Wir schließen unsere Meditationssitzungen über Nehmen ab, indem wir unsere Verdienste der Befreiung aller fühlenden Wesen von ihrem Leiden und ihren Problemen sowie einem dauerhaften Frieden in dieser Welt widmen.

GEBEN MITTELS LIEBE

«Geben» bedeutet in diesem Zusammenhang, dass wir anderen mit dem reinen Geist wünschender Liebe durch Meditation unser eigenes Glück geben. Im Allgemeinen gibt es im Kreislauf unreinen Lebens, Samsara, überhaupt kein wirkliches Glück. Wie zuvor erwähnt ist das Glück, das wir normalerweise durch Essen, Trinken, Sex und so weiter erleben, kein wirkliches Glück. Es ist lediglich die Verringerung eines bisherigen Problems oder einer Unzufriedenheit.

Wie meditieren wir über Geben? In *Leitfaden für die Lebensweise eines Bodhisattva* sagt Shantideva:

> ... um das Wohl aller Lebewesen zu erreichen,
> Werde ich meinen Körper in ein erleuchtetes
> wunscherfüllendes Juwel umwandeln.

Wir sollten unseren ständig verweilenden Körper, unseren sehr subtilen Körper, als das wahre wunscherfüllende Juwel betrachten. Dies ist unsere Buddha Natur, durch die unsere Wünsche und die aller anderen Lebewesen erfüllt werden. Dann denken wir:

Alle Lebewesen wünschen sich, jederzeit glücklich zu sein. Doch sie wissen nicht, wie das geht. Sie erleben nie wirkliches Glück, denn sie zerstören aus Unwissenheit ihr eigenes Glück, indem sie Verblendungen wie Wut entwickeln und nichttugendhafte Handlungen begehen. Wie wunderbar wäre es, würden alle diese Lebewesen das reine und immerwährende Glück der Erleuchtung erleben! Mögen sie dieses Glück erleben. Ich werde jetzt jedem einzelnen Lebewesen mein eigenes zukünftiges Glück der Erleuchtung geben.

Während wir so denken, stellen wir uns vor, dass wir aus unserem ständig verweilenden Körper in unserem Herzen unendliche Lichtstrahlen aussenden, deren Natur unser zukünftiges Glück der Erleuchtung ist. Diese erreichen alle Lebewesen der sechs Bereiche. Wir glauben fest daran, dass jedes einzelne Lebewesen das reine und immerwährende Glück der Erleuchtung erlebt. Über diesen Glauben meditieren wir einsgerichtet so lange wie möglich. Wir sollten diese Meditation kontinuierlich üben, bis wir spontan glauben, dass alle Lebewesen jetzt tatsächlich unser zukünftiges Glück der Erleuchtung erhalten haben.

Möchten wir ausführlicher über Geben meditieren, können wir uns vorstellen, dass die Lichtstrahlen, die wir aussenden, alle persönlichen Bedürfnisse und Wünsche eines jeden Lebewesens erfüllen. Menschen bekommen gute Freunde, schöne Häuser, gute Berufe, köstliches Essen, schöne Kleidung und alles, was sie sich sonst noch wünschen oder brauchen. Tiere bekommen Nahrung, sichere und warme Behausungen sowie Freiheit von Furcht. Hungrige Geister bekommen Essen und Trinken. Wesen in den heißen Höllen bekommen kühlende Brisen und Wesen in den kalten Höllen warmen Sonnenschein. Die Halbgötter bekommen Frieden und Zufriedenheit und die Götter nichtverunreinigtes Glück und ein sinnvolles Leben. Indem sie sich an diesen Objekten des Begehrens erfreuen, sind alle Lebewesen vollkommen zufrieden und erleben die nichtverunreinigte Glückseligkeit der Erleuchtung.

Obwohl wir uns hauptsächlich im Gedanken des Gebens schulen, können wir das Nehmen und Geben auch praktisch ausüben, wann immer sich die Gelegenheit dazu bietet. Auf der Stufe, auf der wir jetzt sind, können wir das Leiden anderer nicht durch die Kraft unserer Konzentration auf uns nehmen, doch wir können ihnen oft in praktischer Weise helfen. Wir können den Schmerz der Kranken lindern, indem wir sie gut versorgen und wir können anderen helfen, die viel Arbeit haben, oder ihnen die Arbeit abnehmen, die sie nicht mögen. Mühen auf uns zu nehmen, während wir anderen helfen, ist auch eine Art des Gebens. Wir können anderen außerdem materielle Hilfe, unsere Arbeitskraft, unsere Fertigkeiten, Dharma Unterweisungen oder guten Rat geben. Begegnen wir Menschen, die niedergeschlagen sind und Aufheiterung benötigen, können wir ihnen unsere Zeit und Liebe geben.

Auch Tieren können wir etwas geben. Insekten vor dem Ertrinken zu retten oder Würmer vorsichtig von der Straße zu entfernen, sind Beispiele, wie wir Furchtlosigkeit, oder Schutz, geben. Sogar einer Maus zu gestatten in unserem Abfalleimer zu wühlen, ohne uns darüber aufzuregen, kann eine Art des Gebens sein. Tiere wollen genauso glücklich sein wie wir und sie brauchen unsere Hilfe sogar mehr als Menschen. Die meisten Menschen können sich bis zu einem gewissen Grad selbst helfen, doch Tiere sind so tief von Unwissenheit umhüllt, dass sie gar keine Freiheit haben, um ihre Lage zu verbessern. Tiere sind im Vergleich zu Menschen in einem niedrigeren Existenzzustand wiedergeboren, trotzdem sollten wir nie auf sie herabschauen. Buddhas und Bodhisattvas haben vollkommenen Gleichmut und wertschätzen Tiere und Menschen gleichermaßen.

Am Ende unserer Meditation über Geben widmen wir unsere Verdienste, damit alle Lebewesen wahres Glück finden mögen. Wir können auch besondere Widmungen sprechen und dafür beten, dass die Kranken gesund werden mögen, die Armen Reichtum finden, die Arbeitslosen eine gute Arbeit bekommen, die Erfolglosen Erfolg haben, die Ängstlichen geistigen Frieden erlangen und so weiter. Durch die Kraft unserer reinen Motivation und die Kraft und Segnungen des Buddhadharma können unsere Widmungen sicherlich helfen, ganz besonders dann, wenn wir eine starke karmische Beziehung zu den Menschen haben, für die wir beten. Unsere Verdienste anderen zu widmen ist selbst eine Art des Gebens. Wir können Geben im Alltag auch geistig üben. Wann immer wir sehen oder lesen, dass Menschen arm, krank, ängstlich, erfolglos oder unglücklich sind, können wir unsere wünschende Liebe für sie vertiefen und unsere Verdienste ihrem Glück und ihrer Befreiung von Leiden widmen.

NEHMEN UND GEBEN IN VERBINDUNG MIT DER ATMUNG

Sobald wir mit den Meditationen über Nehmen und Geben vertraut sind, können wir die beiden kombinieren und sie in

Verbindung mit unserer Atmung üben. Wir beginnen, indem wir über Mitgefühl und Liebe für alle Lebewesen meditieren und einen festen Entschluss fassen, ihr Leiden auf uns zu nehmen und ihnen reines Glück zu geben. Deshalb stellen wir uns vor, dass wir das Leiden, die Verblendungen und die Nichttugenden aller Lebewesen in Form von schwarzem Rauch durch unsere Nasenlöcher einatmen, der sich in unser Herz auflöst und unsere Selbstwertschätzung vollständig zerstört. Beim Ausatmen stellen wir uns vor, dass unser Atem im Aspekt von Weisheitslicht, dessen Natur echtes, nichtverunreinigtes Glück ist, das ganze Universum durchdringt. Jedes einzelne Lebewesen erhält, was es braucht und sich wünscht, insbesondere das erhabene Glück dauerhaften inneren Friedens. Wir üben diesen Atemzyklus Tag und Nacht, wobei wir mit jedem Atemzug das Leiden aller Lebewesen auf uns nehmen und ihnen reines Glück geben, bis wir eine tiefe Erfahrung dieser Praxis erlangen.

Sobald wir in dieser Meditation über Nehmen und Geben in Verbindung mit der Atmung geübt sind, ist sie sehr kraftvoll, da zwischen Atem und Geist eine enge Beziehung besteht. Der Atem ist mit den inneren Energiewinden verbunden, die durch die Kanäle unseres Körpers fließen und als Fahrzeuge, oder Träger, unterschiedlicher Gewahrseinsarten dienen. Indem wir unseren Atem mit tugendhaften Zielen verbinden, reinigen wir unsere inneren Winde, und wenn reine Winde durch unsere Kanäle fließen, entstehen ganz natürlich reine Geistesarten.

Viele Menschen üben Atemmeditation, doch die am weitesten verbreitete Art besteht einfach darin, sich auf die Empfindung des ein- und ausströmenden Atems an den Nasenlöchern zu konzentrieren. Sie dient dazu, den Geist vorübergehend zu beruhigen und ablenkende Gedanken zu verringern, doch hat sie nicht die Kraft, eine tiefe und anhaltende Umwandlung unseres Geistes herbeizuführen. Die Atemmeditation mit der Übung des Nehmens und Gebens zu verbinden, hat die Kraft, unseren Geist von seinem gegenwärtigen elenden und ichbezogenen Zustand in den glückseligen und selbstlosen Geist eines Bodhisattva umzuwandeln. Sie verbessert unsere Konzentration, vertieft unsere Liebe und unser Mitgefühl und wir sammeln eine Menge an Verdiensten an. In dieser Weise verwandeln wir den einfachen Vorgang des Atmens in eine kraftvolle spirituelle Übung. Zuerst üben wir diese Praxis nur in der Meditation, doch mit zunehmender Vertrautheit können wir sie zu jeder Zeit machen. Durch tiefe Vertrautheit mit dieser Übung wird sich unser Geist schließlich in das Mitgefühl eines Buddha umwandeln.

Über Nehmen und Geben zu meditieren kann auch sehr wirksam Krankheiten heilen. Indem wir mit einem Geist des Mitgefühls Krankheit und Leiden anderer auf uns nehmen, können wir das negative Karma reinigen, das unsere Krankheit aufrechterhält. Obwohl wir immer ärztlichen Rat suchen sollten, wenn wir krank sind, mag es Zeiten geben, in denen Ärzte uns nicht helfen können. In Tibet gibt es viele Geschichten von Menschen, die sich selbst durch die aufrichtige Meditation über Nehmen und Geben von ansonsten unheilbaren Krankheiten heilten. Einst lebte ein Meditierender namens Kharak Gomchen, der an einer Krankheit litt, die die Ärzte nicht heilen konnten. Da er dachte, dass er sterben würde, verschenkte er all seine Habe als Darbringung an Avalokiteshvara, den Buddha des Mitgefühls, und zog sich auf einen Friedhof zurück, um dort die letzten Wochen seines Lebens sinnvoll zu verbringen und sich der Meditation über Nehmen und Geben zu widmen. Durch die Übung des

Nehmens und Gebens reinigte er jedoch das Karma, das seine Krankheit aufrechterhielt und kehrte zum Erstaunen aller vollständig geheilt zurück. Dies zeigt uns, wie kraftvoll die Übung des Nehmens und Gebens sein kann.

Reinigen wir unser negatives Karma, dann können wir sogar die schwersten Krankheiten leicht heilen. Meine Mutter erzählte mir von einem Mönch, den sie traf und der an Lepra litt. In der Hoffnung, seine Krankheit reinigen zu können, pilgerte er zum Berg Kailash in Westtibet, von dem Buddhisten glauben, er sei das Reine Land Buddha Herukas. Er war sehr arm und deshalb half meine Mutter ihm auf seinem Weg, indem sie ihm Essen und Unterkunft gab. Das war sehr gütig von ihr, da die meisten Menschen Leprakranken aus Furcht vor Ansteckung aus dem Weg gingen. Er blieb sechs Monate lang am Berg Kailash und als seine Reinigungspraxis umrundete er den heiligen Berg mit Verbeugungen. Später, als er in der Nähe eines Sees schlief, träumte er, dass viele Würmer aus seinem Körper heraus ins Wasser krochen. Als er erwachte, fühlte er sich äußerst wohl und fand später heraus, dass er vollständig geheilt war. Auf seinem Heimweg besuchte er meine Mutter und erzählte ihr, was geschehen war.

Wir können darüber nachdenken, dass wir seit anfangsloser Zeit zahllose Leben und zahllose Körper hatten, sie aber alle mit sinnlosen Tätigkeiten vergeudet haben. Jetzt haben wir die Möglichkeit, unserem derzeitigen Körper seinen größtmöglichen Sinn zu verleihen, indem wir ihn dazu benutzen, den Pfad des Mitgefühls und der Weisheit zu gehen. Wie wunderbar wäre es für unsere Welt, wenn viele moderne Praktizierende dem Vorbild der früheren Praktizierenden der Geistesschulung nacheiferten und tatsächliche Bodhisattvas würden!

Der kostbare Geist des Bodhichitta

Das Hauptziel, uns in den Übungen zu schulen, die in den ersten sieben Versen erklärt werden – von der Übung, den Geist zu entwickeln, der andere wertschätzt, bis zur Übung des Nehmens und Gebens – ist, eine besondere Verwirklichung des Bodhichitta zu erzeugen. Bodhichitta wird aus großem Mitgefühl geboren und das wiederum hängt von wertschätzender Liebe ab. Wertschätzende Liebe kann mit einem Feld verglichen werden, Mitgefühl mit den Samen, Nehmen und Geben mit den höchsten Methoden, die Samen wachsen zu lassen, und Bodhichitta mit der Ernte. Die wertschätzende Liebe, die wir durch das Austauschen vom Selbst mit anderen entwickeln, ist tiefgründiger als die, die durch andere Methoden entwickelt wird. Deshalb sind auch das daraus entstehende Mitgefühl und der Bodhichitta tiefgründiger.

«Bodhi» ist das Sanskritwort für «Erleuchtung» und «chitta» ist das Wort für «Geist». «Bodhichitta» bedeutet deshalb wörtlich «Erleuchtungsgeist» und ist als Geist definiert, der durch großes Mitgefühl motiviert spontan nach Erleuchtung strebt, um jedes einzelne Lebewesen direkt vor Leiden zu beschützen. Ohne großes Mitgefühl kann kein Bodhichitta in unserem Geist entstehen. Haben wir jedoch großes Mitgefühl, besonders das große Mitgefühl, das durch das Austauschen vom Selbst mit anderen erzeugt

Khädrubje

wird, dann entsteht Bodhichitta ganz von selbst. Deshalb erklärt Bodhisattva Langri Tangpa in *Acht Verse*, wie großes Mitgefühl entwickelt wird, erwähnt Bodhichitta aber nicht ausdrücklich. Die Stärke unseres Bodhichitta hängt tatsächlich allein von der Stärke unseres großen Mitgefühls ab.

Bodhichitta ist die höchste aller Dharma Verwirklichungen. Dieser zutiefst mitfühlende Geist ist die eigentliche Essenz der Schulung eines Bodhisattva. Indem wir das gute Herz des Bodhichitta entwickeln und bewahren, können wir alle unsere Tugenden vervollkommnen, alle unsere Probleme lösen, alle unsere Wünsche erfüllen und die Kraft entwickeln, anderen in der bestmöglichen und nützlichsten Weise zu helfen. Bodhichitta ist der beste Freund, den wir haben und die höchste Eigenschaft, die wir entwickeln können. Im Allgemeinen betrachten wir jemanden als guten Menschen, der gütig zu seinen Freunden ist, sich um seine Eltern kümmert und freigebig für gute Zwecke spendet. Doch um wieviel lobenswerter ist jemand, der sein oder ihr ganzes Leben der Linderung der Leiden jedes einzelnen fühlenden Wesens gewidmet hat? Atisha hatte viele Lehrer, doch seinen Guru Serlingpa verehrte er mehr als alle anderen. Sobald er Serlingpas Namen hörte, verbeugte er sich. Als seine Schüler Atisha fragten, warum er Serlingpa höher schätze als seine anderen Lehrer, antwortete er: «Ich habe es der Güte Guru Serlingpas zu verdanken, dass ich das gute Herz des Bodhichitta entwickeln konnte.» Durch die Kraft seines Bodhichitta konnte Atisha jeden erfreuen und glücklich machen, dem er begegnete, und was immer er tat, diente dem Wohlergehen anderer.

Wie löst Bodhichitta alle unsere Probleme und erfüllt alle unsere Wünsche? Wie bereits erklärt, existieren Probleme nicht außerhalb des Geistes: Es ist unsere geistige Einstellung, die eine Situation entweder in eine Schwierigkeit oder in eine Möglichkeit verwandelt. Mit Bodhichitta haben negative Geisteszustände wie Anhaftung, Wut und Neid keine Macht über uns. Es stört uns nicht, wenn wir keine gut bezahlte Arbeit, kein schönes Haus oder keine guten Freunde finden können. Stattdessen denken wir: «Mein Hauptwunsch ist es, Erleuchtung zu erlangen. Es spielt keine Rolle, wenn ich mir diese weltlichen Vergnügen nicht leisten kann. Sie sind sowieso nur dazu da sind, mich an Samsara zu binden.» Mit solch einem reinen Geist gibt es keine Grundlage für Selbstmitleid oder Schuldzuweisungen und nichts kann unser Fortschreiten zur Erleuchtung aufhalten. Außerdem werden wir mit dem höchst selbstlosen Geist des Bodhichitta eine riesige Menge an Verdiensten ansammeln, denn alle unsere Handlungen tun wir zum Wohle anderer. Eine solche Ansammlung von Verdiensten erfüllt leicht alle unsere Wünsche, wir entwickeln eine unglaubliche Fähigkeit, anderen zu helfen, und alle unsere Dharma Aktivitäten werden von Erfolg gekrönt sein.

Wir müssen über die Vorteile des Bodhichitta nachdenken, bis wir zutiefst inspiriert sind, diesen seltenen und kostbaren Geist zu entwickeln. In den Büchern *Sinnvoll zu betrachten* und *Freudvoller Weg* werden diese Vorteile ausführlich erläutert. Zusätzlich zu dem starken Wunsch Bodhichitta zu erzeugen, der entsteht, wenn wir über seine unermesslichen Vorteile nachdenken, brauchen wir vier Bedingungen, um eine tiefe Verwirklichung zu erlangen: eine große Ansammlung von Verdiensten, große Weisheit, die Segnungen unseres spirituellen Meisters und ständiges Bemühen in unserer Praxis.

Zurzeit haben wir die außergewöhnliche Gelegenheit, Bodhichitta zu entwickeln, doch wir wissen nicht, wie lange unser Glück anhalten wird. Vergeuden wir diese Gelegenheit, wird sie nicht wiederkommen. Wenn wir eine Gelegenheit vertan hätten, eine Menge Geld zu machen oder eine gute Arbeit oder einen attraktiven Partner zu bekommen, würden wir dies vermutlich sehr bedauern. Doch in Wirklichkeit ist das kein großer Verlust. Diese Dinge sind nicht so schwer zu finden und wenn wir sie gefunden haben, schenken sie uns kein wirkliches Glück. Diese einmalige Gelegenheit, Bodhichitta zu entwickeln, jedoch nicht zu nutzen, ist ein unwiederbringlicher Verlust. Menschen haben die beste Gelegenheit, sich spirituell zu entwickeln, und wir sind als Mensch geboren worden, obwohl wir alle möglichen Arten von Wiedergeburt hätten annehmen können. Heutzutage haben die meisten Menschen kein Interesse an spiritueller Entwicklung und nur wenige derjenigen, die sich dafür interessieren, sind dem Buddhadharma begegnet. Denken wir sorgfältig darüber nach, werden wir erkennen, wie sehr wir vom Glück begünstigt sind, diese kostbare Gelegenheit zu haben, das höchste Glück der Buddhaschaft zu erlangen.

BODHICHITTA ENTWICKELN

Obwohl wir höheres großes Mitgefühl entwickelt haben, den spontanen Wunsch, die Leiden aller Lebewesen auf uns zu nehmen, wissen wir, dass wir trotz unseres starken Wunsches, alle Lebewesen zu beschützen, gegenwärtig nicht die Kraft dazu haben. So wie ein Ertrinkender keinen anderen Ertrinkenden retten kann, ganz gleich wie inbrünstig er oder sie sich das wünschen mag, so können wir andere erst dann befreien, wenn wir uns selbst von Leiden und geistigen Begrenzungen befreit haben. Fragen wir uns, wer tatsächlich die Kraft hat, alle Lebewesen zu beschützen, werden wir verstehen, dass dies nur ein Buddha kann. Nur ein Buddha ist frei von allen Fehlern und Begrenzungen und hat sowohl die allwissende Weisheit als auch das Geschick, jedem einzelnen Lebewesen in Übereinstimmung mit seinen oder ihren persönlichen Bedürfnissen und Neigungen zu helfen. Nur ein Buddha hat das Ufer der Erleuchtung erreicht und ist in der Lage, alle Mutterwesen aus dem grausamen Ozean Samsaras zu befreien.

Erleuchtung ist das innere Licht der Weisheit, das dauerhaft frei ist von jeder fehlerhaften Erscheinung, und dessen Funktion es ist, jedem einzelnen Lebewesen Tag für Tag geistigen Frieden zu schenken. Wenn wir die Erleuchtung eines Buddha erlangen, können wir jedem einzelnen Lebewesen direkt helfen, indem wir Segnungen gewähren und zahllose Emanationen ausstrahlen. Denken wir tief darüber nach, so wird Bodhichitta ganz natürlich in unserem Geist entstehen. Wir überlegen:

> *Ich möchte alle Lebewesen vor Leiden beschützen, doch dazu habe ich in meinem gegenwärtigen, begrenzten Zustand nicht die Kraft. Da nur ein Buddha diese Kraft hat, muss ich so schnell wie möglich ein Buddha werden.*

Wir meditieren immer wieder einsgerichtet über diesen Entschluss, bis wir den spontanen Wunsch entwickeln, Erleuchtung zu erlangen, um jedem einzelnen Lebewesen direkt zu helfen.

Diesen kostbaren Geist des Bodhichitta müssen wir in unserem Herzen haben. Er ist unser innerer spiritueller Meister, der uns direkt zum Zustand des höchsten Glücks der Erleuchtung führt, und er ist das wirkliche wunscherfüllende Juwel, das alle unsere Wünsche und die Wünsche anderer erfüllen kann. Es gibt keine großartigere nützliche Absicht als diese.

Wenn wir eine Tasse Tee trinken möchten, ist es unser Hauptwunsch, Tee zu trinken, und um uns diesen Wunsch zu erfüllen, entsteht ganz natürlich der zweite Wunsch, eine Tasse zu finden. Ebenso ist es der Hauptwunsch derjenigen, die großes Mitgefühl haben, alle Lebewesen vor ihrem Leiden zu beschützen. Doch sie wissen, dass sie, um diesen Wunsch zu erfüllen, zuerst selbst Buddhaschaft erlangen müssen und so entsteht in ihnen ganz natürlich der zweite Wunsch, Erleuchtung zu erlangen. So wie eine Tasse zu finden die Voraussetzung ist, um unser Ziel zu erreichen, Tee zu trinken, so ist Erleuchtung zu erlangen die Voraussetzung, um unser endgültiges Ziel zu vollenden, allen Lebewesen von Nutzen zu sein.

Zuerst ist unser Bodhichitta ein künstlicher, oder geschaffener, Bodhichitta, der nur entsteht, wenn wir uns besonders bemühen, ihn zu erzeugen. Die beste Art und Weise, ihn in spontanen Bodhichitta umzuwandeln, ist, uns durch fortwährende Übung mit ihm vertraut zu machen. Da wir die meiste Zeit außerhalb der Meditation verbringen, ist es unerlässlich, jede Gelegenheit im Alltag zu nutzen, um unsere tugendhaften Geistesarten zu vertiefen. Es muss uns gelingen, dass sich unsere Meditationssitzungen und Meditationspausen gegenseitig unterstützen. In unserer Meditationssitzung erleben wir vielleicht geistigen Frieden und entwickeln viele tugendhafte Absichten, doch vergessen wir all das gleich nach der Meditation, dann können wir weder unsere täglichen Probleme der Wut, Anhaftung und Unwissenheit lösen noch Fortschritte in unserer spirituellen Praxis machen. Wir müssen lernen unsere spirituelle Praxis in unseren Alltag zu integrieren, sodass wir den friedvollen Geisteszustand und die reinen Absichten, die wir in der Meditation entwickelt haben, Tag und Nacht bewahren können.

Im Moment scheint es vielleicht so zu sein, als zögen uns unsere Meditationen und unser Alltag in verschiedene Richtungen. In der Meditation versuchen wir tugendhafte Geistesarten zu entwickeln, doch unsere Konzentration ist sehr schwach, weil wir nicht aufhören können an andere Tätigkeiten zu denken. Deshalb gehen die tugendhaften Gefühle, die wir zustande gebracht haben, in der Hektik des Alltags rasch wieder verloren und wir kehren müde, angespannt und voller ablenkender Gedanken auf unser Meditationskissen zurück. Dieses Problem können wir überwinden, wenn wir all unsere täglichen Handlungen und Erfahrungen in den spirituellen Pfad umwandeln, indem wir besondere Denkweisen entwickeln. Tätigkeiten wie Kochen, Arbeiten, Unterhalten und Entspannen sind nicht von sich aus weltlich; weltlich werden sie nur, wenn sie mit einem weltlichen Geist getan werden. Führen wir genau die gleichen Handlungen mit einer spirituellen Motivation aus, werden sie zu reinen spirituellen Übungen. Unterhalten wir uns zum Beispiel mit unseren Freunden, ist unsere Motivation normalerweise mit Selbstwertschätzung vermischt und wir reden drauflos, ganz gleich ob es anderen nützt oder nicht. Wir können uns aber auch allein aus dem Grund mit anderen unterhalten, um ihnen zu helfen, um sie zu ermutigen positive Geisteszustände zu entwickeln, während wir achtgeben nichts zu sagen, was sie verärgern könnte. Statt darüber nachzudenken, wie wir andere beeindrucken können, sollten wir darüber nachdenken, wie wir ihnen helfen können, indem wir uns daran erinnern, dass sie in Samsara gefangen sind und kein reines Glück erleben. So kann eine Unterhaltung mit unseren Freunden dazu führen, dass wir unsere Liebe, unser Mitgefühl und andere Verwirklichungen vertiefen. Können wir alle unsere täglichen Handlungen auf diese geschickte Weise umwandeln, dann werden wir uns nicht ausgelaugt oder müde fühlen, wenn wir uns zur Meditation hinsetzen, sondern freudvoll und inspiriert sein, und es wird uns leichtfallen, reine Konzentration zu entwickeln.

Die hauptsächliche, oder substanzielle, Ursache, um Bodhichitta zu erzeugen, ist die Entwicklung von großem Mitgefühl. Es ist wie der Samen des Bodhichitta. Um diesen Samen wachsen zu lassen, brauchen wir die beitragenden Bedingungen wie Verdienste ansammeln, Negativität reinigen und die Segnungen der Buddhas und Bodhisattvas erhalten. Bringen wir all diese Ursachen und Bedingungen zusammen, ist es nicht schwer, Bodhichitta zu entwickeln.

BODHICHITTA VERBESSERN

Haben wir erst einmal den aufrichtigen Wunsch, alle Lebewesen aus dem Gefängnis Samsaras zu befreien, dann ist es nicht schwierig, den Wunsch zu entwickeln, zu ihrem Wohl Erleuchtung zu erlangen. Viel schwieriger ist es jedoch, diesen Wunsch aufrechtzuerhalten und zu vertiefen, bis er sich in spontanen Bodhichitta umwandelt. Dies ist so, weil wir normalerweise, sobald wir unsere Meditation beendet haben, von unseren täglichen Angelegenheiten so abgelenkt sind, dass wir die tugendhaften Absichten vergessen, die wir in der Meditation entwickelt haben. Eine Art und Weise, wie wir unsere Erfahrung des Bodhichitta in unserem Alltag bewahren können, ist, die Grundsätze des anstrebenden Bodhichitta einzuhalten. Um diese Grundsätze abzulegen, erzeugen wir zuerst den Geist des Bodhichitta und wiederholen dann in der Gegenwart unseres spirituellen Meister, vor einem Bildnis Buddhas oder vor einer visualisierten Versammlung von Buddhas das folgende Gebet:

O Gurus, Buddhas und Bodhisattvas,
Bitte hört, was ich jetzt sage.
Von jetzt an bis ich ein Buddha werde,
Werde ich, selbst wenn es mein Leben kostet,
Den Geist bewahren, der sich wünscht, vollkommene Erleuchtung zu erlangen,
Um alle Lebewesen von den Gefahren Samsaras und des alleinigen Friedens zu befreien.

Nachdem wir dieses Versprechen abgelegt haben, sollten wir immer achtsam sein, es nicht zu brechen und uns von allen Handlungen zurückhalten, die unseren Bodhichitta degenerieren lassen. Die acht Grundsätze des anstrebenden Bodhichitta, die höchste Methode, um unseren Bodhichitta aufrechtzuerhalten und zu verbessern, sind:

1. Uns sechsmal am Tag an den Nutzen von Bodhichitta erinnern
2. Sechsmal am Tag Bodhichitta erzeugen
3. Kein Lebewesen aufgeben
4. Verdienste und Weisheit ansammeln
5. Unsere Lehrer oder spirituellen Meister nicht betrügen oder täuschen
6. Diejenigen, die in das Mahayana eingetreten sind, nicht kritisieren
7. Andere nicht dazu bringen, ihre tugendhaften Handlungen zu bereuen
8. Nicht ohne besondere, reine Absicht gute Eigenschaften vortäuschen oder unsere Fehler verbergen

Um die ersten beiden Grundsätze einzuhalten, können wir den Tag in sechs Abschnitte von je vier Stunden einteilen, drei am Tag und drei in der Nacht. Zu Beginn eines jeden Zeitabschnitts sollten wir innehalten, uns an unsere Grundsätze erinnern, Zuflucht nehmen und Bodhichitta erzeugen. Fällt es uns schwer, mitten in der Nacht aufzuwachen, dann können wir, statt der vierundzwanzig Stunden, den Tag in sechs Abschnitte einteilen. Schlafen wir zum Beispiel nachts normalerweise sechs Stunden, dann teilen wir unseren Tag in sechs Abschnitte von je drei Stunden ein. Unser geschaffener Bodhichitta gleicht einer Uhr, die man regelmäßig aufziehen muss, damit sie geht. Wenn wir uns an die Vorteile von Bodhichitta erinnern und ihn alle drei oder vier Stunden erzeugen, wird er uns nie ganz aus dem Sinn gehen. Diese Übung ist eine sehr gute Methode, um uns mit Bodhichitta tief vertraut zu machen.

Wir müssen geschickt an unsere Dharma Praxis herangehen. Es wird nahezu unweigerlich Zeiten geben, in denen unsere Meditation nicht gut läuft. Dann kann es sein, dass wir schnell den Mut verlieren und das Gefühl haben, dass wir gar nicht in der Lage sind, Dharma zu üben. Doch Dharma Praxis ist nicht allein Meditation. Es gibt viele Übungen, die wir in unserem Alltag während der Meditationspause tun können und tun sollten. Wissen wir erst einmal, was zu tun ist, dann können wir versuchen, das umzusetzen, was wir verstanden haben. Wann immer wir zum Beispiel ein Lebewesen sehen, das leidet, dann können wir uns daran erinnern, dass es nur eine Möglichkeit gibt, unser Leiden und das der anderen zu beseitigen, nämlich Buddhaschaft zu erlangen, und dass Bodhichitta der einzige Weg zur Buddhaschaft ist. Indem wir uns an die unvorstellbaren Vorteile des Bodhichitta erinnern, sollten wir ihn regelmäßig den ganzen Tag über erzeugen.

Der dritte Grundsatz, kein Lebewesen aufzugeben, bedeutet, dass wir immer glücklich sein sollten, wenn wir einem einzelnen oder einer Gruppe von Menschen helfen können, selbst wenn sie uns geschadet haben. Nachdem wir den Gedanken erzeugt haben: «Möge ich ein Buddha werden zum Wohle aller», und danach diejenigen, die uns geschadet haben oder uns nicht mögen, ausschließen, dann ist diese Denkweise das Gegenteil von Bodhichitta und wird dazu führen, dass unser Bodhichitta degeneriert.

Der vierte Grundsatz gibt uns den Rat, uns zu bemühen, Verdienste und Weisheit anzusammeln. Eine einfache und effektive Art und Weise, unsere Verdienste zu vermehren, ist, den heiligen Wesen Gaben darzubringen. Täglich können wir Wasser darbringen, sogar hundert Schalen am Tag, wenn wir möchten, wobei wir das Wasser als reinen Nektar betrachten. Wir können auch vorgestellte Gaben darbringen, die den ganzen Raum mit schönen Objekten des Vergnügens füllen, die die heiligen Wesen erfreuen. Eine tiefgründige Methode, unsere Verdienste zu vermehren, sind Mandala Darbringungen, bei denen wir geistig alle Welten, Wesen und Vergnügen in Reine Länder, reine Wesen und reine Vergnügen umwandeln und sie den heiligen Wesen darbringen. Es ist außerdem sehr wichtig, täglich Zeit zu finden, um mit einem Geist voller Vertrauen Verbeugungen zu machen. Alle unsere Tätigkeiten dem Erblühen des heiligen Dharma zu widmen ist eine kraftvolle Methode, unsere Verdienste oder unser Glück zu vermehren. Diese und viele andere Methoden, die unsere Verdienste vermehren, werden ausführlich im Buch *Freudvoller Weg* erklärt. Unsere Weisheit verbessern wir hauptsächlich, indem wir Dharma Lehren hören, lesen und darüber nachdenken.

Die ersten vier Grundsätze sind Methoden, die verhindern, dass unser Bodhichitta in diesem Leben degeneriert. Die verbleibenden vier Grundsätze sind Methoden, die verhindern, dass er in zukünftigen Leben degeneriert.

Der fünfte Grundsatz bedeutet, unsere Lehrer oder spirituellen Meister nicht zu betrügen oder täuschen. Unseren spirituellen Meister zu täuschen ist eine solch negative Handlung, durch die wir derart schwere karmische Behinderungen erschaffen, dass wir unseren Bodhichitta nicht in unser nächstes Leben mitnehmen können, selbst wenn wir Bodhichitta in diesem Leben erzeugt haben und versuchen, die ersten vier Grundsätze einzuhalten.

Der sechste Grundsatz bedeutet, dass wir diejenigen nicht kritisieren sollen, die bereits in das Mahayana eingetreten sind. Kritisieren wir aus Abneigung gegen das Mahayana die Mahayana Lehren, Lehrer, Gemeinschaften oder Praktizierenden, so führt dies zu der nichttugendhaften Handlung, Dharma aufzugeben. Dies wird es uns nahezu unmöglich machen, in zukünftigen Leben Mahayana Lehrern zu begegnen, Unterweisungen zu hören oder das Mahayana zu üben.

Der siebte Grundsatz bedeutet, dass wir andere nicht dazu verleiten sollen, ihre tugendhaften Handlungen zu bereuen. Da Bodhisattvas allen Lebewesen Glück wünschen, sind sie hocherfreut, wenn sie Menschen begegnen, die Tugend erschaffen, was die Ursache von zukünftigem Glück ist. Bringen wir jemanden dazu, eine tugendhafte Handlung zu bereuen, indem wir behaupten, dass diese Handlung nicht gut oder sinnlos war, dann steht dies im Gegensatz zur Denkweise eines Bodhisattva und wird dazu führen, dass unser Bodhichitta degeneriert.

Der achte Grundsatz rät uns, Unehrlichkeit und Täuschung zu vermeiden. Wenn wir mit der Motivation, andere zu unserem eigenen Vorteil täuschen zu wollen, vorgeben, gute Eigenschaften, Verwirklichungen oder Wissen zu haben, das wir nicht haben, so handeln wir nicht aus Liebe oder Mitgefühl. Würden wir Lebewesen wirklich lieben, wie könnten wir sie täuschen? Eine Mutter täuscht ihre Kinder nie, weil sie sie liebt. Wenn wir zu anderen nicht ehrlich sind, wird unsere Liebe und unser Mitgefühl schwächer, unser Bodhichitta wird degenerieren und es wird sehr schwierig sein, unsere Erfahrung des Bodhichitta in unser nächstes Leben mitzunehmen. Darüber hinaus zerstören wir das Vertrauen, das andere in uns setzen, wenn wir sie täuschen, und dann ist es sehr schwierig, ihnen einen Rat zu geben oder Dharma zu lehren. Deshalb betrachten Bodhisattvas das Täuschen anderer als eines der Hauptobjekte, die sie aufgeben müssen.

Obwohl wir unsere Fehler nie aus Stolz verheimlichen sollten oder weil wir andere hintergehen möchten, ist es im Allgemeinen nicht sehr geschickt, sie in der Öffentlichkeit zu verkünden. Selbst wenn wir aufrichtig versuchen, unseren Geist zu zähmen und ein tugendhaftes Leben zu führen, so wird uns das wahrscheinlich nicht immer gelingen. Doch wenn wir jedem unsere Fehler offenbaren, ohne einen triftigen Grund dafür zu haben, dann wird das diejenigen entmutigen, die zu uns als ein gutes Vorbild hochschauen. Was dies betrifft, so sollten wir uns an die Sitten und Gebräuche der Gesellschaft halten, in der wir leben. Wir sollten ein bescheidenes und unprätentiöses Verhalten bewahren und keine unnötige Aufmerksamkeit mit öffentlichen Bekenntnissen unserer Fehler auf uns lenken. Weist uns jemand auf einen Fehler hin und macht es Sinn, ihn einzugestehen, dann sollten wir ihn natürlich ehrlich zugeben. Im Allgemeinen aber sollten wir davon absehen, auf unsere Fehler oder Tugenden besonders hinzuweisen. Anstatt unsere Fehler öffentlich zu machen, können wir sie im Stillen vor den Buddhas und Bodhisattvas bekennen.

Indem wir diese acht Grundsätze rein einhalten, verhindern wir, dass unser Wunsch, Erleuchtung zum Wohle anderer zu erlangen, in diesem und zukünftigen Leben degeneriert. Unser geschaffener Bodhichitta wird stetig wachsen und stabiler werden und schließlich wird er sich in spontanen Bodhichitta umwandeln. Mit einem solchen kostbaren Geist werden uns alle unsere Handlungen der Erleuchtung näher bringen.

Um unseren Bodhichitta Wunsch zu erfüllen, müssen wir die Bodhisattva Gelübde ablegen und die Lebensweise eines Bodhisattva führen, das heißt hauptsächlich die sechs Vollkommenheiten üben. Die sechs Vollkommenheiten – die Vollkommenheit des Gebens, der moralischen Disziplin, der Geduld, des Bemühens, der Konzentration und der Weisheit – werden «Vollkommenheiten» genannt, weil sie durch Bodhichitta motiviert sind. Der Bodhichitta, der mit der Praxis der sechs Vollkommenheiten verbunden ist, ist die Hauptstraße, auf der wir reisen müssen, um Erleuchtung zu erlangen.

Wann immer wir die Anleitungen in *Acht Verse* umsetzen, üben wir auch Geben, moralische Disziplin, Geduld und die anderen Vollkommenheiten. Wann immer wir wertschätzende Liebe üben, geben wir anderen Liebe. Wann immer wir versuchen unsere Selbstwertschätzung, andere Verblendungen und Nichttugend aufzugeben, üben wir moralische Disziplin. Wann immer wir die Niederlage annehmen und anderen den Sieg anbieten, üben wir Geduld.

Wann immer wir danach streben, in unseren Meditationen, Kontemplationen und so weiter voranzukommen, üben wir Bemühen. Wann immer wir einsgerichtete Meditation betonen, üben wir Konzentration. Und wann immer wir über Leerheit nachdenken und meditieren, üben wir Weisheit. Wenn eine dieser Übungen durch Bodhichitta motiviert ist, wird sie zu einer «Vollkommenheit». Weitere Erklärungen, wie wir die Bodhisattva Gelübde ablegen und die sechs Vollkommenheiten üben, finden sich in den Büchern *Moderner Buddhismus*, *Das Bodhisattva Gelübde* und *Sinnvoll zu betrachten*.

Alle Übungen der sechs Vollkommenheiten, einschließlich der tantrischen Übungen der Erzeugungsstufe und Vollendungsstufe, sind in Wirklichkeit Teil der Bodhichitta Praxis, da sie alle Methoden sind, um die Wünsche des Bodhichitta zu erfüllen. Bodhichitta gleicht dem Körper des Bodhisattvapfades und die anderen Verwirklichungen des Bodhisattva gleichen seinen Gliedern. Erleuchtung zu erlangen hängt davon ab, dass wir die Praxis des Bodhichitta verbessern und vollenden. Dies wird in den *Sutras der Vollkommenheit der Weisheit* beschrieben, in denen Buddha die zweiundzwanzig Arten des Bodhichitta erläutert:

Die zweiundzwanzig Arten des Bodhichitta sind:

1. Erdgleicher Bodhichitta
2. Goldgleicher Bodhichitta
3. Neumondgleicher Bodhichitta
4. Feuergleicher Bodhichitta
5. Schatzgleicher Bodhichitta
6. Juwelenminengleicher Bodhichitta
7. Ozeangleicher Bodhichitta
8. Vajragleicher Bodhichitta

9. Berggleicher Bodhichitta
10. Heilmittelgleicher Bodhichitta
11. Spiritueller-Meister-gleicher Bodhichitta
12. Wunschgewährendes-Juwel-gleicher Bodhichitta
13. Sonnengleicher Bodhichitta
14. Gesang-des-Dharma-gleicher Bodhichitta
15. Königsgleicher Bodhichitta
16. Schatzkammergleicher Bodhichitta
17. Weggleicher Bodhichitta
18. Fahrzeuggleicher Bodhichitta
19. Quellengleicher Bodhichitta
20. Melodischer-Klang-gleicher Bodhichitta
21. Flussgleicher Bodhichitta
22. Wolkengleicher Bodhichitta

1. ERDGLEICHER BODHICHITTA

Der erste Bodhichitta, den wir entwickeln, ist einfach das Bestreben, ein Buddha zum Wohle aller fühlenden Wesen zu werden. Dieser anstrebende Bodhichitta wird «erdgleicher Bodhichitta» genannt, denn so wie die Erde die Grundlage für das Wachstum aller Pflanzen, Bäume, Ernten und so weiter ist, ist dieser Bodhichitta die Grundlage aller nachfolgenden Mahayana Verwirklichungen. Er gleicht einem Spross, der aus dem Samen des großen Mitgefühls entstanden ist. Wir müssen diesen Spross wertschätzen und nähren und in ihm ein kostbares Dharma Juwel erkennen, denn er ist zart und kann leicht eingehen, wenn wir ihn vernachlässigen.

2. GOLDGLEICHER BODHICHITTA

Nachdem der Bodhisattva erdgleichen Bodhichitta erzeugt hat, festigt er seinen oder ihren Bodhichitta, indem er die Bodhisattva Gelübde ablegt und die Lebensweise eines

Bodhisattva ausübt. Dieser ausübende Bodhichitta wird «goldgleicher Bodhichitta» genannt, denn so wie Gold nie matt wird, wird sein oder ihr Bodhichitta von nun an nie degenerieren. Der anstrebende Bodhichitta gleicht dem Entschluss, zu einem bestimmten Ort zu reisen, während der ausübende Bodhichitta dem tatsächlichen Reiseantritt gleicht.

3. NEUMONDGLEICHER BODHICHITTA

Nachdem der Bodhisattva goldgleichen Bodhichitta erzeugt hat, betont er nun die Praxis der sechs Vollkommenheiten und insbesondere die Vollkommenheit der Konzentration. Dadurch erlangt er oder sie die Konzentration des Dharma Kontinuums, eine Verwirklichung, die ihn befähigt, sich an jede Dharma Anleitung zu erinnern, die er jemals erhalten hat, und Buddhas direkt zu sehen. Der Bodhichitta, der mit der Konzentration des Dharma Kontinuums verbunden ist, wird «neumondgleicher Bodhichitta» genannt, denn so wie der Neumond in jeder Nacht zunimmt, bis er voll geworden ist, so nimmt dieser Bodhichitta in jedem Moment, der vergeht, zu.

4. FEUERGLEICHER BODHICHITTA

Nachdem der Bodhisattva neumondgleichen Bodhichitta erzeugt hat, betont er nun die Praxis der Vollkommenheit der Weisheit und erlangt dadurch die Weisheit des Leerheit beobachtenden höheren Sehens. Der Bodhichitta, der mit dieser Weisheit verbunden ist, wird «feuergleicher Bodhichitta» genannt, denn er verbrennt das manifeste Festhalten am Selbst sowie die Verblendungen und nichttugendhaften Handlungen, die zu einer niederen Wiedergeburt führen. Eine Erklärung der Weisheit des Leerheit beobachtenden höheren Sehens findet sich in den Büchern *Moderner Buddhismus*, *Das neue Herz der Weisheit* und *Freudvoller Weg*.

5. SCHATZGLEICHER BODHICHITTA

Wenn der Bodhisattva Leerheit direkt verwirklicht, erlangt er oder sie die erste der zehn Bodhisattva Ebenen und eine überragende Verwirklichung der Vollkommenheit des Gebens. Der Bodhichitta, der mit dieser Vollkommenheit des Gebens verbunden ist, wird «schatzgleicher Bodhichitta» genannt, denn er erfüllt die Wünsche vieler Lebewesen.

6. JUWELENMINENGLEICHER BODHICHITTA

Durch fortwährende Schulung in der Praxis der Vollkommenheit der Weisheit erlangt der Bodhisattva die zweite Bodhisattva Ebene und die überragende Verwirklichung der Vollkommenheit der moralischen Disziplin. Der Bodhichitta, der mit dieser Vollkommenheit der moralischen Disziplin verbunden ist, wird «juwelenminengleicher Bodhichitta» genannt, denn er ist die Quelle juwelengleicher tugendhafter Eigenschaften für viele Lebewesen.

7. OZEANGLEICHER BODHICHITTA

Der Bodhichitta eines Bodhisattva auf der dritten Ebene wird durch eine überragende Verwirklichung der Vollkommenheit der Geduld getragen. Mit solch einer Geduld kann der Geist eines Bodhisattva durch nichts mehr gestört werden, sei es gut oder schlecht, und deshalb heißt es, dass sein Bodhichitta den Tiefen des Ozeans gleicht, die die ganze Zeit ungestört bleiben.

8. VAJRAGLEICHER BODHICHITTA

Der Bodhichitta eines Bodhisattva auf der vierten Ebene wird durch eine überragende Verwirklichung der Vollkommenheit des Bemühens getragen. Mit solch einem Bemühen können die Verwirklichungen des Bodhisattva unter keinen Umständen mehr zerstört werden und deshalb wird dieser Bodhichitta «vajragleicher Bodhichitta» genannt, denn er ist unzerstörbar.

9. BERGGLEICHER BODHICHITTA

Der Bodhichitta eines Bodhisattva auf der fünften Ebene wird durch eine überragende Verwirklichung der Vollkommenheit der Konzentration getragen. Diese Konzentration ist so stabil wie ein Berg und deshalb wird dieser Bodhichitta «berggleicher Bodhichitta» genannt.

10. HEILMITTELGLEICHER BODHICHITTA

Der Bodhichitta eines Bodhisattva auf der sechsten Ebene wird durch eine überragende Verwirklichung der Vollkommenheit der Weisheit getragen. Da dieser Bodhichitta besonders kraftvoll ist und die Krankheit der Verblendungen heilen kann, wird er «heilmittelgleicher Bodhichitta» genannt.

11. SPIRITUELLER-MEISTER-GLEICHER BODHICHITTA

Der Bodhichitta eines Bodhisattva auf der siebten Ebene wird durch eine überragende Verwirklichung der Vollkommenheit der geschickten Mittel getragen. Da dieser Bodhichitta den Bodhisattva dazu befähigt, Lebewesen sehr erfolgreich auf den spirituellen Pfade zu führen, wird er mit einem spirituellen Meister verglichen.

12. WUNSCHGEWÄHRENDES-JUWEL-GLEICHER BODHICHITTA

Der Bodhichitta eines Bodhisattva auf der achten Ebene wird durch eine überragende Verwirklichung der Vollkommenheit des Gebets getragen. Auf dieser Stufe werden die Gebete des Bodhisattva mit Sicherheit erfüllt und er kann allein durch die Kraft seiner Gebete Lebewesen in umfassender Weise helfen. Deshalb gleicht sein oder ihr Bodhichitta einem wunschgewährenden Juwel, das die Wünsche zahlloser Lebewesen erfüllen kann.

13. SONNENGLEICHER BODHICHITTA

Der Bodhichitta eines Bodhisattva auf der neunten Ebene wird durch eine überragende Verwirklichung der Vollkommenheit der Kraft getragen. Diese Vollkommenheit ist eine Mahayana Verwirklichung, die alle ungünstigen Bedingungen überwinden kann. Auf dieser Ebene kann nichts die tugendhaften Handlungen eines Bodhisattva behindern. So wie die Sonne die Kraft hat, viele Ernten heranreifen zu lassen, so hat der sonnengleiche Bodhichitta die Kraft, das Geisteskontinuum vieler fühlender Wesen zur Reife zu bringen.

14. GESANG-DES-DHARMA-GLEICHER BODHICHITTA

Der Bodhichitta eines Bodhisattva auf der zehnten Ebene wird durch eine überragende Verwirklichung der Vollkommenheit der erhabenen Weisheit getragen. Während die sechste Vollkommenheit hauptsächlich endgültige Wahrheit beobachtet, beobachtet die zehnte Vollkommenheit hauptsächlich konventionelle Wahrheit. Da diese Vollkommenheit dem Bodhisattva die immense Fähigkeit verleiht, anderen zu helfen, indem er den melodischen Klang des Dharma verkündet, wird der Bodhichitta des Bodhisattva auf der zehnten Ebene «Gesang-des-Dharma-gleicher Bodhichitta» genannt.

15. KÖNIGSGLEICHER BODHICHITTA
16. SCHATZGLEICHER BODHICHITTA
17. WEGGLEICHER BODHICHITTA
18. FAHRZEUGGLEICHER BODHICHITTA
19. QUELLENGLEICHER BODHICHITTA
20. MELODISCHER-KLANG-GLEICHER BODHICHITTA
21. FLUSSGLEICHER BODHICHITTA

Diese sieben Arten des Bodhichitta sollten nicht als unabhängig vom Bodhichitta des Bodhisattva auf der zehnten Ebene betrachtet werden. Der Bodhichitta auf der zehnten Ebene ist wie der Körper und diese sieben Bodhichittas sind wie die Glieder.

Das erste Glied wird «königsgleicher Bodhichitta» genannt, denn es ist der höchste Pfad eines Bodhisattva. Das zweite Glied wird «schatzkammergleicher Bodhichitta» genannt, denn es ist die höchste Ansammlung von Verdiensten und Weisheit, die die Kraft hat, zahllosen Lebewesen großen Reichtum an Tugend zu schenken. Das dritte wird «weggleicher Bodhichitta» genannt, denn es hat große Kraft, zahllose Lebewesen auf dem Weg zur Buddhaschaft zu führen. Der fahrzeuggleiche Bodhichitta ist das höchste Fahrzeug, das den Bodhisattva direkt zu den Buddha Ebenen trägt. Der quellengleiche Bodhichitta befähigt den Bodhisattva Unterweisungen zu geben, ohne dass es ihm jemals an Worten fehlt, so wie eine Quelle, die nie versiegt. Mit dem melodischer-Klang-gleichen Bodhichitta hilft der Bodhisattva tatsächlich zahllosen Lebewesen, indem er den melodischen Klang des Dharma verkündet. Der flussgleiche Bodhichitta gleicht einem Fluss, der ins Meer fließt, denn auf der nächsten Stufe wird der Bodhichitta des Bodhisattva der zehnten Ebene in den Ozean des Mitgefühls eines Buddha strömen.

22. WOLKENGLEICHER BODHICHITTA

Wenn ein Bodhisattva auf der zehnten Ebene diese sieben Stufen des Bodhichitta durchlaufen und vollendet hat, wird er oder sie ein Buddha. Zur gleichen Zeit wandelt sich sein oder ihr Bodhichitta in das Mitgefühl eines Buddha um, das die eigentliche Kraft hat, allen Lebewesen ohne Ausnahme zu helfen. So wie Regen aus den Wolken herabfällt und das Getreide auf der ganzen Welt bewässert, so fällt der Regen des heiligen Dharma aus den Wolken von Buddhas Mitgefühl auf zahllose vom Glück begünstige Wesen herab und lässt die Pflanzen der Tugend und des Friedens in ihrem Geist heranwachsen. Deshalb wird Buddhas Mitgefühl «wolkengleicher Bodhichitta» genannt.

Es gibt eine Debatte darüber, ob ein Buddha tatsächlichen Bodhichitta hat oder nicht. Einige Gelehrte behaupten, dass ein Buddha keinen Bodhichitta hat, da Bodhichitta der Wunsch ist, Erleuchtung zu erlangen und Buddhas bereits Erleuchtung erlangt haben. Für diese Gelehrten bezieht sich der wolkengleiche Bodhichitta auf den Bodhisattva auf der zehnten Ebene. Andere Gelehrte wiederum sagen, dass Buddhas Mitgefühl sowohl Mitgefühl als auch Bodhichitta ist, sowohl Mitgefühl als auch Weisheit und sowohl konventioneller Bodhichitta als auch endgültiger Bodhichitta. Dies sind die außergewöhnlichen Eigenschaften eines Buddha.

Je Phabongkhapa

Schulung in endgültigem Bodhichitta

Mögen ich und alle Lebewesen außerdem durch all
diese Übungen
Zusammen mit einem Geist, der unbefleckt ist von den
Verunreinigungen der Vorstellungen der acht Extreme
Und der alle Phänomene als Illusion erkennt,
Von der Fessel fehlerhafter Erscheinung und Vorstellung
befreit sein.

Die Hauptübungen der Geistesschulung sind die zwei Bodhichittas: konventioneller Bodhichitta und endgültiger Bodhichitta. Die ersten sieben Verse lehren, wie man konventionellen Bodhichitta entwickelt, und der achte und letzte Vers enthüllt, wie man endgültigen Bodhichitta entwickelt.

Wie im vorigen Kapitel erklärt ist konventioneller Bodhichitta der Wunsch, Erleuchtung zum Wohl aller Lebewesen zu erlangen. Endgültiger Bodhichitta ist eine Weisheit, die endgültige Wahrheit, oder Leerheit, direkt verwirklicht und die durch konventionellen Bodhichitta motiviert ist. Wenn wir über Leerheit meditieren, um endgültigen Bodhichitta zu entwickeln oder zu verbessern, schulen wir uns in endgültigem Bodhichitta. Er wird «endgültiger Bodhichitta» genannt, weil sein Objekt endgültige Wahrheit, Leerheit, ist und weil er einer der Hauptpfade zur Erleuchtung ist.

Der bisher erklärte Bodhichitta ist konventioneller Bodhichitta, dessen Natur Mitgefühl ist, wohingegen endgültiger Bodhichitta die Natur von Weisheit ist. Diese zwei

Bodhichittas sind wie die zwei Flügel eines Vogels, mit denen wir zur erleuchteten Welt fliegen können.

Verstehen wir die Bedeutung der Leerheit nicht, dann fehlt uns die Grundlage für die Schulung in endgültigem Bodhichitta, denn Leerheit ist das Objekt des endgültigen Bodhichitta. Was ist der Unterschied zwischen Leere und Leerheit? Im Buddhismus hat Leerheit große Bedeutung. Sie ist die wirkliche Natur der Dinge und ein sehr tiefgründiges und bedeutsames Objekt. Verwirklichen wir Leerheit direkt, so werden wir dauerhafte Befreiung von allen Leiden dieses Lebens und zahlloser zukünftiger Leben erlangen. Es gibt nichts, was sinnvoller ist. Deshalb ist Leerheit ein sehr bedeutsames Objekt, doch eine Leere ist bloß eine Leere und hat keine besondere Bedeutung. Es gibt eine Leere von inhärenter Existenz, doch es gibt keine Leerheit von inhärenter Existenz, da inhärente Existenz selbst nicht existiert.

Je Tsongkhapa sagte:

> Das Wissen über Leerheit ist jedem anderen Wissen
> überlegen.
> Der Lehrer, der Leerheit fehlerfrei lehrt, ist jedem
> anderen Lehrer überlegen.
> Und die Verwirklichung der Leerheit ist die eigentliche Essenz des Buddhadharma.

Leerheit ist ein schwieriges Thema und deshalb müssen wir die folgende Erklärung sorgfältig lesen und tief darüber nachdenken. Die erste Zeile des achten Verses weist darauf hin, dass wir alle Übungen, die in den vorherigen sieben Versen erklärt wurden, in Verbindung mit einem Verständnis von Leerheit praktizierten sollten, der wahren Natur aller Phänomene. Die zweite Zeile beschreibt die Übung des endgültigen Bodhichitta in der

Meditationssitzung. Die dritte Zeile beschreibt die Übung des endgültigen Bodhichitta in der Meditationspause. Die vierte Zeile erklärt das Ziel der Meditation über endgültigen Bodhichitta.

Die erste Zeile «Mögen (...) außerdem durch alle diese Übungen» weist auch darauf hin, dass endgültiger Bodhichitta keine isolierte Verwirklichung ist, sondern von all den Verwirklichungen abhängt, die in den ersten sieben Versen erklärt wurden. Eine Verwirklichung der Leerheit ist nur dann endgültiger Bodhichitta, wenn sie durch konventionellen Bodhichitta motiviert ist. Und konventionellen Bodhichitta entwickeln wir nur, wenn wir Wertschätzung für andere, großes Mitgefühl und so weiter verwirklichen. Außerdem hinterlassen unser Studium und unsere Meditation über Leerheit nur dann einen tiefen Eindruck in unserem Geist, wenn wir zumindest durch Entsagung motiviert sind, den Wunsch, Befreiung aus Samsara durch Aufgabe unserer Verblendungen zu erlangen. Ist unser Interesse nur philosophischer Natur, so können wir bestenfalls auf ein oberflächliches, intellektuelles Verständnis von Leerheit hoffen. Eine tiefe und befreiende Erfahrung werden wir nie erlangen.

WAS IST LEERHEIT?

Leerheit ist die Art und Weise, wie die Dinge wirklich sind. Es ist die Art und Weise, wie Dinge existieren, im Gegensatz zu der Art und Weise, wie sie erscheinen. Wir glauben ganz natürlich, dass die Dinge, die wir um uns herum sehen, wie Tische, Stühle und Häuser, wahrhaft existieren, denn wir glauben, dass sie genauso existieren, wie sie erscheinen. Doch die Art und Weise, wie sie unseren Sinnen erscheinen, ist trügerisch und völlig widersprüchlich zu der Art und

Weise, wie sie tatsächlich existieren. Die Dinge scheinen von ihrer eigenen Seite zu existieren, unabhängig von unserem Geist. Dieses Buch zum Beispiel, das unserem Geist erscheint, scheint seine eigene unabhängige, objektive Existenz zu haben. Es scheint «außerhalb» zu sein, während unser Geist «innerhalb» zu sein scheint. Wir haben das Gefühl, dass das Buch ohne unseren Geist existieren kann. Wir glauben nicht, dass unser Geist in irgendeiner Weise an der Existenz des Buches beteiligt ist. Diese von unserem Geist unabhängige Art der Existenz wird unterschiedlich als «wahre Existenz», «inhärente Existenz», «von seiner eigenen Seite existierend» oder auch als «Existenz vonseiten des Objekts» bezeichnet.

Obwohl die Dinge unseren Sinnen direkt als wahrhaft, oder inhärent, existent erscheinen, fehlt allen Phänomenen in Wirklichkeit wahre Existenz, sie sind leer davon. Dieses Buch, unser Körper, unsere Freunde, wir selbst und das gesamte Universum sind in Wirklichkeit nur Erscheinungen des Geistes, ähnlich den Dingen, die wir in einem Traum sehen. Träumen wir von einem Elefanten, so erscheint uns der Elefant deutlich in allen Einzelheiten. Wir können ihn sehen, hören, riechen und berühren. Doch wenn wir aufwachen, wird uns klar, dass er nur eine Erscheinung des Geistes war. Wir fragen uns nicht: «Wo ist der Elefant jetzt?», denn wir wissen, dass er lediglich eine Projektion unseres Geistes war und nicht außerhalb unseres Geistes existierte. Als das Traumgewahrsein, das den Elefanten erfasste, aufhörte, ging der Elefant nicht irgendwo hin. Er verschwand einfach, denn er war lediglich eine Erscheinung des Geistes und existierte nicht getrennt vom Geist. Buddha sagt, dass das Gleiche für alle Phänomene gilt. Sie sind bloße Erscheinungen des Geistes, vollkommen abhängig von dem Geist, der sie wahrnimmt.

Die Welt, die wir erleben, wenn wir wach sind, und die Welt, die wir erleben, wenn wir träumen, sind beide bloße Erscheinungen des Geistes, die aus unseren fehlerhaften Vorstellungen entstehen. Wenn wir sagen, dass die Traumwelt unwahr ist, dann müssen wir auch sagen, dass die Wachwelt unwahr ist. Und wenn wir sagen, dass die Wachwelt wahr ist, dann müssen wir auch sagen, dass die Traumwelt wahr ist. Der einzige Unterschied ist, dass die Traumwelt eine Erscheinung unseres subtilen Traumbewusstseins ist, während die Wachwelt eine Erscheinung unseres groben Wachbewusstseins ist. Die Traumwelt existiert nur so lange, wie das Traumgewahrsein anhält, dem sie erscheint. Und die Wachwelt hält nur so lange an, wie das Wachgewahrsein anhält, dem sie erscheint. Buddha sagte: «Ihr solltet wissen, dass alle Phänomene wie Träume sind.» Wenn wir sterben, lösen sich unser grobes Wachbewusstsein in unseren sehr subtilen Geist auf und die Welt, die wir zu Lebzeiten erfahren haben, verschwindet ganz einfach. Die Welt, wie sie von anderen wahrgenommen wird, besteht weiterhin, doch unsere persönliche Welt wird völlig und unwiederbringlich verschwinden, genauso wie die Welt, von der wir letzte Nacht geträumt haben.

Buddha sagte auch, dass alle Phänomene wie Illusionen sind. Es gibt viele verschiedene Arten von Illusionen wie Luftspiegelungen, Regenbögen oder Halluzinationen, die durch Drogen hervorgerufen werden. In alten Zeiten gab es Magier, die ihre Zuschauer verzaubern konnten, sodass sie Objekte wie etwa ein Stück Holz als etwas anderes wahrnahmen, zum Beispiel als einen Tiger. Diejenigen, die durch den Zauberspruch getäuscht wurden, sahen etwas, das ein echter Tiger zu sein schien, und bekamen Angst. Diejenigen aber, die erst nach der Verzauberung kamen, sahen einfach nur ein

Stück Holz. Allen Illusionen ist gemeinsam, dass die Art, wie sie erscheinen, nicht mit ihrer tatsächlichen Existenz übereinstimmt. Buddha verglich alle Phänomene mit Illusionen, denn durch die Kraft der Prägungen der Unwissenheit des Festhaltens am Selbst, die wir seit anfangsloser Zeit angesammelt haben, scheint alles, was unserem Geist erscheint, ganz natürlich wahrhaft zu existieren und wir stimmen dieser Erscheinung instinktiv zu. In Wirklichkeit jedoch ist alles vollkommen leer von wahrer Existenz. Dinge erscheinen uns auf täuschende Weise wie eine Luftspiegelung, die wie Wasser aussieht, aber nicht wirklich Wasser ist. Da wir ihre wahre Natur nicht verstehen, werden wir von Erscheinungen zum Narren gehalten und halten an Büchern und Tischen, Körpern und Welten als wahrhaft existent fest. Als Folge dieses Festhaltens an Phänomenen entwickeln wir Selbstwertschätzung, Anhaftung, Hass, Neid und andere Verblendungen. Unser Geist wird unruhig und unausgeglichen und unser geistiger Frieden wird zerstört. Wir sind wie Reisende in der Wüste, die ihre Kräfte erschöpfen, indem sie Luftspiegelungen nachjagen, oder wie jemand, der nachts eine Straße entlanggeht und die Schatten der Bäume für Verbrecher oder wilde Tiere hält, die ihn angreifen wollen.

DIE LEERHEIT UNSERES KÖRPERS

Um zu erkennen, in welcher Weise Phänomene leer von wahrer, oder inhärenter, Existenz sind, sollten wir unseren eigenen Körper betrachten. Haben wir einmal verstanden, wie unserem Körper wahre Existenz fehlt, können wir die gleiche Begründung leicht auf andere Objekte übertragen.

In *Leitfaden für die Lebensweise eines Bodhisattva* sagt Bodhisattva Shantideva:

Deshalb gibt es keinen Körper,
Aus Unwissenheit aber nehmen wir einen Körper in
den Händen und so weiter wahr,
Wie ein Geist, der irrtümlich eine Person erfasst,
Wenn er die Gestalt eines Steinhaufens in der
Dämmerung sieht.

Auf einer Ebene kennen wir unseren Körper sehr genau. Wir wissen, ob er gesund oder krank ist, schön oder hässlich und so weiter. Nie aber untersuchen wir ihn gründlicher und fragen uns: «Was genau ist mein Körper? Wo ist mein Körper? Was ist seine wahre Natur?» Würden wir unseren Körper in dieser Weise untersuchen, könnten wir ihn nicht finden. Statt ihn zu finden, würde er als Ergebnis unserer Untersuchung verschwinden. Die erste Zeile von Shantidevas Vers «Deshalb gibt es keinen Körper» bedeutet, dass es keinen Körper gibt, wenn wir nach unserem «wirklichen» Körper suchen. Unser Körper existiert nur, wenn wir nicht nach einem wirklichen Körper hinter der bloßen Erscheinung suchen.

Es gibt zwei Arten, nach einem Objekt zu suchen. Ein Beispiel für die erste Art, die wir «konventionelle Suche» nennen können, ist, dass wir auf einem Parkplatz unser Auto suchen. Als Ergebnis dieser Suche finden wir das Auto, d.h. wir sehen das Ding, von dem jeder sagen würde, dass es unser Auto ist. Nehmen wir an, dass wir unser Auto auf dem Parkplatz gefunden haben, nun aber nicht mit der bloßen Erscheinung des Autos zufrieden sind, sondern genau festlegen wollen, was das Auto wirklich ist. Wir könnten dann eine Suche beginnen, die wir die «endgültige Suche» nach dem Auto nennen können, wobei wir innerhalb des Objekts nach etwas suchen, was das Objekt selbst ist. Wir fragen uns deshalb: «Sind irgendwelche Einzelteile des Autos das

Auto? Sind die Räder das Auto? Ist der Motor das Auto? Ist das Fahrgestell das Auto?» und so weiter. Führen wir eine endgültige Suche nach unserem Auto durch, geben wir uns nicht damit zufrieden, auf die Motorhaube, die Räder und so weiter zu zeigen und «Auto» zu sagen. Wir wollen wissen, was das Auto wirklich ist. Anstatt nur das Wort «Auto» zu benutzen, wie wir es für gewöhnlich tun, wollen wir wissen, worauf sich das Wort wirklich bezieht. Wir möchten das Auto geistig von allem trennen, was nicht das Auto ist, damit wir sagen können: «Das ist es, was das Auto wirklich ist.» Wir wollen ein Auto finden. In Wirklichkeit aber gibt es kein Auto, wir können nichts finden. In *Zusammengefasstes Sutra der Vollkommenheit der Weisheit* sagt Buddha: «Wenn ihr mit Weisheit nach eurem Körper sucht, könnt ihr ihn nicht finden.» Dies gilt auch für unser Auto, unser Haus und alle anderen Phänomene.

In *Leitfaden für die Lebensweise eines Bodhisattva* sagt Shantideva:

> Wenn man es in dieser Weise untersucht:
> Wer lebt und wer ist es, der sterben wird?
> Was ist die Zukunft und was ist die Vergangenheit?
> Wer sind unsere Freunde und wer sind unsere
> Verwandten?
>
> Ich beschwöre dich, der du genauso bist wie ich:
> Bitte erkenne, dass alle Dinge leer wie Raum sind.

Die essenzielle Bedeutung dieser Worte ist, dass es, sofern wir mit Weisheit nach den Dingen suchen, keine Person gibt, die lebt oder stirbt, dass es keine Vergangenheit oder Zukunft gibt, dass es keine Gegenwart gibt, einschließlich unserer Freunde und Verwandten. Wir sollten wissen, dass alle Phänomene leer wie Raum sind, das heißt, wir sollten wissen, dass alle Phänomene nichts anderes als Leerheit sind.

Um Shantidevas Behauptung zu verstehen, dass es in Wirklichkeit keinen Körper gibt, müssen wir eine endgültige Suche nach unserem Körper durchführen. Sind wir gewöhnliche Wesen, so scheinen alle Dinge einschließlich unseres Körpers inhärent zu existieren. Wie oben erwähnt scheinen die Dinge unabhängig von unserem Geist und unabhängig von anderen Phänomenen zu sein. Das Universum scheint aus eigenständigen Objekten zu bestehen, die von ihrer Seite existieren. Diese Dinge scheinen aus sich selbst heraus als Sterne, Planeten, Berge, Menschen und so weiter zu existieren und darauf zu «warten», von Wesen mit Bewusstsein erfahren zu werden. Normalerweise kommen wir nicht auf die Idee, dass wir in irgendeiner Weise an der Existenz dieser Phänomene beteiligt sind. Wir haben zum Beispiel das Gefühl, dass unser Körper von seiner eigenen Seite existiert und dass er nicht von unserem eigenen Geist oder dem eines anderen abhängt, um zu existieren. Würde unser Körper jedoch tatsächlich so existieren, wie wir instinktiv an ihm festhalten – als äußeres Objekt und nicht als Projektion des Geistes –, dann müssten wir auf unseren Körper zeigen können, ohne auf irgendein Phänomen zu deuten, das nicht unser Körper ist. Wir sollten imstande sein, ihn innerhalb seiner Teile oder außerhalb seiner Teile zu finden. Da es keine dritte Möglichkeit gibt, müssen wir, wenn unser Körper weder innerhalb seiner Teile noch außerhalb von ihnen gefunden werden kann, zum Schluss gelangen, dass unser Körper, den wir normalerweise sehen, nicht existiert.

Es ist nicht schwer zu verstehen, dass die einzelnen Teile unseres Körpers nicht unser Körper sind. Es ist absurd zu sagen, dass unser Rücken, unsere Beine oder unser Kopf unser Körper sind. Wäre einer der Teile wie unser Rücken unser Körper, dann wären die anderen Teile ebenfalls unser Körper. Infolgedessen hätten wir viele Körper. Außerdem können unser Rücken, unsere Beine und so weiter nicht unser Körper sein, denn sie sind Teile unseres Körpers. Der Körper ist der Besitzer der Teile und der Rücken, die Beine und so weiter sind der Besitz, und Besitzer und Besitz können nicht ein und dasselbe sein.

Manche Menschen glauben, dass zwar keiner der Einzelteile des Körpers der Körper ist, dass aber die Ansammlung aller Körperteile zusammengenommen der Körper ist. Ihrer Sicht zufolge ist es möglich, unseren Körper zu finden, wenn wir analytisch nach ihm suchen, da die Ansammlung aller Körperteile unser Körper ist. Diese Behauptung kann jedoch mit vielen gültigen Gründen widerlegt werden. Die Kraft dieser Gründe ist vielleicht nicht sofort offenkundig, aber wenn wir mit einem ruhigen und positiven Geist sorgfältig über sie nachdenken, werden wir ihre Gültigkeit mit der Zeit anerkennen.

Da keiner der einzelnen Teile unseres Körpers unser Körper ist, wie kann die Ansammlung aller Teile unser Körper sein? Eine Ansammlung von Hunden kann zum Beispiel kein Mensch sein, da keiner der einzelnen Hunde ein Mensch ist. Da jedes einzelne Mitglied der Ansammlung ein «Nichtmensch» ist, wie kann sich diese Ansammlung von Nichtmenschen auf magische Weise in einen Menschen verwandeln? Und weil auch die Ansammlung der Teile unseres Körpers eine Ansammlung von Dingen ist, die nicht unser Körper sind, kann die Ansammlung nicht unser Körper sein. Genauso wie eine Ansammlung von Hunden einfach nur Hunde sind, bleibt die Ansammlung aller Körperteile einfach nur Teile unseres Körpers. Sie verwandelt sich nicht auf magische Weise in den Besitzer der Teile, unseren Körper.

Vielleicht fällt es uns schwer, diesen Punkt zu verstehen, denken wir jedoch mit einem ruhigen und positiven Geist lange über ihn nach und diskutieren ihn mit erfahrenen Praktizierenden, wird er mit der Zeit klarer. Außerdem können wir authentische Bücher zu diesem Thema lesen wie *Das neue Herz der Weisheit* und *Ozean von Nektar*.

Es gibt noch eine andere Art und Weise zu erkennen, dass die Ansammlung der Teile unseres Körpers nicht unser Körper ist. Können wir auf die Ansammlung der Teile unseres Körpers zeigen und sagen, dass diese Ansammlung an sich unser Körper ist, dann muss die Ansammlung der Teile unseres Körpers unabhängig von allen Phänomenen existieren, die nicht unser Körper sind. Daraus würde folgen, dass die Ansammlung der Teile unseres Körpers unabhängig von den Teilen selbst existiert. Das ist natürlich absurd, denn wäre das wahr, dann könnten wir alle Teile unseres Körpers entfernen und die Ansammlung der Teile bliebe zurück. Daraus können wir schließen, dass die Ansammlung der Teile unseres Körpers nicht unser Körper ist.

Da der Körper nicht innerhalb seiner Teile gefunden werden kann, weder als Einzelteil noch als ihre Ansammlung, bleibt nur noch die Möglichkeit, dass er getrennt von seinen Bestandteilen existiert. Ist dies der Fall, dann müsste es möglich sein, alle Teile unseres Körpers in der Vorstellung oder tatsächlich zu entfernen und der Körper bliebe übrig. Nehmen wir aber Arme und Beine, unseren Kopf und unseren Rumpf und alle anderen Teile unseres Körpers weg, ist kein Körper mehr da. Das beweist, dass es keinen Körper unabhängig von seinen Einzelteilen gibt. Aus Unwissenheit zeigen wir, wann immer wir auf unseren Körper deuten, nur auf einen Teil unseres Körpers, der nicht unser Körper ist.

Wir haben nun an allen denkbaren Orten gesucht und konnten unseren Körper nicht finden, weder innerhalb seiner Teile noch anderswo. Wir können nichts finden, was mit dem lebhaft erscheinenden Körper übereinstimmt, an dem wir normalerweise festhalten. Wir müssen nun Shantideva zustimmen, der sagt, dass kein Körper gefunden werden kann, wenn wir nach ihm suchen. Dies ist der eindeutige Beweis, dass unser Körper, den wir normalerweise sehen, nicht existiert. Es ist fast so, als würde unser Körper überhaupt nicht existieren. Tatsächlich können wir nur sagen, dass unser Körper existiert, wenn wir mit dem bloßen Namen «Körper» zufrieden sind und nicht erwarten, einen echten Körper hinter dem Namen zu finden. Versuchen wir einen echten Körper zu finden, oder auf etwas zu deuten, auf das sich der Name «Körper» bezieht, werden wir ganz und gar nichts finden. Statt einen wahrhaft existenten Körper zu entdecken, werden wir die bloße Abwesenheit unseres Körpers, den wir normalerweise sehen, wahrnehmen. Diese bloße Abwesenheit unseres Körpers, den wir normalerweise sehen, ist die Art und Weise, wie unser Körper tatsächlich existiert. Wir erkennen, dass der Körper, den wir normalerweise wahrnehmen, an dem wir festhalten und den wir wertschätzen, überhaupt nicht existiert. Diese Nichtexistenz des Körpers, an dem wir normalerweise festhalten, ist die Leerheit unseres Körpers, die wahre Natur unseres Körpers.

Der Begriff «wahre Natur» ist sehr bedeutsam. Nicht zufrieden mit der bloßen Erscheinung unseres Körpers und dem Namen «Körper», haben wir unseren Körper untersucht, um seine wahre Natur zu entdecken. Das Ergebnis dieser Untersuchung war ein endgültiges Nichtfinden unseres Körpers. Dort, wo wir erwarteten einen wahrhaft existenten Körper zu finden, entdeckten wir die völlige Nichtexistenz dieses wahrhaft existenten Körpers. Diese Nichtexistenz, oder Leerheit, ist die wahre Natur unseres Körpers. Abgesehen von der bloßen Abwesenheit eines wahrhaft existenten Körpers gibt es keine andere wahre Natur unseres Körpers. Jede andere Eigenschaft unseres Körpers ist bloß Teil seiner trügerischen Natur. Wenn das so ist, warum verbringen wir so viel Zeit damit, uns auf die trügerische Natur unseres Körpers zu konzentrieren? Gegenwärtig nehmen wir die wahre Natur unseres Körpers und anderer Phänomene nicht zur Kenntnis und richten unsere Aufmerksamkeit ausschließlich auf ihre trügerische Natur. Sich ständig mit trügerischen Objekten zu beschäftigen führt aber dazu, dass unser Geist unruhig wird und wir weiter im elenden Leben Samsaras verharren. Möchten wir reines Glück erleben, müssen wir unseren Geist mit der Wahrheit vertraut machen. Statt unsere Energie zu vergeuden, indem wir uns mit sinnlosen, trügerischen Objekte beschäftigen, sollten wir uns auf die wahre Natur der Dinge konzentrieren.

Obwohl es unmöglich ist, unseren Körper zu finden, wenn wir eine analytische Suche durchführen, erscheint er uns ohne Untersuchung doch sehr deutlich. Weshalb ist das so? Shantideva sagt, dass wir aufgrund von Unwissenheit unseren Körper in den Händen und den anderen Teilen unseres Körpers sehen. In Wirklichkeit existiert unser Körper nicht innerhalb seiner Teile. So wie wir in der Abenddämmerung einen Steinhaufen mit einem Mann verwechseln können, obwohl es innerhalb der Steine keinen Mann gibt, so sieht unser unwissender Geist in der Ansammlung von Armen, Beinen und so weiter einen Körper, obwohl dort kein Körper existiert. Der Körper, den wir in der Ansammlung der Arme und Beine sehen, ist lediglich eine Halluzination unseres unwissenden Geistes. Da wir dies aber nicht erkennen, halten wir sehr stark an ihm fest, wertschätzen ihn und erschöpfen unsere Kräfte bei dem Versuch, ihn vor allen Unannehmlichkeiten zu schützen.

Der Weg, unseren Geist mit der wahren Natur des Körpers vertraut zu machen, besteht darin, die oben erwähnte Begründung anzuwenden, um nach unserem Körper zu suchen. Und nachdem wir ihn an allen denkbaren Orten gesucht und nicht gefunden haben, konzentrieren wir uns auf die raumähnliche Leerheit, die die bloße Abwesenheit des Körpers ist, den wir normalerweise sehen. Diese raumähnliche Leerheit ist die wahre Natur unseres Körpers. Obwohl sie leerem Raum ähnelt, ist es eine bedeutsame Leerheit. Ihre Bedeutung ist die völlige Nichtexistenz des Körpers, den wir normalerweise sehen, des Körpers, an dem wir so stark festhalten und den wir unser ganzes Leben lang wertgeschätzt haben.

Dadurch, dass wir mit der Erfahrung der raumähnlichen, endgültigen Natur des Körpers vertraut werden, wird sich das Festhalten an unserem Körper verringern. Infolgedessen werden wir viel weniger Leiden, Angst und Enttäuschung in Bezug auf unseren Körper erleben. Unsere körperliche Anspannung wird abnehmen, unsere Gesundheit wird sich verbessern und selbst wenn wir krank sind, werden unsere körperlichen Beschwerden unseren Geist nicht stören. Menschen, die eine direkte Erfahrung der Leerheit haben, spüren keinerlei Schmerz, selbst wenn man sie schlägt oder auf sie schießt. Da sie wissen, dass die wirkliche Natur ihres Körpers wie Raum ist, ist es so, als ob Raum geschlagen oder beschossen würde, wenn sie geschlagen oder angeschossen werden. Außerdem haben gute und schlechte äußere Bedingungen keine Kraft mehr ihren Geist zu stören, denn sie erkennen, dass sie wie die Illusion eines Magiers sind und nicht vom Geist getrennt existieren. Statt sich von verändernden Bedingungen wie eine Marionette hin- und herreißen zu lassen, bleibt ihr Geist frei und ruhig im Wissen um die Gleichheit und Unveränderlichkeit der endgültigen Natur aller Dinge. So erfährt jemand, der Leerheit, die wahre Natur der Phänomene, direkt verwirklicht, Tag und Nacht, Leben für Leben, Frieden und Glück.

Wir müssen zwischen dem konventionell existenten Körper, der tatsächlich existiert, und dem inhärent existenten Körper, der nicht existiert, unterscheiden. Wir müssen aber darauf achten, uns nicht von den Worten verleiten zu lassen und zu denken, dass hinter dem konventionell existenten Körper mehr steckt als eine bloße Erscheinung des Geistes. Vielleicht ist es weniger verwirrend zu sagen, dass es für einen Geist keinen Körper gibt, der die Wahrheit, oder Leerheit, direkt sieht. Ein Körper existiert nur für einen gewöhnlichen Geist, dem ein Körper erscheint.

Shantideva rät uns, konventionelle Wahrheiten wie unseren Körper, Besitz, Orte und Freunde nicht zu untersuchen, es sei denn, wir möchten Leerheit verstehen. Stattdessen sollten wir uns mit ihren bloßen Namen zufriedengeben, so wie es weltliche Menschen tun. Wenn jemand den Namen und Zweck eines Objekts kennt, begnügt er sich normalerweise damit, das Objekt zu kennen und führt keine weiteren Untersuchungen durch. Wir müssen das genauso machen, es sei denn, wir möchten über Leerheit meditieren. Wir sollten aber daran denken, dass wir die Objekte bei einer genaueren Untersuchung nicht finden können, da sie einfach verschwinden, so wie eine Luftspiegelung verschwindet, wenn wir nach ihr suchen.

Die gleiche Begründung, mit der wir das Fehlen der wahren Existenz unseres Körpers beweisen, kann auf alle anderen Phänomene übertragen werden. Dieses Buch scheint zum Beispiel von seiner eigenen Seite zu existieren, irgendwo innerhalb seiner Teile. Untersuchen wir es jedoch genauer, so entdecken wir, dass weder die einzelnen Seiten noch die Ansammlung der Seiten das Buch sind, und doch gibt es ohne Seiten kein Buch. Statt ein wahrhaft existentes Buch zu finden, bleibt uns nur übrig, eine Leerheit zu betrachten, die die Nichtexistenz des Buches ist, an dessen Existenz wir zuvor glaubten. Aufgrund unserer Unwissenheit scheint das Buch unabhängig von unserem Geist zu existieren, so als ob unser Geist innen und das Buch außen wäre. Untersuchen wir jedoch das Buch, entdecken wir, dass diese Erscheinung völlig falsch ist. Es gibt kein Buch außerhalb des Geistes. Es gibt kein Buch «da draußen», innerhalb der Seiten. Das Buch existiert einzig und allein als bloße Erscheinung des Geistes, als seine bloße Projektion.

Alle Phänomene existieren durch Konvention. Nichts existiert inhärent. Dies gilt für den Geist, für Buddha und sogar für die Leerheit selbst. Alles wird bloß durch den Geist zugeschrieben. Alle Phänomene haben Teile. Physische Phänomene haben physische Teile und nichtphysische Phänomene haben verschiedene Teile, oder Eigenschaften, die gedanklich unterschieden werden können. Indem wir die gleiche Begründung verwenden wie vorher, können wir erkennen, dass jedes Phänomen weder eins seiner Teile ist, noch die Ansammlung seiner Teile, noch getrennt von seinen Teilen. In dieser Weise können wir die Leerheit aller Phänomene erkennen, die bloße Abwesenheit aller Phänomene, die wir normalerweise sehen oder wahrnehmen.

Es ist besonders hilfreich, über die Leerheit der Objekte zu meditieren, die starke Verblendungen wie Anhaftung oder Wut in uns hervorrufen. Untersuchen wir es richtig, dann erkennen wir, dass das Objekt, das wir begehren oder auch ablehnen, nicht aus sich selbst heraus existiert. Seine Schönheit oder Hässlichkeit und sogar seine Existenz werden durch den Geist zugeschrieben. Stellen wir derartige Überlegungen an, werden wir feststellen, dass es keine Grundlage für Anhaftung oder Wut gibt.

DIE LEERHEIT UNSERES GEISTES

Nachdem Geshe Chekhawa in *Geistesschulung in sieben Punkten* kurz darstellt, wie wir uns in einer analytischen Meditation über die Leerheit von inhärenter Existenz äußerer Phänomene wie unseres Körpers üben, fährt er fort und sagt, dass wir anschließend unseren eigenen Geist untersuchen sollten, um zu verstehen, wie ihm inhärente Existenz fehlt.

Unser Geist ist keine unabhängige Wesenheit, sondern ein sich ständig veränderndes Kontinuum, das von vielen Faktoren abhängt wie seinen vergangenen Momenten, seinen Objekten und den inneren Energiewinden, die unsere Geistesarten tragen. Unser Geist wird, wie alles andere auch, einer Ansammlung vieler Faktoren zugeschrieben und deshalb fehlt ihm inhärente Existenz. Ein primärer Geist, oder Bewusstsein, hat zum Beispiel fünf Teile oder «geistige Faktoren»: Gefühl, Unterscheidung, Absicht, Kontakt und Aufmerksamkeit. Weder die einzelnen geistigen Faktoren noch die Ansammlung dieser geistigen Faktoren sind der primäre Geist, da sie geistige Faktoren und somit Teile des primären Geistes sind. Es gibt jedoch keinen primären Geist, der von diesen geistigen Faktoren getrennt ist. Ein primärer Geist wird den geistigen Faktoren, die seine Grundlage der Zuschreibung sind, bloß zugeschrieben und existiert deshalb nicht von seiner eigenen Seite.

Nachdem wir die Natur unseres primären Geistes identifiziert haben, eine raumähnliche Leere, die Dinge wahrnimmt oder versteht, suchen wir innerhalb seiner Teile – Gefühl, Unterscheidung, Absicht, Kontakt und Aufmerksamkeit – nach unserem Geist, bis wir schließlich seine Unauffindbarkeit verwirklichen. Diese Unauffindbarkeit ist seine endgültige Natur oder Leerheit. Dann denken wir:

Alle Phänomene, die meinem Geist erscheinen, sind die Natur meines Geistes. Mein Geist ist die Natur von Leerheit.

Auf diese Weise haben wir das Gefühl, dass sich alles in Leerheit auflöst. Wir nehmen nur die Leerheit aller Phänomene wahr und meditieren über diese Leerheit. Diese Art, über Leerheit zu meditieren, ist tiefgründiger als die Meditation über die Leerheit unseres Körpers. Allmählich wird unsere Erfahrung der Leerheit immer deutlicher, bis wir schließlich die makellose Weisheit erlangen, die die Leerheit aller Phänomene direkt verwirklicht.

DIE LEERHEIT UNSERES ICH

Das Objekt, an dem wir am stärksten festhalten, ist unser Selbst oder Ich. Aufgrund der Prägungen der Unwissenheit des Festhaltens am Selbst, die wir seit anfangsloser Zeit angesammelt haben, erscheint unser Ich als inhärent existent, und unser Geist des Festhaltens am Selbst hält in dieser Weise unwillkürlich an ihm fest. Obwohl wir die ganze Zeit an einem inhärent existenten Ich festhalten, selbst im Schlaf, ist nicht leicht zu erkennen, wie es unserem Geist erscheint. Um es klar zu identifizieren, müssen wir anfangs zulassen, dass es sich deutlich manifestiert, indem wir an Situationen denken, in denen wir ein übertriebenes Ich-Gefühl haben, zum Beispiel wenn wir verlegen oder entrüstet sind, Angst haben oder uns schämen. Wir erinnern uns an eine solche

Situation oder stellen sie uns vor und versuchen dann, ohne jeden Kommentar oder weitere Analyse, ein klares geistiges Bild davon zu erhalten, wie uns das Ich in solchen Momenten ganz natürlich erscheint. Auf dieser Stufe müssen wir geduldig sein, denn es kann viele Sitzungen dauern, bis wir ein klares Bild erhalten. Schließlich aber werden wir sehen, dass das Ich vollkommen fest und wirklich zu sein scheint, so als ob es von seiner eigenen Seite existieren würde, unabhängig von Körper oder Geist. Dieses lebhaft erscheinende Ich ist das inhärent existente Ich, das wir so überaus wertschätzen. Es ist das Ich, das wir verteidigen, wenn wir kritisiert werden und auf das wir so stolz sind, wenn wir gelobt werden.

Sobald wir eine Vorstellung davon haben, wie das Ich unter diesen extremen Umständen erscheint, sollten wir versuchen zu erkennen, wie es normalerweise in weniger extremen Situationen erscheint. Wir können zum Beispiel das Ich beobachten, das gerade jetzt dieses Buch liest, und versuchen zu entdecken, wie es unserem Geist erscheint. Schließlich werden wir sehen, dass das Ich, obwohl es in diesem Fall kein übertriebenes Ich-Gefühl gibt, dennoch als inhärent existent erscheint, so als ob es von seiner eigenen Seite existieren würde, unabhängig von Körper oder Geist. Haben wir einmal ein Bild des inhärent existenten Ich, konzentrieren wir uns eine Weile einsgerichtet darauf. Dann gehen wir in der Meditation zur nächsten Stufe, dem Nachdenken über gültige Gründe, um zu beweisen, dass das inhärent existente Ich, an dem wir festhalten, in Wirklichkeit nicht existiert. Das inhärent existente Ich und unser Selbst, das wir normalerweise sehen, sind dasselbe. Wir sollten wissen, dass keins von beiden existiert. Beides sind Objekte, die durch Leerheit verneint werden.

Wenn das Ich so existiert, wie es erscheint, muss es auf eine der vier folgenden Arten existieren: als Körper, als Geist, als Ansammlung von Körper und Geist oder als etwas, das von Körper und Geist getrennt ist. Eine andere Möglichkeit gibt es nicht. Darüber denken wir sorgfältig nach, bis wir zu der Überzeugung gelangen, dass dem so ist. Danach fahren wir fort und untersuchen jede der vier Möglichkeiten:

1. Ist unser Ich unser Körper, macht es keinen Sinn, «mein Körper» zu sagen, da Besitzer und Besitz identisch sind.

   Ist unser Ich unser Körper, gibt es keine zukünftige Wiedergeburt, da das Ich erlischt, wenn der Körper stirbt.

   Sind unser Körper und unser Ich identisch, dann müssten unser Fleisch, unser Blut und unsere Knochen genauso Vertrauen entwickeln, träumen oder mathematische Rätsel lösen können, wie wir das tun.

   Da nichts davon zutrifft, folgt daraus, dass unser Ich nicht unser Körper ist.

2. Ist unser Ich unser Geist, dann ist es sinnlos, «mein Geist» zu sagen, da Besitzer und Besitz identisch sind. Richten wir jedoch unsere Aufmerksamkeit auf unseren Geist, so sagen wir normalerweise «mein Geist». Dies zeigt klar, dass unser Ich nicht unser Geist ist.

   Ist unser Ich unser Geist, dann müssten wir viele Ichs haben, da wir viele verschiedene Arten von Geist haben, wie die sechs Bewusstseinsarten oder begriffliche und nichtbegriffliche Geistesarten. Da dies absurd ist, kann unser Ich nicht unser Geist sein.

3. Da unser Körper nicht unser Ich ist und unser Geist nicht unser Ich ist, kann die Ansammlung unseres Körpers und Geistes nicht unser Ich sein. Die Ansammlung unseres Körpers und Geistes ist eine Ansammlung von Dingen, die nicht unser Ich sind. Wie kann also die Ansammlung selbst unser Ich sein? In einer Herde von Kühen ist zum Beispiel keins der Tiere ein Schaf, deshalb ist die Herde selbst auch nicht Schaf. Genauso sind in der Ansammlung unseres Körpers und Geistes weder unser Körper noch unser Geist das Ich, deshalb ist die Ansammlung selbst nicht unser Ich.

4. Ist unser Ich weder unser Körper noch unser Geist, noch die Ansammlung unseres Körpers und Geistes, bleibt nur die Möglichkeit, dass unser Ich etwas ist, das von unserem Körper und Geist getrennt ist. Ist dies der Fall, dann müssen wir unser Ich erfassen können, ohne dass unser Körper oder unser Geist erscheint. Stellen wir uns aber vor, dass unser Körper und unser Geist vollkommen verschwinden, so bleibt nichts übrig, was wir unser Ich nennen können. Daraus folgt, dass unser Ich nicht von unserem Körper und Geist getrennt ist.

Wir sollten uns vorstellen, dass unser Körper sich allmählich in Luft auflöst. Dann löst sich unser Geist auf. Unsere Gedanken zerstreuen sich im Wind und unsere Gefühle, Wünsche und unser Bewusstsein lösen sich in Nichts auf. Bleibt etwas übrig, das unser Ich ist? Da ist nichts. Es ist offensichtlich, dass unser Ich nicht etwas ist, das von Körper und Geist getrennt ist.

Wir haben nun alle vier Möglichkeiten untersucht und konnten unser Ich oder Selbst nicht finden. Da wir bereits festgestellt haben, dass es keine fünfte Möglichkeit gibt, müssen wir zum Schluss kommen, dass unser Ich, an dem wir normalerweise festhalten und das wir wertschätzen, überhaupt nicht existiert. Wo vorher ein inhärent existentes Ich erschien, erscheint nun eine Abwesenheit dieses Ich. Diese Abwesenheit eines inhärent existenten Ich ist Leerheit, endgültige Wahrheit.

Wir denken in dieser Weise nach, bis unserem Geist ein allgemeines, oder geistiges, Bild der Abwesenheit unseres Selbst, das wir normalerweise sehen, erscheint. Dieses Bild ist unser Objekt der verweilenden Meditation. Wir versuchen uns gänzlich damit vertraut zu machen, indem wir fortwährend so lange wie möglich einsgerichtet über dieses Bild meditieren.

Da wir seit anfangsloser Zeit an unserem inhärent existenten Ich festgehalten und es mehr als alles andere wertgeschätzt haben, kann die Erfahrung, unser Selbst in der Meditation nicht zu finden, anfangs ziemlich erschreckend sein. Manche fürchten sich und denken: «Ich existiere überhaupt nicht mehr.» Andere empfinden große Freude, als ob die Quelle all ihrer Probleme verschwinden würde. Beides sind gute Zeichen und weisen auf eine richtige Meditation hin. Nach einer Weile schwächen sich diese anfänglichen Reaktionen ab und unser Geist wird allmählich ins Gleichgewicht kommen. Nun werden wir in einer ruhigen, geordneten Weise über die Leerheit unseres Selbst meditieren können.

Wir sollten unserem Geist erlauben, sich so lange wie möglich in die raumähnliche Leerheit zu versenken. Wichtig ist, daran zu denken, dass unser Objekt der Meditation Leerheit ist, die bloße Abwesenheit unseres Selbst, das wir normalerweise sehen und nicht ein bloßes Nichts. Hin und wieder sollten wir unsere Meditation mit Wachsamkeit überprüfen.

Ist unser Geist zu einem anderen Objekt abgeschweift oder haben wir die Bedeutung der Leerheit verloren und konzentrieren uns auf ein bloßes Nichts, so kehren wir zu den Kontemplationen zurück, damit die Leerheit unseres Selbst unserem Geist erneut klar erscheint.

Wir fragen uns vielleicht: «Wenn mein Selbst, das ich normalerweise sehe, nicht existiert, wer meditiert dann? Wer steht nach der Meditation auf, spricht zu anderen und antwortet, wenn mein Name gerufen wird?» Obwohl unser Selbst, das wir normalerweise sehen, nicht existiert, bedeutet dies nicht, dass unser Selbst überhaupt nicht existiert. Wir existieren als bloße Zuschreibung. Solange wir mit der bloßen Zuschreibung unseres «Selbst» zufrieden sind, haben wir kein Problem. Wir können denken: «Ich existiere. Ich gehe in die Stadt» und so weiter. Das Problem entsteht erst dann, wenn wir nach unserem Selbst suchen, das etwas anderes ist als die bloße begriffliche Zuschreibung «Ich» oder «Selbst». Unser Geist hält an einem endgültig existenten Ich fest, unabhängig von begrifflicher Zuschreibung, als ob es hinter dem Etikett ein «wirklich» existentes Ich gäbe. Würde ein solches Ich existieren, müssten wir es finden können. Doch wir haben erkannt, dass unser Ich durch eine Untersuchung nicht gefunden werden kann. Das Ergebnis unserer Suche war ein eindeutiges Nichtfinden unseres Selbst. Diese Unauffindbarkeit unseres Selbst ist die Leerheit unseres Selbst, die endgültige Natur unseres Selbst. Unser Selbst, das als bloße Zuschreibung existiert, ist das existente Selbst. In gleicher Weise sind Phänomene, die als bloße Zuschreibung existieren, existente Phänomene. Es gibt kein Selbst und andere Phänomene, die anders denn als bloße Zuschreibung existieren. In Wahrheit sind unser Selbst und andere Phänomene, die als bloße Zuschreibung existieren, die endgültige Natur unseres Selbst und anderer Phänomene, nicht die konventionelle Natur. Anfangs ist es schwierig, diese Erklärungen zu verstehen, doch haben Sie bitte Geduld. Wir sollten uns bemühen, die kraftvollen Segnungen des Buddhas der Weisheit Je Tsongkhapa zu erhalten, indem wir aufrichtig *Herzjuwel* praktizieren.

DIE LEERHEIT, DIE LEER VON ACHT EXTREMEN IST

Die zweite Zeile des achten Verses «zusammen mit einem Geist, der unbefleckt ist von den Verunreinigungen der Vorstellungen der acht Extreme» bezieht sich auf die Weisheit des meditativen Gleichgewichts, das Leerheit direkt verwirklicht. Zu Beginn verwirklichen wir Leerheit begrifflich, mithilfe eines allgemeinen Bildes. Während wir kontinuierlich immer wieder über Leerheit meditieren, wird das allgemeine Bild allmählich transparenter, bis es sich vollkommen auflöst und wir Leerheit direkt sehen. Diese direkte Verwirklichung der Leerheit wird unser erstes vollkommen nichtfehlerhaftes Gewahrsein, oder erste «unbefleckte» Geistesart, sein. Bis wir Leerheit direkt verwirklichen, sind alle unsere Geistesarten fehlerhafte Gewahrseinsarten, da ihre Objekte aufgrund der Prägungen der Unwissenheit des Festhaltens am Selbst oder des An-wahr-Festhaltens als inhärent existent erscheinen.

Langri Tangpa nennt diese Prägungen «Verunreinigungen der Vorstellungen der acht Extreme». Die acht Extreme beziehen sich auf die Extreme der acht Phänomene. Diese sind:

1. Das Extrem erzeugter Phänomene
2. Das Extrem des Zerfalls
3. Das Extrem unbeständiger Phänomene
4. Das Extrem beständiger Phänomene

5. Das Extrem des Gehens
6. Das Extrem des Kommens
7. Das Extrem der Einzahl
8. Das Extrem der Vielzahl

Das Extrem erzeugter Phänomene bezieht sich auf inhärent existente erzeugte Phänomene, das Extrem des Zerfalls bezieht sich auf inhärent existenten Zerfall und so weiter.

Im Allgemeinen gibt es zwei Extreme: das Extrem der Existenz und das Extrem der Nichtexistenz. Alles, was existiert, ist frei von diesen beiden Extremen. Dieses Buch zum Beispiel ist frei vom Extrem der Existenz, weil es nicht inhärent existiert und es ist frei vom Extrem der Nichtexistenz, weil es konventionell existiert. Indem wir die zwei Wahrheiten verstehen, werden wir den mittleren Weg verwirklichen, der frei von den zwei Extremen ist.

Die meisten Menschen neigen zum Extrem der Existenz, indem sie denken, wenn etwas existiert, dann muss es inhärent existieren. Damit übertreiben sie die Art und Weise, wie die Dinge existieren, da sie sich nicht mit dem bloßen Namen zufriedengeben. Andere neigen vielleicht zum Extrem der Nichtexistenz und glauben, wenn Phänomene nicht inhärent existieren, dann existieren sie gar nicht und übertreiben so ihr Fehlen inhärenter Existenz. Wir müssen verstehen, dass Phänomene konventionell als bloße Erscheinungen eines gültigen Geistes existieren, obwohl ihnen jede Spur einer Existenz von ihrer Seite fehlt.

Was die zweite Zeile des achten Verses betrifft, so glauben manche, dass sich die acht Phänomene auf die acht weltlichen Belange beziehen. Doch wäre dies die von Langri Tangpa beabsichtigte Bedeutung, so hätte er sie schon vorher im Zusammenhang mit den vorherigen Übungen erklärt. Es gibt keinen Zusammenhang zwischen diesem Thema und der Erklärung der acht weltlichen Belange. An dieser Stelle erklärt Geshe Chekhawa in *Geistesschulung in sieben Punkten*, seinem Kommentar zu *Acht Verse*, eigens die Praxis der Weisheit, das heißt der Weisheit, die das Fehlen der Extreme der acht Phänomene verwirklicht. Auch Je Tsongkhapa ist an dieser Stelle sehr eindeutig. In Übereinstimmung mit Je Tsongkhapas und Geshe Chekhawas Absicht schrieb der große Gelehrte Changkya Ngawang Chögden einen Kommentar zu Langri Tangpas *Acht Verse*, in dem er erklärt, dass sich diese acht Phänomene auf die Extreme der acht Phänomene beziehen. Dieses Weisheitsthema stammt ursprünglich aus den *Sutras der Vollkommenheit der Weisheit* und Nagarjunas *Grundlegende Weisheit*.

Die begrifflichen Geistesarten, die an unserem Ich oder anderen Phänomenen als wahrhaft existent festhalten, sind falsche Gewahrseinsarten und sollten daher aufgegeben werden. Bodhisattva Langri Tangpa aber sagt nicht, dass alle begrifflichen Gedanken falsche Gewahrseinsarten sind und deshalb aufgegeben werden sollten. Es gibt viele richtige begriffliche Geistesarten, die in unserem Alltag nützlich sind, wie der begriffliche Geist, der sich daran erinnert, was wir gestern getan haben oder der begriffliche Geist, der weiß, was wir morgen tun werden. Auch auf dem spirituellen Pfad gibt es viele begriffliche Geistesarten, die gefördert werden müssen. Konventioneller Bodhichitta im Geisteskontinuum eines Bodhisattva ist zum Beispiel ein begrifflicher Geist, weil er sein Objekt, große Erleuchtung, mithilfe eines allgemeinen Bildes erfasst. Außerdem müssen wir Leerheit mithilfe eines anschließenden gültigen Erkenners verwirklichen, der ein begrifflicher Geist ist, ehe wir Leerheit mit einem nichtbegrifflichen Geist direkt verwirklichen können.

Durch Nachdenken über die Gründe, die inhärente Existenz widerlegen, erscheint unserem Geist ein allgemeines Bild der Abwesenheit, oder Leere, inhärenter Existenz. Nur in dieser Weise kann Leerheit von inhärenter Existenz unserem Geist anfangs erscheinen. Dann meditieren wir über dieses Bild mit immer stärkerer Konzentration, bis wir schließlich Leerheit direkt wahrnehmen.

Es gibt Menschen, die sagen, dass wir unseren Geist einfach von allen begrifflichen Gedanken befreien sollten, wenn wir über Leerheit meditieren. Sie argumentieren, dass so, wie weiße Wolken die Sonne genauso verdunkeln wie schwarze Wolken, auch positive begriffliche Gedanken unseren Geist genauso verdunkeln wie negative, begriffliche Gedanken. Diese Sicht ist vollkommen falsch, denn wenn wir uns nicht um ein begriffliches Verständnis der Leerheit bemühen, sondern stattdessen versuchen, alle begrifflichen Gedanken zu unterdrücken, wird unserem Geist die eigentliche Leerheit niemals erscheinen. Wir machen unter Umständen die lebhafte Erfahrung einer raumähnlichen Leere, doch diese ist nur das Fehlen begrifflicher Gedanken – sie ist nicht Leerheit, die wahre Natur der Phänomene. Die Meditation über diese Leere kann unseren Geist vorübergehend beruhigen, doch wird sie weder unsere Verblendungen zerstören noch uns von Samsara und seinen Leiden befreien

Kommen alle notwendigen atmosphärischen Ursachen und Bedingungen zusammen, dann werden Wolken erscheinen. Wenn sie nicht da sind, können sich keine Wolken bilden. Wolken hängen völlig von Ursachen und Bedingungen ab, aus eigener Kraft können Wolken sich nicht entwickeln. Das Gleiche gilt für Berge, Planeten, Körper, den Geist und alle anderen erzeugten Phänomene. Da ihre Existenz von äußeren Faktoren abhängt, sind sie leer von inhärenter, oder unabhängiger, Existenz und bloße Zuschreibungen des Geistes.

Über die Lehren des Karmas nachzudenken – über Handlungen und ihre Auswirkungen – kann uns helfen das zu verstehen. Woher kommen alle unsere guten und schlechten Erfahrungen? Dem Buddhismus zufolge sind sie das Ergebnis des positiven und negativen Karmas, das wir in der Vergangenheit erzeugt haben. Als Folge von positivem Karma treten anziehende und liebenswürdige Menschen in unser Leben, es ergeben sich angenehme materielle Umstände und wir leben in einer schönen Umgebung. Als Folge von negativem Karma hingegen treten unangenehme Menschen und Dinge in Erscheinung. Diese Welt ist die Auswirkung des kollektiven Karmas, das von den Wesen, die sie bewohnen, erschaffen wurde. Da Karma seinen Ursprung im Geist hat, insbesondere in unseren geistigen Absichten, verstehen wir, dass alle Welten aus dem Geist hervorgehen. Dies ähnelt der Entstehung von Erscheinungen in einem Traum. Alles, was wir im Traum wahrnehmen, ist das Ergebnis des Heranreifens karmischer Potenziale in unserem Geist und existiert nicht außerhalb unseres Geistes. Ist unser Geist ruhig und rein, reifen positive Prägungen heran und es entstehen angenehme Traumerscheinungen. Ist unser Geist jedoch erregt und unrein, dann reifen negative Prägungen heran und unangenehme, albtraumhafte Erscheinungen sind die Folge. In ähnlicher Weise sind alle Erscheinungen unserer Wachwelt einfach ein Heranreifen positiver, negativer oder neutraler Prägungen in unserem Geist.

Sobald wir verstehen, wie die Dinge aus ihren inneren und äußeren Ursachen und Bedingungen hervorgehen und keine unabhängige Existenz haben, erinnert uns der bloße Anblick oder das Nachdenken über die Erzeugung von Phänomenen an ihre Leerheit. Statt unser Gefühl der Festigkeit und Objektivität von Dingen zu untermauern, beginnen wir sie als Manifestationen ihrer Leerheit zu betrachten, die ebenso wenig konkret existieren wie ein Regenbogen, der aus einem leeren Himmel erscheint.

Genauso wie die Erzeugung der Dinge von Ursachen und Bedingungen abhängt, so ist es auch mit ihrem Zerfall. Deshalb können weder Erzeugung noch Zerfall wahrhaft existieren. Würde zum Beispiel unser neues Auto zerstört, wären wir unglücklich, da wir sowohl am Auto als auch am Zerfall des Autos als inhärent existent festhalten. Wüssten wir aber, dass unser Auto eine bloße Erscheinung unseres Geistes ist, so wie ein Auto in einem Traum, würde uns seine Zerstörung nicht beunruhigen. Das gilt für alle Objekte unserer Anhaftung: Verwirklichen wir, dass es den Objekten und ihren Beendigungen an wahrer Existenz fehlt, gibt es keinen Grund, uns aufzuregen, wenn wir von ihnen getrennt werden.

Alle funktionierenden Dinge – unsere Umwelt, unsere Vergnügen, unser Körper, unser Geist und unser Selbst – ändern sich jeden Moment. Sie sind insofern unbeständig, als sie keinen zweiten Moment bestehen bleiben. Das Buch, das Sie in diesem Moment lesen, ist nicht dasselbe Buch, das Sie vor einem Moment gelesen haben, und es konnte nur entstehen, weil das Buch des vergangenen Moments aufgehört hat zu existieren. Wenn wir subtile Unbeständigkeit verstehen, dass nämlich unser Körper, unser Geist, unser Selbst und so weiter keinen zweiten Moment verweilen, ist es nicht schwer zu verstehen, dass sie leer von inhärenter Existenz sind.

Obwohl wir vielleicht zustimmen, dass unbeständige Phänomene leer von inhärenter Existenz sind, könnten wir glauben, dass beständige Phänomene inhärent existieren müssen, da sie unveränderlich sind und nicht aus

Ursachen und Bedingungen entstehen. Doch selbst beständige Phänomene wie Leerheit und nichterzeugter Raum, die bloße Abwesenheit physischer Behinderung, sind in abhängiger Beziehung stehende Phänomene, da sie von ihren Teilen abhängen, ihrer Grundlagen der Zuschreibung und den Geistesarten, die sie zuschreiben. Deshalb existieren sie nicht inhärent. Obwohl Leerheit die endgültige Wirklichkeit ist, existiert sie nicht unabhängig oder inhärent, denn selbst sie ist abhängig von ihren Teilen, ihren Grundlagen und den Geistesarten, die sie zuschreiben. Ebenso wie eine Goldmünze nicht getrennt von ihrem Gold existiert, so existiert auch die Leerheit unseres Körpers nicht getrennt von unserem Körper, denn sie ist lediglich das Fehlen der inhärenten Existenz unseres Körpers.

Wann immer wir irgendwohin gehen, denken wir: «Ich gehe», und halten an einer inhärent existenten Handlung des Gehens fest. Kommt uns jemand besuchen, denken wir in ähnlicher Weise: «Er kommt», und halten an einer inhärent existenten Handlung des Kommens fest. Beide Vorstellungen sind ein Festhalten am Selbst und falsche Gewahrseinsarten. Wenn jemand weggeht, haben wir das Gefühl, dass eine wahrhaft existente Person wahrhaftig weggegangen ist. Wenn sie zurückkommt, haben wir das Gefühl, dass eine wahrhaft existente Person wahrhaftig zurückgekehrt ist. Das Kommen und Gehen der Menschen gleicht aber dem Erscheinen und Verschwinden eines Regenbogens am Himmel. Kommen die Ursachen und Bedingungen für die Erscheinung eines Regenbogens zusammen, taucht ein Regenbogen auf. Lösen sich die Ursachen und Bedingungen für das weitere Erscheinen des Regenbogens auf, verschwindet er. Doch der Regenbogen kommt weder von irgendwoher, noch geht er irgendwohin.

Beobachten wir ein Objekt wie unser Ich, sind wir überzeugt, dass es sich um eine einzelne, unteilbare Wesenheit handelt und dass seine Einzahl inhärent existiert. In Wirklichkeit jedoch besteht unser Ich aus vielen Teilen, wie aus den Teilen, die sehen, hören, laufen und denken können oder auch aus Teilen, die zum Beispiel eine Lehrerin, Mutter, Tochter und Ehefrau sind. Unser Ich wird auf die Ansammlung dieser Teile zugeschrieben. Wie jedes andere Einzelphänomen ist es eine Einzahl. Diese Einzahl wird jedoch lediglich zugeschrieben, genauso wie eine Armee, die bloß auf eine Ansammlung von Soldaten zugeschrieben wird oder ein Wald, der auf eine Ansammlung von Bäumen zugeschrieben wird.

Sehen wir mehr als ein Objekt, betrachten wir die Vielzahl dieser Objekte als inhärent existent. Genauso wie die Einzahl bloß zugeschrieben ist, so ist auch die Vielzahl nur eine Zuschreibung des Geistes und existiert nicht vonseiten des Objekts. Statt zum Beispiel eine Ansammlung von Soldaten oder Bäumen aus der Sicht der einzelnen Soldaten oder Bäume zu sehen, können wir sie als Armee oder Wald betrachten, also als einzelne Ansammlung oder als Ganzes, sodass wir dann eine Einzahl statt einer Vielzahl vor uns haben.

Zusammenfassend können wir sagen, dass eine Einzahl nicht von ihrer eigenen Seite existiert, denn sie wird einfach bloß auf eine Vielzahl, ihre Einzelteile, zugeschrieben. In gleicher Weise existiert eine Vielzahl nicht von ihrer eigenen Seite, da sie auf eine Einzahl, die Ansammlung ihrer Teile, zugeschrieben wird. Einzahl und Vielzahl sind deshalb bloße Zuschreibungen eines begrifflichen Geistes und es fehlt ihnen an wahrer Existenz. Wenn uns dies klar ist, gibt es keine Grundlage für die Entwicklung von Anhaftung und Wut in Bezug auf Objekte, weder als Einzahl noch als Vielzahl. Wir neigen dazu, die Fehler und Eigenschaften von wenigen auf viele zu projizieren. So entwickeln wir Hass oder Anhaftung zum Beispiel auf der Grundlage von Rassenzugehörigkeit, Religion oder Nationalität. Über die Leerheit von Einzahl und Vielzahl nachzudenken kann hilfreich sein, Hass oder Anhaftung dieser Art zu verringern.

Obwohl Erzeugung, Zerfall und so weiter existieren, existieren sie nicht inhärent. Es sind unsere begrifflichen Geistesarten der Unwissenheit des Festhaltens am Selbst, die an ihnen als inhärent existent festhalten. Diese Vorstellungen halten an den acht Extremen fest: an inhärent existenter Erzeugung, inhärent existentem Zerfall, inhärent existenter Unbeständigkeit, inhärent existenter Beständigkeit, inhärent existentem Gehen, inhärent existentem Kommen, inhärent existenter Einzahl und inhärent existenter Vielzahl. Obwohl diese Extreme nicht existieren, halten wir aufgrund unserer Unwissenheit fortwährend an ihnen fest. Alle anderen Verblendungen wurzeln in den Vorstellungen dieser acht Extreme und weil Verblendungen dazu führen, dass wir verunreinigte Handlungen begehen, die uns an das Gefängnis Samsaras binden, sind diese Vorstellungen die Wurzel Samsaras, des Kreislaufs unreinen Lebens.

Inhärent existente Erzeugung ist dasselbe wie die Erzeugung, die wir normalerweise sehen, und wir sollten wissen, dass in Wirklichkeit keine der beiden existiert. Das Gleiche gilt für die restlichen sieben Extreme. So sind zum Beispiel inhärent existenter Zerfall und Zerstörung und der Zerfall und die Zerstörung, die wir normalerweise sehen, dasselbe und wir sollten wissen, dass beide nicht existieren. Unsere Geistesarten, die an diesen acht Extremen festhalten, sind unterschiedliche Aspekte unserer Unwissenheit des Festhaltens am Selbst. Da es unsere Unwissenheit des Festhaltens am Selbst ist, die uns endlose Leiden und Probleme beschert, wird all unser Leiden in diesem und zahllosen zukünftigen Leben dauerhaft aufhören und wir werden den wirklichen Sinn des menschlichen Lebens erfüllen, wenn diese Unwissenheit durch Meditation über die Leerheit aller Phänomene dauerhaft endet.

Das Thema der acht Extreme ist tiefgründig und erfordert ausführliche Erläuterungen und ausgedehnte Studien. Buddha beschreibt sie ausführlich in den *Sutras der Vollkommenheit der Weisheit*. In *Grundlegende Weisheit*, einem Kommentar zu den *Sutras der Vollkommenheit der Weisheit*, führt Nagarjuna viele tiefgründige und kraftvolle Begründungen an, um zu beweisen, dass die acht Extreme nicht existieren, indem er aufzeigt, inwiefern alle Phänomene leer von inhärenter Existenz sind. Durch die Untersuchung konventioneller Wahrheiten begründet er ihre endgültige Natur und zeigt, warum es nötig ist, sowohl die konventionelle Natur als auch die endgültige Natur eines Objekts zu verstehen, um das Objekt vollständig zu verstehen.

KONVENTIONELLE UND ENDGÜLTIGE WAHRHEITEN

Alles, was existiert, ist entweder eine konventionelle Wahrheit oder eine endgültige Wahrheit und da sich endgültige Wahrheit nur auf Leerheit bezieht, ist alles außer Leerheit eine konventionelle Wahrheit. Dinge wie Häuser, Autos und Tische sind zum Beispiel konventionelle Wahrheiten.

Alle konventionellen Wahrheiten sind unwahre Objekte, da ihre Art zu erscheinen und ihre Art zu existieren nicht übereinstimmen. Scheint jemand freundlich und gütig zu sein, in Wirklichkeit aber unser Vertrauen gewinnen will, um uns dann zu bestehlen, würden wir sagen, dass er falsch oder trügerisch ist, denn es besteht ein Widerspruch zwischen der Art, wie er erscheint, und seinem wirklichen Wesen. In ähnlicher Weise sind Objekte wie Formen und Klänge unwahr oder trügerisch, denn sie scheinen inhärent zu existieren, sind in Wirklichkeit jedoch vollkommen ohne inhärente Existenz. Da ihre Art zu erscheinen nicht mit der Art übereinstimmt, in der sie existieren, werden konventionelle Wahrheiten «trügerische Phänomene» genannt. Eine Tasse scheint zum Beispiel unabhängig von ihren Teilen, ihren Ursachen und dem Geist, der sie erfasst, zu existieren. In Wirklichkeit jedoch hängt sie vollkommen von diesen Dingen ab. Die Tasse ist ein unwahres Objekt, da die Art, wie sie unserem Geist erscheint, und die Art, wie sie existiert, nicht übereinstimmen.

Obwohl konventionelle Wahrheiten unwahre Objekte sind, existieren sie dennoch, da ein Geist, der eine konventionelle Wahrheit direkt wahrnimmt, ein gültiger Geist ist, ein vollkommen verlässlicher Geist. Ein Augenbewusstsein zum Beispiel, das eine Tasse, die auf dem Tisch steht, direkt wahrnimmt, ist ein gültiger Geist, da er uns nicht täuscht. Greifen wir nach der Tasse, um sie hochzuheben, ist sie dort, wo unser Augenbewusstsein sie sieht. Hier unterscheidet sich ein Augenbewusstsein, das eine Tasse auf dem Tisch wahrnimmt, von dem Augenbewusstsein, das eine von einem Spiegel reflektierte Tasse mit einer echten verwechselt, oder von dem Augenbewusstsein, das eine Luftspiegelung für Wasser hält. Obwohl eine Tasse ein unwahres Objekt ist, ist das Augenbewusstsein, das die Tasse direkt wahrnimmt, aus praktischen Gründen ein gültiger, verlässlicher Geist. Obwohl es ein gültiger Geist ist, ist es dennoch ein fehlerhaftes Gewahrsein, da die Tasse diesem Geist als wahrhaft existent erscheint. Es ist ein gültiger und nichttäuschender Geist hinsichtlich der konventionellen Merkmale der Tasse, ihrem Platz, ihrer Größe, Farbe und so weiter, jedoch fehlerhaft hinsichtlich ihrer Erscheinung.

Zusammenfassend können wir sagen, dass konventionelle Objekte unwahr sind, da sie aus sich selbst heraus zu existieren scheinen, obwohl sie in Wirklichkeit bloße Erscheinungen des Geistes sind, ähnlich den Dingen, die wir in einem Traum sehen. Traumobjekte haben aber im Rahmen des Traums eine relative Gültigkeit und das unterscheidet sie von den Dingen, die überhaupt nicht existieren. Angenommen, wir stehlen im Traum einen Diamanten und anschließend fragt uns jemand, ob wir den Diebstahl begangen haben. Antworten wir mit «Ja», dann sagen wir die Wahrheit, obwohl der Traum lediglich eine Schöpfung unseres Geistes ist. Antworten wir mit «Nein», dann lügen wir. In gleicher Weise können wir hinsichtlich der Erfahrungen gewöhnlicher Wesen zwischen relativen Wahrheiten und relativen Unwahrheiten unterscheiden, obwohl das gesamte Universum in Wirklichkeit nur eine Erscheinung des Geistes ist.

Konventionelle Wahrheiten können in grobe konventionelle Wahrheiten und subtile konventionelle Wahrheiten unterteilt werden. Am Beispiel des Autos können wir verstehen, wie alle Phänomene diese beiden Ebenen konventioneller Wahrheit haben. Das Auto selbst und das Auto, das von seinen Ursachen abhängt, sowie das Auto, das von seinen Teilen abhängt, sind grobe konventionelle Wahrheiten des Autos. Sie werden «grob» genannt, weil sie relativ einfach zu verstehen sind. Das Auto, das von seiner Grundlage der Zuschreibung abhängt, ist ziemlich subtil und nicht einfach zu verstehen, aber trotzdem eine grobe konventionelle Wahrheit. Die Grundlage der Zuschreibung des Autos sind die Teile des Autos. Um das Auto zu erfassen, müssen die Teile des Autos unserem Geist erscheinen. Ohne das Erscheinen der Teile ist es unmöglich, den Gedanken «Auto» zu entwickeln. Deshalb sind die Teile die Grundlage der Zuschreibung des Autos. Wir sagen: «Ich sehe ein Auto», doch genau genommen sehen wir immer nur die Teile des Autos. Entwickeln wir jedoch den Gedanken «Auto», während wir seine Teile wahrnehmen, sehen wir das Auto. Es gibt kein Auto, das etwas anderes ist als seine Teile, es gibt keinen Körper, der etwas anderes ist als seine Teile und so weiter. Das Auto, das als bloße gedankliche Zuschreibung existiert, ist die subtile konventionelle Wahrheit des Autos. Das haben wir verstanden, wenn wir erkennen, dass das Auto nicht mehr als eine bloße Zuschreibung eines gültigen Geistes ist. Wir können subtile konventionelle Wahrheiten nicht verstehen, bis wir Leerheit verstanden haben. Wenn wir subtile konventionelle Wahrheit vollständig verwirklichen, haben wir sowohl die konventionelle als auch die endgültige Wahrheit verwirklicht.

Genau genommen sind Wahrheit, endgültige Wahrheit und Leerheit Synonyme, da konventionelle Wahrheiten keine wirklichen Wahrheiten sind, sondern unwahre Objekte. Wahr sind sie nur für den Geist derjenigen, die Leerheit noch nicht verwirklicht haben. Nur Leerheit ist wahr, da nur Leerheit in der Weise existiert, wie sie erscheint. Nimmt der Geist irgendeines fühlenden Wesens direkt konventionelle Wahrheiten wahr, wie Formen, dann scheinen sie von ihrer eigenen Seite zu existieren. Nimmt jedoch der Geist eines höheren Wesens Leerheit direkt wahr, erscheint nichts anderes als Leerheit. Dieser Geist ist vollkommen vermischt mit der bloßen Abwesenheit inhärent existenter Phänomene. Die Art, wie Leerheit dem Geist eines nichtbegrifflichen

Direktwahrnehmers erscheint, stimmt genau damit überein, wie Leerheit existiert.

Es sollte beachtet werden, dass Leerheit nicht inhärent existiert, obwohl sie endgültige Wahrheit ist. Leerheit ist keine getrennte Wirklichkeit, die hinter konventionellen Erscheinungen existiert, sondern die wirkliche Natur dieser Erscheinungen. Wir können nicht isoliert über Leerheit sprechen, denn Leerheit ist grundsätzlich das bloße Fehlen inhärenter Existenz von etwas. Die Leerheit unseres Körpers zum Beispiel ist das Fehlen inhärenter Existenz unseres Körpers und ohne unseren Körper als Grundlage kann diese Leerheit nicht existieren. Da Leerheit notwendigerweise von einer Grundlage abhängt, fehlt ihr inhärente Existenz.

In *Leitfaden für die Lebensweise eines Bodhisattva* definiert Shantideva endgültige Wahrheit als ein Phänomen, das für den nichtverunreinigten Geist eines höheren Wesens wahr ist. Ein nichtverunreinigter Geist ist ein Geist, der Leerheit direkt verwirklicht. Dieser Geist ist das einzige nichtfehlerhafte Gewahrsein und ausschließlich höhere Wesen besitzen es. Da nichtverunreinigte Geistesarten vollkommen nichtfehlerhaft sind, ist alles, was sie direkt als wahr wahrnehmen, notwendigerweise eine endgültige Wahrheit. Im Gegensatz dazu ist alles, was vom Geist gewöhnlicher Wesens direkt als wahr wahrgenommen wird, notwendigerweise keine endgültige Wahrheit, denn alle Geistesarten gewöhnlicher Wesen sind fehlerhaft und fehlerhafte Geistesarten können die Wahrheit nie direkt wahrnehmen.

Bodhisattva Langri Tangpa beschreibt die Weisheit des meditativen Gleichgewichts, die Leerheit direkt verwirklicht, als unbefleckt von den Prägungen, oder Verunreinigungen, begrifflicher Gedanken, die an den acht Extremen festhalten. Aufgrund dieser Prägungen scheint alles, was den

Geistesarten gewöhnlicher Wesen erscheint, inhärent zu existieren. Nur die Weisheit des meditativen Gleichgewichts, die Leerheit direkt verwirklicht, ist nicht durch die Prägungen oder Makel dieser begrifflichen Gedanken verunreinigt. Dies ist die einzige Weisheit ohne fehlerhafte Erscheinung.

Wenn ein höherer Bodhisattva über Leerheit meditiert, vermischt sich sein oder ihr Geist vollständig mit Leerheit, ohne dass inhärente Existenz erscheint. Er entwickelt eine vollkommen reine, nichtverunreinigte Weisheit, endgültigen Bodhichitta. Sobald er sich jedoch aus dem meditativen Gleichgewicht erhebt, erscheinen seinem Geist aufgrund der Prägungen des An-wahr-Festhaltens konventionelle Phänomene wieder als inhärent existent und seine nichtverunreinigte Weisheit wird dann vorübergehend nichtmanifest. Nur ein Buddha kann nichtverunreinigte Weisheit manifestieren, während er gleichzeitig konventionelle Wahrheiten direkt wahrnimmt. Eine außergewöhnliche Eigenschaft eines Buddha ist, dass ein einziger Moment des Geistes eines Buddha sowohl konventionelle als auch endgültige Wahrheit direkt und gleichzeitig verwirklicht. Endgültiger Bodhichitta hat viele Ebenen. Der endgültige Bodhichitta zum Beispiel, der durch Tantra erlangt wird, ist tiefgründiger als derjenige, der allein durch Sutra entwickelt wird. Der höchste endgültige Bodhichitta ist der Bodhichitta eines Buddha.

Verwirklichen wir durch gültige Begründungen die Leerheit, die die Leere des ersten Extrems ist, des Extrems der Erzeugung, wird es uns leichtfallen, die Leerheit zu verwirklichen, die die Leere der verbleibenden sieben Extreme ist. Haben wir einmal die Leerheit der acht Extreme verwirklicht, haben wir die Leerheit aller Phänomene verwirklicht. Mit dieser Verwirklichung kontemplieren und meditieren wir fortwährend über die Leerheit erzeugter Phänomene und so weiter und während sich unsere Meditationen allmählich vertiefen, haben wir das Gefühl, dass sich alle Phänomene in Leerheit auflösen. Dann können wir die einsgerichtete Konzentration über die Leerheit aller Phänomene aufrechterhalten.

Um über die Leerheit erzeugter Phänomene zu meditieren, können wir denken:

> *Mein Selbst, das durch Ursachen und Bedingungen als Mensch geboren wurde, ist unauffindbar, wenn ich es mit Weisheit innerhalb meines Körpers und meines Geistes oder getrennt von meinem Körper und Geist suche. Dies beweist, dass mein Selbst, das ich normalerweise sehe, überhaupt nicht existiert.*

Haben wir in dieser Weise nachgedacht, haben wir das Gefühl, dass unser Selbst, das wir normalerweise sehen, verschwindet und wir nehmen eine raumähnliche Leerheit wahr, die die bloße Abwesenheit unseres Selbst ist, das wir normalerweise sehen. Wir erleben, wie unser Geist in diese raumähnliche Leerheit eintritt und dort einsgerichtet verweilt. Diese Meditation wird «raumähnliches meditatives Gleichgewicht über Leerheit» genannt.

So wie Adler durch die endlose Weite des Himmels gleiten, ohne auf irgendein Hindernis zu treffen, und dabei fast mühelos ihren Flug halten, so können erfahrene Meditierende, die sich auf Leerheit konzentrieren, für eine lange Zeit fast mühelos über Leerheit meditieren. Ihr Geist gleitet durch die raumähnliche Leerheit, ohne von anderen Phänomenen abgelenkt zu sein. In unserer Meditation über Leerheit sollten wir diesen Meditierenden nacheifern. Sobald wir unser Meditationsobjekt gefunden haben, das bloße Fehlen unseres Selbst, das wir normalerweise sehen, sollten wir von einer weiteren Analyse absehen und unseren Geist einfach in der Erfahrung dieser Leerheit ruhen lassen. Von Zeit zu Zeit sollten wir uns vergewissern, dass wir weder die klare Erscheinung der Leerheit noch die Erkenntnis ihrer Bedeutung verloren haben, doch sollten wir dies nicht allzu eindringlich tun, um unsere Konzentration nicht zu stören. Unsere Meditation sollte nicht wie der Flug eines kleinen Vogels sein, der unaufhörlich flattert und immer seine Richtung ändert, sondern dem Flug eines Adlers gleichen, der sanft durch den Himmel gleitet und nur zuweilen seine Flügel leicht bewegt. Meditieren wir in dieser Weise, so spüren wir, wie sich unser Geist in Leerheit auflöst und eins mit ihr wird.

Gelingt uns dies, dann sind wir während unserer Meditation frei von manifestem Festhalten am Selbst. Verwenden wir jedoch unsere ganze Zeit darauf, unsere Meditation zu überprüfen und zu untersuchen und erlauben unserem Geist nie, sich in den Raum der Leerheit zu entspannen, wird uns diese Erfahrung niemals zuteil und unsere Meditation hilft uns nicht, unser Festhalten am Selbst zu verringern.

Im Allgemeinen müssen wir unser Verständnis der Leerheit durch ein ausgedehntes Studium vertiefen, sie aus unterschiedlichen Perspektiven beleuchten und zahlreiche, unterschiedliche Begründungen anwenden. Es ist außerdem wichtig, durch stetes Nachdenken vollkommen vertraut mit einer vollständigen Meditation über Leerheit zu werden und zu verstehen, wie wir die Begründung anwenden, um zu einer Erfahrung der Leerheit zu gelangen. Dann können wir uns einsgerichtet auf Leerheit konzentrieren und versuchen, unseren Geist mit ihr zu vermischen, so wie Wasser sich mit Wasser mischt.

DIE VEREINIGUNG DER ZWEI WAHRHEITEN

Strenggenommen bezieht sich konventionelle Wahrheit in diesem Zusammenhang der Vereinigung der konventionellen Wahrheit mit der endgültigen Wahrheit nur auf die subtile konventionelle Wahrheit, das heißt, dass die Dinge als bloße Erscheinungen existieren. Diese subtile konventionelle Wahrheit und die endgültige Wahrheit sind in Vereinigung, das heißt, sie sind nichtdual, oder ein Objekt. Deshalb ist subtile konventionelle Wahrheit nicht eigentliche konventionelle Wahrheit, sondern endgültige Wahrheit, ein nichttäuschendes Objekt. Aus Sicht der Wahrheit existieren konventionelle Wahrheiten nicht, sie sind unwahre Objekte, erschaffen durch den unwissenden Geist des Festhaltens am Selbst. Dennoch existieren konventionelle Wahrheiten für gewöhnliche Wesen, die Leerheit nicht verstehen, aber sie existieren nicht für höhere Wesen, die Leerheit direkt verwirklichen. Die Anleitung über die Vereinigung der zwei Wahrheiten, die Vereinigung von Erscheinung und Leerheit, ist Buddhas endgültige Sicht und Absicht. Wenn wir die vierte Ermächtigung des Höchsten Yoga Tantra empfangen, erhalten wir die mündlichen Anleitungen zu dieser Vereinigung. Wenn wir durch fortwährende Schulung in dieser Vereinigung die Vereinigung der beiden Wahrheiten – die Vereinigung von Erscheinung und Leerheit – direkt verwirklichen, dann werden wir ein erleuchteter Buddha, der vollkommen frei ist von subtiler fehlerhafter Erscheinung und die Fähigkeit hat, jedem einzelnen Lebewesen jeden Tag durch zahllose Emanationen zu helfen.

Wenn uns zum Beispiel unser Körper erscheint, dann erscheinen gleichzeitig sowohl der Körper als auch der inhärent existente Körper. Dies ist dualistische Erscheinung, was subtile fehlerhafte Erscheinung ist. Nur Buddhas sind frei von solch fehlerhaften Erscheinungen. Die Vereinigung der zwei Wahrheiten zu verstehen und über sie zu meditieren dient hauptsächlich dem Ziel, dualistische Erscheinungen zu verhindern. Dies bedeutet Erscheinungen von inhärenter Existenz für den Geist, der über Leerheit meditiert, zu verhindern, wodurch es unserem Geist möglich wird, sich in Leerheit aufzulösen. Sobald wir dies können, wird unsere Meditation über Leerheit unsere Verblendungen sehr kraftvoll beseitigen. Wenn wir den inhärent existenten Körper, den Körper, den wir normalerweise sehen, richtig identifizieren und verneinen sowie mit starker Konzentration über die bloße Abwesenheit eines solchen Körpers meditieren, werden wir das Gefühl haben, dass sich unser normaler Körper in Leerheit auflöst. Wir werden verstehen, dass die wirkliche Natur unseres Körpers Leerheit ist und dass unser Körper lediglich eine Manifestation der Leerheit ist.

Leerheit ist wie der Himmel und unser Körper ist wie das Blau des Himmels. So wie Blau eine Manifestation des Himmels selbst ist und nicht von ihm getrennt werden kann, so ist unser «blauähnlicher» Körper lediglich eine Manifestation des Himmels seiner Leerheit und kann nicht von ihm getrennt werden. Verwirklichen wir dies, während wir uns auf die Leerheit unseres Körpers konzentrieren, dann haben wir das Gefühl, dass sich unser Körper in seine endgültige Natur auflöst. Auf diese Weise können wir in unseren Meditationen die konventionelle Erscheinung des Körpers leicht überwinden und unser Geist vermischt sich ganz natürlich mit Leerheit.

Im *Herz Sutra* sagt Bodhisattva Avalokiteshvara: «Form ist nichts anderes als Leerheit.» Das bedeutet, dass konventionelle Phänomene wie unser Körper nicht getrennt von ihrer

Leerheit existieren. Meditieren wir mit diesem Verständnis über die Leerheit unseres Körpers, dann wissen wir, dass die Leerheit, die unserem Geist erscheint, die eigentliche Natur unseres Körpers ist und dass es außer dieser Leerheit keinen Körper gibt. Diese Art der Meditation wird unseren Geist des Festhaltens am Selbst erheblich schwächen. Wären wir wirklich davon überzeugt, dass unser Körper und seine Leerheit von gleicher Natur sind, würde sich unser Festhalten am Selbst definitiv verringern.

Obwohl wir Leerheiten aus der Sicht ihrer Grundlagen der Zuschreibung unterteilen können und von der Leerheit des Körpers, von der Leerheit des Ich und so weiter sprechen, haben in Wahrheit alle Leerheiten die gleiche Natur. Sehen wir zehn Flaschen, können wir zwischen zehn verschiedenen Räumen innerhalb der Flaschen unterscheiden, doch in Wirklichkeit haben diese Räume die gleiche Natur. Zerbrechen wir die Flaschen, sind die Räume nicht mehr zu unterscheiden. Obwohl wir ebenso von der Leerheit des Körpers, des Geistes, des Ich und so weiter sprechen können, haben sie in Wirklichkeit dieselbe Natur und sind ununterscheidbar. Sie können allein durch ihre konventionelle Grundlage unterschieden werden.

Das Verständnis, dass alle Leerheiten von gleicher Natur sind, hat zwei Hauptvorteile: In der Meditationssitzung wird sich unser Geist leichter mit Leerheit vermischen und in der Meditationspause können wir alle Erscheinungen als gleiche Manifestationen ihrer Leerheit betrachten.

Solange wir das Gefühl haben, dass es eine Kluft zwischen unserem Geist und Leerheit gibt, dass unser Geist «hier» ist und Leerheit «dort», wird sich unser Geist nicht mit Leerheit vermischen. Das Wissen, dass alle Leerheiten von gleicher Natur sind, hilft uns diese Kluft zu überwinden. Im gewöhnlichen Leben begegnen wir vielen unterschiedlichen Objekten, guten, schlechten, anziehenden, abstoßenden, und unsere Gefühle ihnen gegenüber sind unterschiedlich. Da wir das Gefühl haben, dass die Unterschiede vonseiten des Objekts entstehen, ist unser Geist nicht im Gleichgewicht. Wir entwickeln Anhaftung an anziehende Objekte, Abneigung gegen abstoßende Objekte und Gleichgültigkeit gegenüber neutralen Objekten. Es ist sehr schwierig, einen derart unausgeglichenen Geist mit Leerheit zu vermischen. Um unseren Geist mit Leerheit zu vermischen, müssen wir wissen, dass Phänomene in ihrer Essenz leer sind, obwohl sie in vielen unterschiedlichen Aspekten erscheinen. Die Unterschiede, die wir sehen, sind lediglich Erscheinungen eines fehlerhaften Geistes. Aus Sicht der endgültigen Wahrheit sind alle Phänomene in Leerheit gleich. Für einen qualifizierten Meditierenden, der einsgerichtet in Leerheit versunken ist, gibt es keinen Unterschied zwischen Erzeugung und Beendigung, Unbeständigkeit und Beständigkeit, Gehen und Kommen, Einzahl und Vielzahl. In der Leerheit ist alles gleich und alle Probleme der Anhaftung, Wut und Unwissenheit des Festhaltens am Selbst sind gelöst. In dieser Erfahrung wird alles sehr friedvoll und angenehm, ausgeglichen und harmonisch, heiter und wundervoll. Es gibt keine Hitze, keine Kälte, kein Höher, kein Tiefer, kein Hier, kein Dort, kein Selbst, keine Anderen, kein Samsara – alles ist gleich im Frieden der Leerheit. Diese Verwirklichung wird «der Yoga des Gleichstellens von Samsara und Nirvana» genannt und sowohl in den Sutras als auch in den Tantras ausführlich erklärt.

Da alle Leerheiten von gleicher Natur sind, hat die endgültige Natur des Geistes, der über Leerheit meditiert, die gleiche Natur wie die endgültige Natur seines Objekts. Wenn wir damit beginnen, über Leerheit zu meditieren, dann scheinen unser Geist und Leerheit zwei getrennte Phänomene zu sein. Sobald wir verstehen, dass alle Leerheiten dieselbe Natur haben, werden wir wissen, dass dieses Gefühl der Trennung lediglich die Erfahrung eines fehlerhaften Geistes ist. In Wirklichkeit sind unser Geist und Leerheit letztendlich «von einem Geschmack». Nehmen wir dieses Wissen mit in unsere Meditationen, so hilft es uns, die Erscheinung der konventionellen Natur unseres Geistes zu verhindern und ermöglicht es unserem Geist, sich in Leerheit aufzulösen.

Haben wir unseren Geist mit Leerheit vermischt, so erleben wir nach der Meditation alle Phänomene gleichermaßen als Manifestationen ihrer Leerheit. Wir glauben nicht länger, dass die anziehenden, abstoßenden und neutralen Dinge, die wir sehen, inhärent unterschiedlich sind, sondern erkennen, dass sie im Grunde dieselbe Natur haben. So wie die sanftesten Wellen des Ozeans ebenso Wasser sind wie die gewaltigsten, so sind anziehende Formen ebenso Manifestationen der Leerheit wie abstoßende. Verwirklichen wir dies, wird unser Geist ausgeglichen und friedvoll. Wir werden erkennen, dass alle konventionellen Erscheinungen das magische Schauspiel des Geistes sind und uns nicht an ihre scheinbaren Unterschiede klammern.

Einst unterwies Milarepa eine Frau in Leerheit. Er verglich Leerheit mit dem Himmel und konventionelle Wahrheiten mit den Wolken und gab ihr den Rat, über den Himmel zu meditieren. Sie folgte seinen Anleitungen mit großem Erfolg, doch sie hatte ein Problem. Wenn sie über den Himmel der Leerheit meditierte, verschwand alles und sie konnte nicht verstehen, wie Phänomene konventionell existieren können. Sie sagte zu Milarepa: «Es fällt mir leicht, über den Himmel zu meditieren, aber es ist schwierig, die Wolken festzulegen.

Bitte lehre mich, wie man über die Wolken meditiert.» Milarepa antwortete: «Wenn deine Meditation über den Himmel erfolgreich ist, sind die Wolken kein Problem mehr. Wolken erscheinen einfach am Himmel. Sie entstehen aus dem Himmel und lösen sich wieder in den Himmel auf. Sobald sich deine Erfahrungen mit dem Himmel verbessern, verstehst du die Wolken wie von selbst.»

Auf Tibetisch wird sowohl der Himmel als auch der Raum mit dem Wort «namkha» bezeichnet, obwohl sich der Raum vom Himmel unterscheidet. Es gibt zwei Arten von Raum, erzeugter Raum und nichterzeugter Raum. Erzeugter Raum ist der sichtbare Raum, den wir innerhalb eines Zimmers oder am Himmel sehen können. Dieser Raum kann nachts dunkel und tagsüber hell sein und da er sich in dieser Weise verändert, ist er ein unbeständiges Phänomen. Das typische Merkmal erzeugten Raums ist, Objekte nicht zu behindern. Gibt es in einem Zimmer Raum, so können wir dort ungehindert Objekte hinstellen. In ähnlicher Weise können Vögel durch den leeren Himmelsraum fliegen, weil es keine Behinderungen gibt, wohingegen sie nicht durch einen Berg fliegen können! Deshalb ist klar, dass erzeugtem Raum behindernder Kontakt fehlt, er leer davon ist. Dieses bloße Fehlen, oder Leere, von behinderndem Kontakt ist nichterzeugter Raum.

Da nichterzeugter Raum die bloße Abwesenheit von behinderndem Kontakt ist, verändert er sich nicht in jedem Moment und deshalb ist er ein beständiges Phänomen. Während erzeugter Raum sichtbar und ziemlich leicht zu verstehen ist, ist nichterzeugter Raum die bloße Abwesenheit von behinderndem Kontakt und um einiges subtiler. Sobald wir jedoch nichterzeugten Raum verstanden haben, fällt es uns leichter, Leerheit zu verstehen.

Der einzige Unterschied zwischen Leerheit und nichterzeugtem Raum ist das Objekt der Verneinung. Das Objekt der Verneinung von nichterzeugtem Raum ist behindernder Kontakt, während das Objekt der Verneinung von Leerheit inhärente Existenz ist. Da nichterzeugter Raum die beste Analogie ist, um Leerheit zu verstehen, findet man sie in den Sutras und in vielen Schriften. Nichterzeugter Raum ist ein nichtbestätigendes negatives Phänomen, ein Phänomen, das von einem Geist verwirklicht wird, der lediglich sein verneintes Objekt beseitigt, ohne ein anderes positives Phänomen zu verwirklichen. Erzeugter Raum ist ein bestätigendes oder positives Phänomen, ein Phänomen, das verwirklicht wird, ohne dass der Geist ein verneintes Objekt ausdrücklich beseitigt. Weitere Einzelheiten über diese zwei Arten von Phänomenen finden sich in den Büchern *Das neue Herz der Weisheit* und *Ozean von Nektar*.

DIE PRAXIS DER LEERHEIT IN UNSEREN TÄGLICHEN HANDLUNGEN

Die dritte Zeile des Verses «Und der alle Phänomene als Illusion erkennt» lehrt, wie wir Leerheit in allen unseren täglichen Handlungen üben. Während unserer täglichen Handlungen sollten wir glauben, dass alle Erscheinungen illusorisch sind. Obwohl Dinge uns als inhärent existent erscheinen, sollten wir uns erinnern, dass diese Erscheinungen trügerisch sind und dass die Dinge, die wir normalerweise sehen, in Wirklichkeit nicht existieren. Im *Sutra des Königs der Konzentration* sagt Buddha:

Ein Magier erschafft verschiedene Dinge
Wie Pferde, Elefanten und so weiter.
Seine Schöpfungen existieren nicht wirklich,
Ihr solltet alle Dinge in gleicher Weise kennen.

Die letzten zwei Zeilen dieses Verses bedeuten, dass so wie wir wissen, dass die durch den Magier erschaffenen Pferde und Elefanten nicht existieren, wir auch wissen sollten, dass alle Dinge, die wir normalerweise sehen, eigentlich nicht existieren. In diesem Kapitel *Schulung in endgültigem Bodhichitta* wurde ausführlich erläutert, wie alle Dinge, die wir normalerweise sehen, nicht existieren.

Wenn ein Magier ein illusorisches Pferd kreiert, so erscheint seinem Geist sehr deutlich ein Pferd, dennoch weiß er, dass es nur eine Illusion ist. Tatsächlich erinnert ihn die Erscheinung des Pferdes daran, dass sich vor ihm kein Pferd befindet. In ähnlicher Weise und vorausgesetzt wir sind mit Leerheit gut vertraut wird uns allein die Tatsache, dass uns Dinge als inhärent existent erscheinen, daran erinnern, dass sie nicht inhärent existieren. Deshalb sollten wir erkennen, dass alles, was uns in unserem täglichen Leben begegnet, einer Illusion gleicht, der inhärente Existenz fehlt. In dieser Weise wird unsere Weisheit Tag für Tag zunehmen und unsere Unwissenheit des Festhaltens am Selbst und andere Verblendungen werden ganz natürlich abnehmen.

Zwischen den Meditationssitzungen sollten wir wie ein Schauspieler sein. Übernimmt ein Schauspieler die Rolle eines Königs, dann kleidet, spricht und benimmt er sich wie ein König und doch weiß er die ganze Zeit, dass er kein wirklicher König ist. Genauso sollten wir in der konventionellen Welt leben und handeln, uns aber immer bewusst sein, dass wir selbst, unsere Umwelt und unsere Mitmenschen, die wir normalerweise sehen, überhaupt nicht existieren.

Denken wir in dieser Weise, dann können wir in der konventionellen Welt leben, ohne an ihr festzuhalten. Wir werden leicht mit ihr umgehen und über die Beweglichkeit des Geistes verfügen, jeder Situation konstruktiv zu begegnen. Da wir wissen, dass alles, was unserem Geist erscheint, bloße Erscheinungen sind, werden wir nicht an anziehenden Objekten festhalten und Anhaftung entwickeln, wenn sie erscheinen, und wenn abstoßende Objekte erscheinen, werden wir auch an ihnen nicht festhalten und Ablehnung oder Wut entwickeln.

In *Geistesschulung in sieben Punkten* sagt Geshe Chekhawa: «Denke, dass alle Phänomene wie Träume sind.» Manches, was wir in unseren Träumen erleben, ist schön und manches ist hässlich, doch es sind alles bloße Erscheinungen unseres träumenden Geistes. Sie existieren nicht aus sich selbst heraus und sind leer von inhärenter Existenz. Das Gleiche gilt für die Objekte, die wir wahrnehmen, wenn wir wach sind, auch sie sind nur Erscheinungen des Geistes, denen inhärente Existenz fehlt.

Allen Phänomenen fehlt inhärente Existenz. Betrachten wir einen Regenbogen, so scheint er einen bestimmten Ort im Raum zu haben. Es scheint, als könnten wir bei genauer Suche die Stelle finden, an der das Ende des Regenbogens die Erde berührt. Wir wissen aber, dass es unmöglich ist, das Ende des Regenbogens zu finden, ganz gleich wie sehr wir danach suchen. Sobald wir an die Stelle kommen, wo der Regenbogen unserer Meinung nach den Boden berührt, ist er verschwunden. Suchen wir nicht nach ihm, ist er klar zu sehen. Suchen wir aber nach ihm, ist er nicht da. So sind alle Phänomene. Untersuchen wir sie nicht, erscheinen sie klar. Doch würden wir nach ihnen analytisch suchen und versuchen, sie von allem anderen zu trennen, sind sie nicht da.

Würde etwas tatsächlich inhärent existieren und wir würden es untersuchen, indem wir es von allen anderen Phänomenen trennen, müssten wir es finden können. Doch alle Phänomene sind wie Regenbögen. Suchen wir sie, werden wir sie nie finden. Anfangs finden wir diese Vorstellung vielleicht sehr unbehaglich und schwer zu akzeptieren, aber das ist ganz natürlich. Mit größerer Vertrautheit können wir diese Begründung annehmen und schließlich erkennen, dass sie wahr ist.

Es ist wichtig zu verstehen, dass Leerheit nicht Nichts bedeutet. Obwohl Dinge nicht von ihrer Seite, unabhängig vom Geist existieren, gibt es sie insofern, als sie von einem gültigen Geist verstanden werden. Die Welt, die wir im Wachzustand erleben, ähnelt der Welt, die wir im Traumzustand erleben. Wir können nicht sagen, dass es Traumerlebnisse nicht gibt. Glauben wir aber, dass sie mehr als bloße Erscheinungen des Geistes und «dort draußen» sind, dann irren wir uns, wie wir bald nach dem Erwachen feststellen werden.

DER SINN DER MEDITATION ÜBER LEERHEIT

In der letzten Zeile des Verses, «Von der Fessel fehlerhafter Erscheinung und Vorstellung befreit sein», erklärt Bodhisattva Langri Tangpa den Sinn der Meditation über Leerheit. In diesem Zusammenhang bezieht sich «fehlerhafte Vorstellung» auf den Geist der Unwissenheit des Festhaltens am Selbst, einen begrifflichen Geist, der an Objekten als inhärent existent festhält. Und «fehlerhafte Erscheinung» bezieht sich auf die Erscheinung inhärent existenter Objekte. Der erste Begriff bezieht sich auf die Behinderungen zur Befreiung und der zweite auf die Behinderungen zur

Allwissenheit. Nur ein Buddha hat beide Behinderungen aufgegeben. Das Hauptziel der Meditation über endgültigen Bodhichitta ist es, unseren Geist von diesen zwei Behinderungen zu befreien und ein Buddha zu werden.

Wie zuvor erwähnt gibt es keine bessere Methode, geistigen Frieden und Glück zu erfahren, als Leerheit zu verstehen und darüber zu meditieren. Da uns unser Festhalten am Selbst an das Gefängnis Samsaras bindet und die Quelle all unseres Leidens ist, ist die Meditation über Leerheit die allumfassende Lösung für alle unsere Probleme. Sie ist das Heilmittel, das alle geistigen und körperlichen Krankheiten heilt, und der Nektar, der das immerwährende Glück des Nirvana und der Erleuchtung gewährt.

EINE EINFACHE SCHULUNG IN ENDGÜLTIGEM BODHICHITTA

Zu Beginn denken wir:

Ich muss Erleuchtung erlangen, um jedem einzelnen Lebewesen jeden Tag unmittelbar zu helfen. Deshalb werde ich eine direkte Verwirklichung davon erlangen, wie die Dinge wirklich sind.

Mit dieser Bodhichitta Motivation überlegen wir:

Normalerweise sehe ich meinen Körper innerhalb seiner Teile, den Händen, dem Rücken und so weiter, doch weder sind die einzelnen Teile noch die Ansammlung der Teile mein Körper, da sie Teile des Körpers sind und nicht der Körper selbst. Es gibt jedoch keinen «mein Körper» außer seinen Teilen. Während ich in dieser Weise mit Weisheit nach meinem Körper suche, stelle ich fest, dass mein

Körper unauffindbar ist. Dies ist ein gültiger Grund, der beweist, dass mein Körper, den ich normalerweise sehe, überhaupt nicht existiert.

Während wir über diesen Punkt nachdenken, versuchen wir die bloße Abwesenheit des Körpers, den wir normalerweise sehen, wahrzunehmen. Diese bloße Abwesenheit des Körpers, den wir normalerweise sehen, ist die Leerheit unseres Körpers und wir meditieren so lange wie möglich einsgerichtet über diese Leerheit.

Wir sollten diese Kontemplation und Meditation fortwährend üben und dann zur nächsten Stufe gehen, der Meditation über die Leerheit unseres Selbst. Wir sollten überlegen und denken:

Normalerweise sehe ich mein Selbst innerhalb meines Körpers und Geistes. Doch weder mein Körper, noch mein Geist, noch die Ansammlung meines Körpers und Geistes sind mein Selbst, denn sie sind mein Besitz und mein Selbst ist der Besitzer, und Besitzer und Besitz können nicht das Gleiche sein. Es gibt jedoch kein «mein Selbst» getrennt von meinem Körper und Geist. Während ich in dieser Weise mein Selbst mit Weisheit suche, stelle ich fest, dass mein Selbst unauffindbar ist. Dies ist ein gültiger Grund, der beweist, dass mein Selbst, das ich normalerweise sehe, überhaupt nicht existiert.

Indem wir über diesen Punkt nachdenken, versuchen wir die bloße Abwesenheit unseres Selbst, das wir normalerweise sehen, wahrzunehmen. Diese bloße Abwesenheit unseres Selbst, das wir normalerweise sehen, ist die Leerheit unseres Selbst. Wir meditieren so lange wie möglich einsgerichtet über diese Leerheit.

Wir sollten diese Kontemplation und Meditation fortwährend üben und dann zur nächsten Stufe gehen, der Meditation über die Leerheit aller Phänomene. Wir sollten überlegen und denken:

> *Ebenso wie mein Körper und mein Selbst sind alle anderen Phänomene unauffindbar, wenn ich sie mit Weisheit suche. Dies ist ein gültiger Grund, der beweist, dass alle Phänomene, die ich normalerweise sehe oder wahrnehme, überhaupt nicht existieren.*

Indem wir über diesen Punkt nachdenken, versuchen wir die bloße Abwesenheit aller Phänomene, die wir normalerweise sehen oder wahrnehmen, zu erkennen. Diese bloße Abwesenheit aller Phänomene, die wir normalerweise sehen oder wahrnehmen, ist die Leerheit aller Phänomene. Wir meditieren mit Bodhichitta Motivation fortwährend über diese Leerheit aller Phänomene, bis wir jedes Mal, wenn wir darüber meditieren, unsere Konzentration eine Minute lang klar aufrechterhalten können. Unsere Konzentration, die dazu in der Lage ist, wird «Konzentration des Verweilens des Geistes» genannt.

Auf der zweiten Stufe meditieren wir mit der Konzentration des Verweilens des Geistes fortwährend über die Leerheit aller Phänomene, bis wir jedes Mal, wenn wir darüber meditieren, unsere Konzentration fünf Minuten lang klar aufrechterhalten können. Unsere Konzentration, die dazu in der Lage ist, wird «Konzentration des kontinuierlichen Verweilens» genannt. Auf der dritten Stufe meditieren wir mit der Konzentration des kontinuierlichen Verweilens fortwährend über die Leerheit aller Phänomene, bis wir uns sofort wieder an das Objekt unserer Meditation, die bloße

Abwesenheit aller Phänomene, die wir normalerweise sehen oder wahrnehmen, erinnern, wenn wir es während der Meditation verlieren. Unsere Konzentration, die dazu in der Lage ist, wird «Konzentration des Wiederverweilens» genannt. Auf der vierten Stufe meditieren wir mit der Konzentration des Wiederverweilens fortwährend über die Leerheit aller Phänomene, bis wir unsere Konzentration während der ganzen Meditationssitzung klar aufrechterhalten können, ohne das Meditationsobjekt zu vergessen. Unsere Konzentration, die dazu in der Lage ist, wird «Konzentration des nahen Verweilens» genannt. Auf dieser Stufe ist unsere Konzentration sehr stabil und klar auf die Leerheit aller Phänomene gerichtet.

Dann meditieren wir mit der Konzentration des nahen Verweilens fortwährend über die Leerheit aller Phänomene, bis wir schließlich die Konzentration des ruhigen Verweilens, die auf Leerheit gerichtet ist, erlangen. Dies führt uns dazu, dass wir eine besondere körperliche und geistige Geschmeidigkeit und Glückseligkeit erleben. Mit dieser Konzentration des ruhigen Verweilens entwickeln wir eine besondere Weisheit, die die Leerheit aller Phänomene sehr klar erkennt. Diese Weisheit wird «höheres Sehen» genannt. Indem wir fortwährend über die Konzentration des ruhigen Verweilens in Verbindung mit höherem Sehen meditieren, verwandelt sich unsere Weisheit des höheren Sehens in die Weisheit, die die Leerheit aller Phänomene direkt verwirklicht. Diese direkte Verwirklichung der Leerheit ist der eigentliche endgültige Bodhichitta. In dem Moment, wo wir die Weisheit des endgültigen Bodhichitta erlangen, werden wir ein höherer Bodhisattva. Wie zuvor erwähnt hat konventioneller Bodhichitta die Natur von Mitgefühl und endgültiger Bodhichitta hat die Natur von Weisheit. Diese zwei Bodhichittas sind wie die zwei Flügel eines Vogels. Mit ihnen können wir fliegen und die erleuchtete Welt sehr schnell erreichen.

In *Rat aus dem Herzen Atishas* sagt Atisha:

> Freunde, bis ihr Erleuchtung erlangt, ist der spirituelle Lehrer unentbehrlich. Verlasst euch deshalb auf den heiligen spirituellen Meister.

Bis wir Erleuchtung erlangen, müssen wir uns auf unseren spirituellen Meister verlassen. Der Grund dafür ist sehr einfach. Es ist das endgültige Ziel eines menschlichen Lebens, Erleuchtung zu erlangen. Dies hängt davon ab, dass wir durch unseren spirituellen Meister fortwährend die besonderen Segnungen Buddhas erhalten. Buddha erlangte die Erleuchtung mit der alleinigen Absicht, alle Lebewesen mit Hilfe seiner Emanationen auf den Stufen des Pfades zur Erleuchtung zu führen. Wer ist seine Emanation, die uns auf den Stufen des Pfades zur Erleuchtung führt? Es ist eindeutig unser gegenwärtiger spiritueller Lehrer, der uns aufrichtig und in richtiger Weise auf den Pfaden der Entsagung, des Bodhichitta und der richtigen Sicht der Leerheit führt, indem er sie lehrt und der als jemand, der diese Unterweisungen aufrichtig praktiziert, ein geeignetes Vorbild für uns ist. Da wir das verstehen, sollten wir fest daran glauben, dass unser spiritueller Meister eine Emanation von Buddha ist und tiefes Vertrauen in ihn oder sie entwickeln und bewahren.

Atisha sagt auch:

> Bis ihr die endgültige Wahrheit verwirklicht, ist Zuhören unentbehrlich. Hört deshalb den Unterweisungen des spirituellen Meisters zu.

Sogar wenn wir irrtümlich zwei Monde am Himmel sähen, würde uns diese fehlerhafte Erscheinung daran erinnern, dass es eigentlich keine zwei Monde gibt, sondern nur einen. Wenn uns in ähnlicher Weise das Sehen inhärent existenter Dinge daran erinnert, dass es keine inhärent existenten Dinge gibt, so zeigt dies, dass unser Verständnis der Leerheit, der endgültigen Wahrheit, richtig ist. Bis unser Verständnis der Leerheit vollkommen ist und um zu verhindern, dass wir in eines der zwei Extreme fallen, in das Extrem der Existenz und das Extrem der Nichtexistenz, sollten wir die Anleitungen unseres spirituellen Meisters hören, lesen und darüber nachdenken. Eine ausführliche Erklärung, wie wir uns auf unseren spirituellen Meister verlassen, findet sich im Buch *Freudvoller Weg*.

Wie wir die Praxis dieser Anleitungen integrieren

Wie Geshe Chekhawa in *Geistesschulung in sieben Punkten* erklärt, müssen wir uns in der Praxis der *Acht Verse der Geistesschulung* in Verbindung mit den fünf Kräften schulen. Wenden wir diese bei jeder einzelnen Übung an, dann wird es leicht sein, Fortschritte zu machen. Deshalb sollten wir unsere Übungen der Geistesschulung mithilfe der fünf Kräfte in unseren Alltag integrieren. Diese sind: die Kraft der Motivation, die Kraft der Vertrautheit, die Kraft des weißen Samens, die Kraft der Zerstörung und die Kraft des Wunschgebets.

DIE KRAFT DER MOTIVATION

In diesem Zusammenhang meint die Kraft der Motivation, oder Absicht, einen starken Wunsch zu haben, die Anleitungen der Geistesschulung umzusetzen und den festen Entschluss zu fassen: «Von jetzt an werde ich diese Anleitungen aufrichtig und gewissenhaft umsetzen.» Haben wir eine solch starke Motivation, dann werden wir uns kraftvoll und stetig in unserer Praxis bemühen und als Ergebnis mit Sicherheit Verwirklichungen erlangen. Wenn wir uns bemühen, können wir alles erreichen, selbst Dinge, die früher jenseits unserer Vorstellung lagen. Da Bemühen von Motivation abhängt, ist die Kraft der Motivation von größter Bedeutung.

Vajradhara Trijang Rinpoche

Um uns zu helfen, den starken Wunsch zu entwickeln, die Lehren der Geistesschulung in die Tat umzusetzen, sollten wir, so oft wir können, dieses Buch sorgfältig und genau lesen, bis wir seine Bedeutung verstehen und aus tiefstem Herzen schätzen. Wir sollten uns zu jeder Zeit an unseren Wunsch erinnern, diese Lehren umzusetzen. Jeden Tag, wenn wir aufwachen, sollten wir den besonderen Vorsatz fassen: «Ich muss versuchen, den ganzen Tag lang meinen Geist zu schulen», und diesen Entschluss dann aufrechterhalten, indem wir uns auf Achtsamkeit und Wachsamkeit verlassen. Was auch immer wir tun, hängt von unserem Entschluss ab, es zu tun. Fassen wir zum Beispiel vor dem Einschlafen den festen Entschluss, früh aufzuwachen, dann werden wir früh aufwachen. Wenn wir auf ähnliche Weise täglich nach dem Aufwachen den festen Entschluss fassen, diese Lehren den ganzen Tag lang zu üben, werden wir es können. Dies ist die Art und Weise, wie wir die Kraft der Motivation in der Praxis der Geistesschulung anwenden.

DIE KRAFT DER VERTRAUTHEIT

Die Kraft der Vertrautheit in der Praxis der Geistesschulung anzuwenden bedeutet, unseren Geist mit dieser Praxis vertraut zu machen. Nachdem wir die Kraft der Motivation erzeugt haben, sollten wir diese Anleitungen wiederholt so lange sowohl in der Meditationssitzung als auch während der Meditationspause üben, bis wir eine tiefe und stabile Erfahrung gewinnen. Um eine Verwirklichung zu erlangen, müssen wir die Methoden der Geistesschulung wiederholt üben, um mit ihnen sehr vertraut zu werden. Das ist ähnlich wie zu lernen einen Computer zu benutzen. Am Anfang ist es schwierig, all die unterschiedlichen Befehle zu lernen und wir machen viele Fehler. Mit etwas Übung werden wir jedoch allmählich damit vertraut und können schließlich mit dem Computer leicht und effizient arbeiten. Ebenso kann es anfangs schwierig sein, über die Geistesschulung zu meditieren, doch durch regelmäßige Übung werden wir damit vertraut und unsere Erfahrung entwickelt sich wie von selbst.

Um die Praxis der Geistesschulung zu meistern, brauchen wir, wie bei allen anderen Tätigkeiten auch, sowohl Motivation als auch Vertrautheit. Haben wir zum Beispiel ein gewisses Verständnis der Leerheit, dann ist es wichtig, sich durch kontinuierliche und aufrichtige Kontemplation und Meditation mit diesem Wissen sehr vertraut zu machen. In dieser Weise werden wir aus dem Schlaf der Unwissenheit erwachen können und uns von den traumähnlichen Problemen Samsaras befreien. Wir sollten diese seltene und kostbare Gelegenheit nicht vergeuden.

DIE KRAFT DES WEISSEN SAMENS

«Weiße Samen» sind Tugenden, die die Samen unseres zukünftigen Glücks sind. In diesem Zusammenhang jedoch bezieht sich «weiße Samen» auf unsere angesammelten Verdienste. Es hängt von unseren angesammelten Verdiensten ab, dass wir sowohl eine reine Erfahrung der Geistesschulung erlangen als auch diese Erfahrung danach vertiefen. Die tägliche Praxis der sechs vorbereitenden Übungen, insbesondere die Praxis der Darbringung, ist unter den vielen Methoden, die unsere Verdienste vergrößern, besonders wichtig. Wir können auch die erste Gabe von allem, was wir essen oder trinken, den Buddhas und Bodhisattvas mit folgendem Gebet darbringen:

Dem Buddha Juwel, dem höchsten Gesegneten,
Dem Dharma Juwel, dem höchsten Beschützer,
Dem Sangha Juwel, den höchsten Führern,
Euch, den höchsten Drei Juwelen, bringe ich Gaben dar.

Es ist auch wichtig, alle unseren tugendhaften Handlungen dem Wohl aller fühlenden Mutterwesen zu widmen. Dies lenkt die Verdienste, die wir erschaffen haben, auf das höchste aller Ziele und gewährleistet, dass sie nicht vergeudet oder zerstört werden. Diejenigen, die ausreichend Verdienste angesammelt haben, können sich alle Wünsche erfüllen und leicht spirituelle Verwirklichungen erlangen.

DIE KRAFT DER ZERSTÖRUNG

Um authentische Verwirklichungen der *Acht Verse der Geistesschulung* zu erlangen, müssen wir auch die Kraft der Zerstörung anwenden, das heißt, wir müssen uns sehr bemühen, innere und äußere Hindernisse zu beseitigen. Innere Hindernisse beinhalten starkes Festhalten am Selbst, Selbstwertschätzung, Faulheit und falsche Sichtweisen sowie die Prägungen negativer Handlungen, die wir in der Vergangenheit begangen haben. Äußere Hindernisse beinhalten keinen qualifizierten Lehrer zu finden, keine Gelegenheit zu haben, Dharma zu üben, ein kurzes Leben und den Mangel an lebensnotwendigen Dingen. Da alle diese Hindernisse aus den Prägungen des negativen Karmas herrühren, das wir in vielen Leben angesammelt haben, müssen wir sie durch eine aufrichtige Reinigungspraxis reinigen. Weitere Einzelheiten zur Reinigung finden sich im Buch *Das Bodhisattva Gelübde.*

DIE KRAFT DES WUNSCHGEBETS

Wir sollten jede Übung der Geistesschulung beginnen, indem wir dafür beten, die Verwirklichung dieser Übung zu erlangen, und wir sollten sie abschließen, indem wir die erschaffenen Verdienste widmen, um die volle Verwirklichung dieser Übung zu erlangen. Meditieren wir zum Beispiel über wertschätzende Liebe, so sollten wir zu Beginn wiederholt Bitten an all die erleuchteten Wesen richten, uns ihre Segnungen zu gewähren, damit wir diese bestimmte Verwirklichung erlangen mögen, und nach der Meditation sollten wir unsere Verdienste mit einem Gebet der Erlangung dieser Verwirklichung widmen. Wiederholt Gebete und Bitten an die heiligen Wesen zu richten ist eine kraftvolle Methode, ihre Segnungen zu erhalten. Ob wir den spirituellen Pfad vollenden können, hängt von den Segnungen der erleuchteten Wesen ab, denn ohne diese Segnungen sind wir ohne Kraft und können nur wenig oder keinen Fortschritt erreichen.

Widmen wir uns aufrichtig und in Verbindung mit den fünf Kräften den Übungen der *Acht Verse der Geistesschulung* von der Wertschätzung anderer bis zur Praxis des endgültigen Bodhichitta, so werden wir alle Ursachen und Bedingungen ansammeln, um die Verwirklichungen der *Acht Verse* zu erlangen. Kommen alle Ursachen und Bedingungen für tiefe und echte Verwirklichungen zusammen, dann kann nichts die Auswirkung verhindern.

DIE VERPFLICHTUNGEN UND GRUNDSÄTZE DER GEISTESSCHULUNG

Die achtzehn Verpflichtungen und zweiundzwanzig Grundsätze der Geistesschulung zu beachten, ist eine andere Art und Weise, unsere Praxis der Geistesschulung zu schützen und zu vertiefen. Diese werden in Geshe Chekhawas *Geistesschulung in sieben Punkten* erwähnt und ausführlich im Buch *Allumfassendes Mitgefühl* erklärt. Wir müssen diese Verpflichtungen und Grundsätze nicht wie bei anderen Gelübden vor unserem spirituellen Meister oder den visualisierten Buddhas und Bodhisattvas ablegen, sondern können einfach den Entschluss fassen, sie einzuhalten. Einige dieser Verpflichtungen und Grundsätze ermutigen uns zu positive Handlungen, während andere uns raten, negative Handlungen zu vermeiden.

Diese Verpflichtungen und Grundsätze zu befolgen ist eine besondere Übung moralischer Disziplin. Moralische Disziplin gleicht einem kostbaren Gefäß, in dem wir den Nektar spiritueller Verwirklichungen aufbewahren. Ohne moralische Disziplin ist es nicht möglich, irgendeine spirituelle Erfahrung in unserem Geist zu halten. Selbst wenn es uns gelingt, einige positive Gefühle in der Meditation zu erzeugen, werden diese schnell vergehen, wenn wir uns nicht bemühen, uns vor negativen Handlungen von Körper, Rede und Geist zu hüten. Wenn wir reine moralische Disziplin einhalten, sind alle unsere körperlichen, sprachlichen und geistigen Handlungen rein und positiv und wir können die Einsichten und positiven Erfahrungen, die wir in unseren Meditationssitzungen gemacht haben, in unseren Alltag integrieren. Wir sollten die Verpflichtungen und Grundsätze nicht als Einschränkungen empfinden oder als Gesetze, deren Überschreitung bestraft wird. Es sind vielmehr Richtlinien für einen gesunden Geist und eine glücklichere Lebensweise.

Obwohl wir nicht alle diese Verpflichtungen und Grundsätze sofort einhalten können, können wir sicherlich damit anfangen, uns von negativen Handlungen zurückzuhalten und unsere schlechten Gewohnheiten abzulegen. Trinken wir zum Beispiel zu viel Alkohol, so können wir sofort damit beginnen, unseren Konsum zu reduzieren. Werden wir schnell wütend, so können wir uns bemühen, weniger aggressiv und feindselig zu sein. Neigen wir zu Neid, so können wir vermehrt versuchen, uns am Glück und den guten Umständen anderer zu erfreuen. Bemühen wir uns nicht, unsere groben Verblendungen und schlechten Gewohnheiten zu verringern, dann werden sie uns daran hindern, irgendeinen Fortschritt in unserer spirituellen Praxis zu machen.

Um diese Anleitungen der Geistesschulung praktisch umzusetzen, müssen wir unsere normalen alltäglichen Aktivitäten nicht aufgeben, sondern unsere geistige Einstellung zu ihnen verändern. Wie Geshe Chekhawa sagt: «Bleibe natürlich, während du dein inneres Streben veränderst.» Wir leben in einer menschlichen Gesellschaft und sollten uns deshalb so verhalten, dass wir mit dem Benehmen anderer Menschen im Einklang sind. Es gibt keinen Grund, unsere spirituelle Praxis äußerlich zur Schau zu stellen. Natürlich sollten wir schädliche Handlungen unterlassen, doch hauptsächlich müssen wir unseren Geist ändern. Wenn wir unseren jetzigen gewöhnlichen Geist in Liebe und Mitgefühl umwandeln, so werden wir ganz natürlich in einer Weise positiv handeln, die für andere ein gutes Vorbild ist und sie dazu bringen kann, den spirituellen Pfad einzuschlagen. Allmählich werden wir, indem wir die besonderen Anleitungen Geshe Langri Tangpas in unser Leben integrieren, zu einem ganz besonderen Wesen, einem Bodhisattva, und schließlich die volle Erleuchtung erlangen. Dann haben wir die Kraft, allen Lebewesen, ganz gleich wo, Glück zu schenken. Wie wunderbar!

Ehrwürdiger Geshe Kelsang Gyatso Rinpoche

Widmung

Möge es aufgrund der Tugenden, die ich durch das Verfassen dieses Buches angesammelt habe, in dieser Welt nie mehr das Elend unheilbarer Krankheiten, Hungersnöte oder Krieg geben, sowie Gefahren durch Erdbeben, Feuer, Fluten, Stürme und so weiter. Ganz gleich wie viele Lebewesen es gibt, die Leiden erfahren, möge ihr Leiden enden und mögen sie immerwährendes Glück und Freude finden. Der Buddhadharma ist die höchste Medizin, die jeden geistigen Schmerz überwindet. Daher möge dieses kostbare Dharma Juwel alle Welten im Raum durchdringen.

Anhang I
Der Urtext:
Acht Verse der Geistesschulung

von Geshe Langri Tangpa (1054-1123)

Der Urtext: Acht Verse der Geistesschulung

Zuerst visualisieren, überdenken und rezitieren wir Folgendes:

Im Raume vor mir befindet sich der lebendige Buddha Shakyamuni, umgeben von allen Buddhas und Bodhisattvas, gleich dem Vollmond inmitten von Sternen.

DER EIGENTLICHE URTEXT:
Acht Verse der Geistesschulung

Mit der Absicht, das endgültige, höchste Ziel zu
erreichen,
Das selbst das wunscherfüllende Juwel übertrifft,
Möge ich ohne Unterlass
Alle Lebewesen schätzen.

Unser Geist verwandelt sich in diese Absicht: «Möge ich ohne Unterlass alle Lebewesen schätzen», und verweilt einsgerichtet so lange wie möglich darauf.

Diese Art zu meditieren kann auf die verbleibenden sieben Verse angewandt werden.

Wann immer ich mit anderen zusammen bin,
Möge ich mich selbst als den Geringsten von allen sehen
Und mit einer reinen Absicht
Möge ich andere über alles schätzen.

Während all meiner Handlungen untersuche ich mein
Geisteskontinuum,
Und sobald sich eine Verblendung der
Selbstwertschätzung entwickelt,
Aufgrund derer ich mich oder andere sich
unangemessen verhalten würden,
Möge ich ihr entschieden gegenübertreten und sie
abwenden.

Wann immer ich bedauernswerte Wesen sehe,
Auf denen Böses und schweres Leiden lastet,
Möge ich sie schätzen,
Als ob ich einen seltenen und kostbaren Schatz
gefunden hätte.

Sogar wenn jemand, dem ich geholfen
Und in den ich große Hoffnungen gesetzt habe,
Mir absichtlich Schaden zufügt,
Möge ich ihn oder sie als meinen heiligen spirituellen
Meister sehen.

Wenn andere mich aus Neid oder Wut
Verletzen oder beleidigen,
Möge ich selbst die Niederlage annehmen
Und ihnen den Sieg anbieten.

Kurz gesagt, möge ich direkt und indirekt
Allen meinen Müttern Glück und Hilfe geben
Und im Geheimen allen Schaden
Und all ihr Leiden auf mich nehmen.

Mögen ich und alle Lebewesen außerdem durch alle
diese Übungen
Zusammen mit einem Geist, der unbefleckt ist von
den Verunreinigungen der Vorstellungen der acht
Extreme
Und der alle Phänomene als Illusion erkennt,
Von der Fessel fehlerhafter Erscheinung und
Vorstellung befreit sein.

Kolophon: Dieser Text wurde vom Ehrwürdigen Geshe Kelsang Gyatso Rinpoche übersetzt.

Anhang II
Die zusammengefasste Bedeutung des Kommentars

Die zusammengefasste Bedeutung des Kommentars

Der Kommentar zu *Acht Verse der Geistesschulung* hat fünf Teile:

1. Die herausragenden Eigenschaften des Autors Bodhisattva Langri Tangpa
2. Die herausragenden Eigenschaften dieser Anleitungen
3. Die vorbereitenden Übungen
4. Die Hauptpraxis: Schulung in den zwei Bodhichittas
5. Wie wir die Praxis dieser Anleitungen integrieren

Die vorbereitenden Übungen hat sechs Teile:

1. Den Meditationsraum reinigen und einen Altar aufbauen
2. Schöne Darbringungen aufstellen
3. In der richtigen Meditationshaltung sitzen, Zuflucht nehmen und Bodhichitta erzeugen
4. Das Feld für die Ansammlung von Verdiensten visualisieren
5. Die siebengliedrige Praxis und das Mandala darbringen
6. Die heiligen Wesen um ihre Segnungen bitten

Den Meditationsraum reinigen und einen Altar aufbauen hat zwei Teile:

1. Die Praxis der Reinigung
2. Einen Altar aufbauen

In der richtigen Meditationshaltung sitzen, Zuflucht nehmen und Bodhichitta erzeugen hat drei Teile:

1. In der richtigen Meditationshaltung sitzen
2. Zuflucht nehmen
3. Bodhichitta erzeugen

Die siebengliedrige Praxis und das Mandala darbringen hat acht Teile:

1. Verbeugung
2. Darbringung
3. Bekenntnis
4. Sicherfreuen
5. Inständige Bitte an die heiligen Wesen, nicht dahinzuscheiden
6. Um das Drehen des Dharma Rades bitten
7. Widmung
8. Das Mandala darbringen

Die heiligen Wesen um ihre Segnungen bitten hat zwei Teile:

1. Um Segnungen bitten
2. Segnungen empfangen

Die Hauptpraxis: Schulung in den zwei Bodhichittas hat zwei Teile:

1. Schulung in konventionellem Bodhichitta
2. Schulung in endgültigem Bodhichitta

Schulung in konventionellem Bodhichitta hat acht Teile:

1. Lernen, andere wertzuschätzen
2. Wertschätzende Liebe vertiefen
3. Austauschen vom Selbst mit anderen
4. Großes Mitgefühl
5. Wünschende Liebe
6. Die Niederlage annehmen und den Sieg anbieten
7. Nehmen und Geben
8. Der kostbare Geist des Bodhichitta

Lernen, andere wertzuschätzen, hat zwei Teile:

1. Die Güte anderer
2. Die Vorteile, andere wertzuschätzen

Wertschätzende Liebe vertiefen hat vier Teile:

1. Unsere Fehler im Spiegel des Dharma erkennen
2. Alle Lebewesen als erhaben betrachten
3. Lebewesen haben keine Fehler
4. Bescheidenheit entwickeln

Austauschen vom Selbst mit anderen hat fünf Teile:

1. Was ist Selbstwertschätzung?
2. Die Fehler der Selbstwertschätzung
3. Wie Selbstwertschätzung zerstört wird
4. Wie ist es möglich, das Selbst mit anderen auszutauschen?
5. Die eigentliche Praxis des Austauschens vom Selbst mit anderen

Großes Mitgefühl hat drei Teile:

1. Was ist Mitgefühl?
2. Wie wir Mitgefühl entwickeln
3. Der innere Reichtum des Mitgefühls

Wünschende Liebe hat zwei Teile:

1. Wie wir wünschende Liebe entwickeln
2. Widrige Umstände umwandeln

Nehmen und Geben hat drei Teile:

1. Nehmen mittels Mitgefühl
2. Geben mittels Liebe
3. Nehmen und Geben in Verbindung mit der Atmung

Nehmen mittels Mitgefühl hat drei Teile:

1. Unser eigenes zukünftiges Leiden auf uns nehmen
2. Die Vorteile, das Leiden anderer auf uns zu nehmen
3. Die eigentliche Meditation über Nehmen

Der kostbare Geist des Bodhichitta hat zwei Teile:

1. Bodhichitta entwickeln
2. Bodhichitta verbessern

Schulung in endgültigem Bodhichitta hat zehnTeile:

1. Was ist Leerheit?
2. Die Leerheit unseres Körpers
3. Die Leerheit unseres Geistes
4. Die Leerheit unseres Ich
5. Die Leerheit, die leer von den acht Extremen ist
6. Konventionelle und endgültige Wahrheiten
7. Die Vereinigung der zwei Wahrheiten

8. Die Praxis der Leerheit in unseren täglichen Handlungen
9. Der Sinn der Meditation über Leerheit
10. Eine einfache Schulung in endgültigem Bodhichitta

Die Leerheit, die leer von acht Extremen ist, hat acht Teile:

1. Das Extrem erzeugter Phänomene
2. Das Extrem des Zerfalls
3. Das Extrem unbeständiger Phänomene
4. Das Extrem beständiger Phänomene
5. Das Extrem des Gehens
6. Das Extrem des Kommens
7. Das Extrem der Einzahl
8. Das Extrem der Vielzahl

Wie wir die Praxis dieser Anleitungen integrieren hat zwei Teile:

1. Die fünf Kräfte anwenden
2. Die Verpflichtungen und Grundsätze der Geistesschulung

Die fünf Kräfte anwenden hat fünf Teile:

1. Die Kraft der Motivation
2. Die Kraft der Vertrautheit
3. Die Kraft des weißen Samens
4. Die Kraft der Zerstörung
5. Die Kraft des Wunschgebets

Anhang III

Sadhanas

INHALT

Befreiendes Gebet

LOBPREIS AN BUDDHA SHAKYAMUNI

O Gesegneter, Shakyamuni Buddha,
Kostbarer Schatz des Mitgefühls,
Gewährer höchsten inneren Friedens,

Du, der ohne Ausnahme alle Wesen liebt,
Bist die Quelle von Glück und Güte,
Und Du führst uns auf den befreienden Pfad.

Dein Körper ist ein wunscherfüllendes Juwel,
Deine Rede ist höchster, reinigender Nektar
Und Dein Geist ist Zuflucht für alle
Lebewesen.

Mit gefalteten Händen wende ich mich an
Dich,
Höchster, beständiger Freund.
Aus der Tiefe meines Herzens bitte ich Dich:

Bitte gib mir das Licht Deiner Weisheit,
Um die Dunkelheit meines Geistes zu
vertreiben
Und mein Geisteskontinuum zu heilen.

Bitte nähre mich mit Deiner Güte,
Damit auch ich alle Wesen
Mit einem unaufhörlichen Festmahl der
Freude nähren kann.

Möge durch Deine mitfühlende Absicht,
Deine Segnungen und tugendhaften Taten
Und meinen starken Wunsch, mich auf Dich
zu verlassen,

Alles Leiden schnell beendet sein
Und alles Glück und alle Freude erfüllt
werden;
Und möge heiliger Dharma für immer
erblühen.

Kolophon: Dieses vom Ehrwürdigen Geshe Kelsang Gyatso Rinpoche verfasste Gebet wird immer am Anfang von Unterweisungen, Meditationen und Gebeten in den Zentren des Kadampa Buddhismus überall auf der Welt rezitiert.

Essenz des Glücks

GEBETE DER SECHS VORBEREITENDEN ÜBUNGEN FÜR DIE MEDITATION ÜBER DIE STUFEN DES PFADES ZUR ERLEUCHTUNG

Einleitung

Verwirklichungen der Stufen des Pfades zur Erleuchtung hängen von vier Faktoren ab: Verdienste ansammeln, Negativität reinigen, Segnungen der Buddhas, Bodhisattvas und spirituellen Meister empfangen und den Geist in der eigentlichen Meditation über die Stufen des Pfades schulen. Die beste Methode, die ersten drei Faktoren zu vollenden, sind die sechs vorbereitenden Übungen:

1. Den Meditationsraum reinigen und einen Altar mit Darstellungen von Buddhas Körper, Rede und Geist errichten.
2. Geeignete Darbringungen aufstellen.
3. In der richtigen Meditationshaltung sitzen, Zuflucht nehmen, Bodhichitta erzeugen und verbessern.
4. Das Feld für die Ansammlung von Verdiensten visualisieren.
5. Verdienste ansammeln und Negativität reinigen, indem wir die Praxis der sieben Glieder und ein Mandala darbringen.
6. Das Feld der Ansammlung von Verdiensten im Allgemeinen und die Gurus der Lamrim Überlieferungslinie im Besonderen um Segnungen bitten.

Die Essenz dieser sechs vorbereitenden Übungen ist in den folgenden Gebeten enthalten, die in jeder Meditationssitzung rezitiert werden.

Weitere Erklärungen über die sechs vorbereitenden Übungen finden Sie in den Büchern *Das neue Meditationshandbuch* oder *Freudvoller Weg*.

Geshe Kelsang Gyatso
1986

Essenz des Glücks

Die Umgebung geistig reinigen

Möge die ganze Erde
Völlig rein werden,
Eben wie die Innenseite einer Hand
Und glatt wie Lapislazuli.

Reine Darbringungen geistig aufstellen

Möge der ganze Raum erfüllt sein
Mit Darbringungen von Göttern und Menschen,
Sowohl vorhandenen wie vorgestellten,
Wie diejenigen des Nur-Guten.

Die Zufluchtsobjekte visualisieren

Im Raume vor mir auf einem Löwenthron, auf einem Kissen von Lotos, Sonne und Mond, sitzt Buddha Shakyamuni, die Essenz aller meiner gütigen Lehrer, umgeben von der Versammlung der direkten und indirekten Gurus, Yidams, Buddhas, Bodhisattvas, Hörer, Alleinigen Verwirklicher, Helden, Dakinis und Dharma Beschützer.

Die Ursachen für die Zufluchtnahme erzeugen

Ich und alle meine gütigen Mütter, die die Qualen Samsaras fürchten, wenden uns zu Buddha, Dharma und Sangha, den einzigen Quellen der Zuflucht. Von jetzt an bis zur Erleuchtung nehmen wir Zuflucht zu den Drei Juwelen.

Kurzes Gebet der Zufluchtnahme

Bis wir Erleuchtung erlangen, nehmen ich und alle
fühlenden Wesen
Zuflucht zu Buddha, Dharma und Sangha.
(7x, 100x oder mehr)

Bodhichitta erzeugen

Möge ich aufgrund der Tugenden, die ich durch Geben
und andere Vollkommenheiten ansammle,
Ein Buddha werden zum Wohle aller. (3x)

Reinigen und Segnungen empfangen

Aus den Herzen aller Zufluchtsobjekte strömen Licht und Nektar herab. Sie lösen sich in mich und alle Lebewesen auf, reinigen negatives Karma und Hindernisse, verlängern unsere Leben und lassen unsere Tugenden und Dharma Verwirklichungen anwachsen.

Die vier Unermesslichen erzeugen

Mögen alle glücklich sein.
Mögen alle frei von Leiden sein.
Möge niemand je von Glück getrennt sein.
Mögen alle Gleichmut haben, frei von Hass und Anhaftung.

Das Feld für die Ansammlung von Verdiensten einladen

Du, Beschützer aller Lebewesen,
Großer Zerstörer von Dämonenscharen,
Bitte, o Gesegneter, Allwissender,
Komme mit Deinem Gefolge an diesen Ort.

Das siebengliedrige Gebet

Mit Körper, Rede und Geist verbeuge ich mich in Demut
Und bringe Gaben dar, sowohl vorhandene wie vorgestellte.
Ich bekenne meine falschen Taten, begangen seit anfangsloser Zeit,
Und erfreue mich an den Tugenden aller.
Bitte bleibt, bis Samsara endet,
Und dreht das Rad des Dharma für uns.
Ich widme alle Tugenden der großen Erleuchtung.

Die Mandala Darbringung

Den Boden mit Duftwasser besprengt und mit Blumen geschmückt,
Den großen Berg, vier Länder, Sonne und Mond,
Als Buddhaland betrachtet bringe ich sie dar,
Mögen sich alle Wesen an solch Reinen Ländern erfreuen.

Ohne Gefühl von Verlust bringe ich die Objekte dar,
Die in mir Anhaftung, Hass und Verwirrung erzeugen,
Meine Freunde, Feinde und Fremde, unsere Körper und Vergnügen.
Bitte nehmt dies an und segnet mich, damit ich sofort von den drei Giften befreit werde.

IDAM GURU RATNA MANDALAKAM NIRYATAYAMI

Bitten an das Feld für die Ansammlung von Verdiensten und die Gurus der Lamrim Überlieferungslinie

Mein gütigster Wurzelguru,
Bitte verweile jetzt auf dem Lotos und Mond über meinem Scheitel,

Und gewähre mir durch Deine große Güte
Die Erlangungen Deines Körpers, Deiner Rede und
Deines Geistes.

Visualisiere, dass dein Wurzelguru zu deinem Scheitel kommt und mit dir zusammen folgende Bitten spricht:

Ich richte meine Bitten an Dich, Buddha Shakyamuni,
Dessen Körper aus unermesslicher Tugend entspringt,
Dessen Rede die Hoffnungen der Sterblichen erfüllt,
Dessen Geist alles Existierende klar erkennt.

Ich richte meine Bitten an Euch, Gurus der Linie der
umfassenden Taten,
Ehrwürdiger Maitreya, Edler Asanga, Vasubandhu,
Und all die anderen kostbaren Lehrer,
Die den weiten Pfad enthüllt haben.

Ich richte meine Bitten an Euch, Gurus der Linie der
tiefgründigen Sicht,
Ehrwürdiger Manjushri, Nagarjuna, Chandrakirti,
Und all die anderen kostbaren Lehrer,
Die den tiefgründigsten aller Pfade enthüllt haben.

Ich richte meine Bitten an Euch, Gurus der Linie
des Geheimen Mantra,
Eroberer Vajradhara, Tilopa und Naropa,
Und all die anderen kostbaren Lehrer,
Die den Pfad des Tantra enthüllt haben.

Ich richte meine Bitten an Euch, Gurus der Alten
Kadam Linie,
Zweiter Buddha Atisha, Dromtönpa, Geshe Potowa,
Und all die anderen kostbaren Lehrer,
Die die Vereinigung des weiten und tiefgründigen Pfades
enthüllt haben.

Ich richte meine Bitten an Euch, Gurus der Neuen
Kadam Linie,
Ehrwürdiger Tsongkhapa, Jampäl Gyatso, Khädrubje,
Und all die anderen kostbaren Lehrer,
Die die Vereinigung von Sutra und Tantra enthüllt haben.

Ich richte meine Bitten an Dich, Ehrwürdiger Kelsang
Gyatso,
Beschützer eines weiten Ozeans an Lebewesen,
Unvergleichlicher Lehrer der Pfade zur Befreiung und
Erleuchtung,
Der alles vollendet und erklärt,
Was vom Vierten Befreier dieses glücklichen Äons
enthüllt wurde.

Ich richte meine Bitten an Dich, mein gütiger, kostbarer
Lehrer,
Der für diejenigen mit unbeherrschtem Geist sorgt,
Ungezähmt von allen früheren Buddhas,
Als ob sie vom Glück begünstigte Schüler wären.

Die drei großen Ziele erbitten

Bitte lasst Eure inspirierenden Segnungen über mich und alle meine Mütter herabströmen, damit wir schnell alle verkehrten Geisteshaltungen aufgeben, von Respektlosigkeit gegenüber unserem gütigen Lehrer bis zur subtilsten, dualistischen Erscheinung.

Bitte lasst Eure inspirierenden Segnungen herabströmen, damit wir schnell reine Geisteshaltungen erzeugen, von Respekt für unseren gütigen Lehrer bis zum höchsten Geist der Vereinigung.

Bitte lasst Eure inspirierenden Segnungen herabströmen,
um alle inneren und äußeren Hindernisse zu überwinden.
(3x)

Segnungen empfangen und reinigen

Aus den Herzen aller heiligen Wesen fließen Licht- und Nektarströme herab, gewähren Segnungen und reinigen.

Das Gebet der Stufen des Pfades

Der Pfad beginnt mit tiefem Vertrauen
Zum gütigen Lehrer, Quelle alles Guten.
O segne mich, damit ich dies verstehe,
Um ihm mit großer Hingabe zu folgen.

O segne mich, dass ich verstehen möge
Die Seltenheit und Bedeutsamkeit
Dieses menschlichen Lebens mit allen Freiheiten
Und dann Tag und Nacht seinen Sinn erfasse.

Schnell wird mein Körper vergehen und sterben
So wie eine Luftblase im Wasser.
Nach dem Tod reifen die Folgen des Karmas,
So wie der Schatten dem Körper folgt.

Segne mich, dass ich durch diese Gewissheit
Und diese Erinnerung sehr achtsam bin,
Stets schädliche Handlungen vermeide
Und eine Fülle von Tugend ansammle.

Die Vergnügen Samsaras sind täuschend,
Geben keine Zufriedenheit, nur Qualen.
Bitte segne mich, damit ich aufrichtig
Die Glückseligkeit vollkommener Befreiung erstrebe.

O segne mich, dass aus diesem reinen Gedanken
Achtsamkeit und größte Vorsicht entstehen,
So dass die Wurzel der Lehre, die Pratimoksha,
Als meine essenzielle Praxis bewahrt sei.

Gleich mir ertrinken all meine gütigen Mütter
Im weiten Ozean Samsaras.
Segne mich, dass ich mich in Bodhichitta schule,
Damit ich sie bald erlösen kann.

Ohne drei Arten moralischer Disziplin
Kann ich jedoch kein Buddha werden.
O segne mich darum bitte mit der Kraft,
Den Bodhisattva Gelübden zu folgen.

Durch das Überwinden meiner Ablenkungen
Und die Analyse vollkommener Bedeutungen,
Segne mich, die Vereinigung schnell zu erlangen
Von höherem Sehen und ruhigem Verweilen.

Wenn ich durch allgemeine Wege
Zu einem reinen Gefäß werde,
Segne mich, in das höchste Fahrzeug Vajrayana,
Die essenzielle Praxis des Glücks, einzutreten.

Die Grundlage der zwei Erlangungen
Sind heilige Gelübde und Verpflichtungen.
Segne mich, dass ich dies klar verstehe
Und sie noch höher schätze als mein Leben.

Durch beständige Praxis in vier Sitzungen,
Wie von den heiligen Lehrern erklärt,
Segne mich, dass ich beide Stufen vollende,
Die die Essenz der Tantras sind.

Mögen alle, die mich auf dem Pfad führen,
Und meine Gefährten lange leben.
Segne mich, damit ich alle Hindernisse,
Innere und äußere, überwinden kann.

Möge ich stets vollkommene Lehrer finden
Und mich am heiligen Dharma erfreuen,
Alle Ebenen und Pfade schnell vollenden
Und den Zustand Vajradharas erlangen.

Du kannst hier oder an einer anderen geeigneten Stelle im Gebet der Stufen des Pfades *deine Meditation üben.*

Mantrarezitation

Nach unserer Meditation stellen wir uns vor, dass aus dem Herzen Buddha Shakyamunis, dem hauptsächlichen Verdienstfeld vor uns im Raum, unendliche Lichtstrahlen ausströmen, bis hin zu allen Welten und Wesen. Diese lösen sich in Licht auf und sammeln sich allmählich im Verdienstfeld. Das Verdienstfeld löst sich in Buddha Shakyamuni in der Mitte auf. Er wiederum löst sich in unseren Wurzelguru über unserem Scheitel auf und verwandelt ihn augenblicklich in den Aspekt von Guru Buddha Shakyamuni. Er wird allmählich kleiner und sinkt durch unseren Scheitel hinab in unser Herz. Sein Geist und unser Geist werden eins. Wir rezitieren das Mantra:

OM MUNI MUNI MAHA MUNIYE SÖHA

(7x, 100x oder mehr)

Widmungsgebete

Mögen durch die Tugenden,
Die ich durch die Praxis der Stufen des Pfades
angesammelt habe,
Alle Lebewesen die Gelegenheit finden,
Auf gleiche Weise zu üben.

Ganz gleich, wie viele Lebewesen es gibt,
Die körperlich und geistig leiden,
Mögen ihre Leiden durch die Kraft meiner Verdienste
beendet sein,
Und mögen sie immerwährendes Glück und Freude finden.

Mögen alle Wesen das Glück
Von Menschen und Göttern erfahren
Und schnell Erleuchtung erlangen,
Damit Samsara schließlich endet.

Möge ich zum Wohle aller Lebewesen, so
unermesslich wie der Raum,
Große Weisheit wie Manjushri erlangen,
Großes Mitgefühl wie Avalokiteshvara,
Große Kraft wie Vajrapani.

Der Buddhadharma ist die höchste Medizin,
Die jeden geistigen Schmerz überwindet.
So mag dieses kostbare Dharma Juwel
Alle Welten im unendlichen Raum durchdringen.

Möge im Bewusstsein aller Lebewesen
Großes Vertrauen in Buddha, Dharma und Sangha entstehen,
Und mögen sie somit immer
Die Segnungen der Drei Kostbaren Juwelen empfangen.

Mögen in dieser Welt nie mehr
Unheilbare Krankheiten, Hungersnöte oder Krieg entstehen
Oder Gefahren durch Erdbeben, Feuer,
Fluten, Stürme und dergleichen.

Mögen alle Mutterwesen kostbaren Lehrern begegnen,
Die die Stufen des Pfades zur Erleuchtung enthüllen,
Und mögen sie durch das Begehen dieses Pfades
Schnell den endgültigen Frieden der vollen Erleuchtung
erlangen.

Mögen durch die Segnungen der Buddhas und
Bodhisattvas,
Die Wahrheit von Handlung und Wirkung
Und die Kraft meiner reinen höheren Absicht
Alle meine Gebete erfüllt sein.

Gebete für die Tugendhafte Tradition

Damit die Tradition Je Tsongkhapas,
Des Königs des Dharma, erblühe,
Mögen alle Hindernisse überwunden sein
Und mögen alle vorteilhaften Bedingungen im
Überfluss vorhanden sein.

Durch die zwei Ansammlungen von mir und anderen,
Die während der drei Zeiten zusammengetragen werden,
Möge die Lehre des Eroberers Losang Dragpa
Für immer erblühen.

Das neunzeilige *Migtsema* Gebet

Tsongkhapa, Kronjuwel der Gelehrten vom Lande des Schnees,
Du bist Buddha Shakyamuni und Vajradhara, Quelle aller Erlangungen,
Avalokiteshvara, Schatz des nichtbeobachtbaren Mitgefühls,
Manjushri, erhabene, makellose Weisheit,
Und Vajrapani, Zerstörer der Scharen von Maras.
O ehrwürdiger Guru Buddha, Vereinigung aller Drei Juwelen,
Mit Körper, Rede und Geist ersuche ich Dich mit Respekt:
Bitte gewähre Deine Segnungen, damit ich und andere zur Reife und Befreiung gelangen,
Und gewähre die allgemeinen und höchsten Erlangungen.
(3x)

Können wir nicht alle diese Gebete der sechs vorbereitenden Übungen in jeder Meditationssitzung rezitieren, so sollten wir uns zumindest immer an Guru Buddha Shakyamuni auf unserem Scheitel erinnern und daran, dass sein Geist die Synthese aller Buddha Juwelen ist, seine Rede die Synthese aller Dharma Juwelen und sein Körper die Synthese aller Sangha Juwelen. Dann sollten mit starkem Vertrauen Zuflucht nehmen, indem wir das kurze Zufluchtsgebet rezitieren und Bodhichitta mit den Worten erzeugen: «Möge ich durch diese Tugenden … zum Wohle aller», das Mandala darbringen, die drei großen Ziele erbitten sowie Segnungen empfangen und reinigen.

Widmen wir uns jedes Mal, wenn wir uns in Meditation begeben, diesen drei Übungen: Verdienste ansammeln, negatives Karma reinigen und um Segnungen und Inspiration bitten, so werden wir die drei Ziele der vorbereitenden Übungen erlangt haben. Am Ende jeder Meditationssitzung sollten wir unsere Verdienste widmen.

Kolophon: Diese Gebete wurden vom Ehrwürdigen Geshe Kelsang Gyatso Rinpoche aus traditionellen Quellen zusammengestellt. Der Vers der Bitte an den Ehrwürdigen Geshe Kelsang Gyatso Rinpoche wurde vom Dharma Beschützer Duldzin Dorje Shugden verfasst und auf Ersuchen der vertrauensvollen Schüler des Ehrwürdigen Geshe Kelsang in die Gebete aufgenommen.

Gebete für die Meditation

KURZE VORBEREITENDE GEBETE FÜR DIE MEDITATION

Einleitung

Wir alle haben das Potenzial, die Verwirklichungen aller Stufen des Pfades zur Erleuchtung zu erlangen. Diese Potenziale sind wie Samen im Feld unseres Geistes und unsere Meditationspraxis ist wie das Aufziehen dieser Samen. Unsere Meditationspraxis wird jedoch nur dann erfolgreich sein, wenn wir uns vorher gut vorbereiten.

Wenn wir normalerweise Feldfrüchte ernten wollen, beginnen wir mit sorgfältigen Vorbereitungen. Zuerst säubern wir das Erdreich von Steinen und Unkraut, d.h. von allem, was das Wachstum der Pflanzen behindert. Zweitens reichern wir die Erde mit Kompost oder Dünger an, d.h. wir geben ihr die Kraft, das Wachstum zu unterstützen. Drittens sorgen wir für Wärme und Feuchtigkeit, damit die Samen keimen und die Pflanzen wachsen können. Um die innere Ernte der Dharma Verwirklichungen gedeihen zu lassen, beginnen wir in der gleichen Weise mit sorgfältigen Vorbereitungen.

Zuerst müssen wir unseren Geist reinigen und das negative Karma beseitigen, das wir in der Vergangenheit angesammelt haben. Reinigen wir unser negatives Karma nicht, wird es das Wachstum unserer Dharma Verwirklichungen behindern. Zweitens müssen wir unserem Geist die Kraft geben, das Wachstum der Dharma Verwirklichungen zu unterstützen, indem wir Verdienste ansammeln. Drittens brauchen wir die Segnungen der heiligen Wesen, um das Wachstum der Dharma Verwirklichungen anzuregen und zu unterstützen.

Die folgenden kurzen Gebete beinhalten die Essenz dieser drei Vorbereitungen. Weitere Informationen hierzu finden Sie in den Büchern *Das neue Meditationshandbuch* oder *Freudvoller Weg*.

Geshe Kelsang Gyatso
1987

Gebete für die Meditation

Zuflucht nehmen

Bis wir Erleuchtung erlangen, nehmen ich und alle
fühlenden Wesen
Zuflucht zu Buddha, Dharma und Sangha.
(3x, 7x, 100x oder mehr)

Bodhichitta erzeugen

Möge ich aufgrund der Tugenden, die ich durch Geben
und andere Vollkommenheiten ansammle,
Ein Buddha werden zum Wohle aller. (3x)

Die vier Unermesslichen erzeugen

Mögen alle glücklich sein.
Mögen alle frei von Leiden sein.
Möge niemand je von Glück getrennt sein.
Mögen alle Gleichmut haben, frei von Hass und Anhaftung.

Das Feld für die Ansammlung von Verdiensten visualisieren

Im Raume vor mir ist der lebendige Buddha Shakyamuni,
umgeben von allen Buddhas und Bodhisattvas, gleich dem
Vollmond inmitten von Sternen.

Das siebengliedrige Gebet

Mit Körper, Rede und Geist verbeuge ich mich in Demut
Und bringe Gaben dar, sowohl vorhandene wie
vorgestellte.
Ich bekenne meine falschen Taten, begangen seit anfangs-
loser Zeit,
Und erfreue mich an den Tugenden aller.
Bitte bleibt, bis Samsara endet,
Und dreht das Rad des Dharma für uns.
Ich widme alle Tugenden der großen Erleuchtung.

Die Mandala Darbringung

Den Boden mit Duftwasser besprengt und mit Blumen
geschmückt,
Den großen Berg, vier Länder, Sonne und Mond,
Als Buddhaland betrachtet bringe ich sie dar,
Mögen sich alle Wesen an solch Reinen Ländern erfreuen.

Ohne Gefühl von Verlust bringe ich die Objekte dar,
Die in mir Anhaftung, Hass und Verwirrung erzeugen,
Meine Freunde, Feinde und Fremde, unsere Körper und
Vergnügen.
Bitte nehmt dies an und segnet mich, damit ich sofort von
den drei Giften befreit werde.

IDAM GURU RATNA MANDALAKAM NIRYATAYAMI

Das Gebet der Stufen des Pfades

Der Pfad beginnt mit tiefem Vertrauen
Zum gütigen Lehrer, Quelle alles Guten.
O segne mich, damit ich dies verstehe,
Um ihm mit großer Hingabe zu folgen.

O segne mich, dass ich verstehen möge
Die Seltenheit und Bedeutsamkeit
Dieses menschlichen Lebens mit allen Freiheiten
Und dann Tag und Nacht seinen Sinn erfasse.

Schnell wird mein Körper vergehen und sterben
So wie eine Luftblase im Wasser.
Nach dem Tod reifen die Folgen des Karmas,
So wie der Schatten dem Körper folgt.

Segne mich, dass ich durch diese Gewissheit
Und diese Erinnerung sehr achtsam bin,
Stets schädliche Handlungen vermeide
Und eine Fülle von Tugend ansammle.

Die Vergnügen Samsaras sind täuschend,
Geben keine Zufriedenheit, nur Qualen.
Bitte segne mich, damit ich aufrichtig
Die Glückseligkeit vollkommener Befreiung erstrebe.

O segne mich, dass aus diesem reinen Gedanken
Achtsamkeit und größte Vorsicht entstehen,
So dass die Wurzel der Lehre, die Pratimoksha,
Als meine essenzielle Praxis bewahrt sei.

Gleich mir ertrinken all meine gütigen Mütter
Im weiten Ozean Samsaras.
Segne mich, dass ich mich in Bodhichitta schule,
Damit ich sie bald erlösen kann.

Ohne drei Arten moralischer Disziplin
Kann ich jedoch kein Buddha werden.
O segne mich darum bitte mit der Kraft,
Den Bodhisattva Gelübden zu folgen.

Durch das Überwinden meiner Ablenkungen
Und die Analyse vollkommener Bedeutungen,
Segne mich, die Vereinigung schnell zu erlangen
Von höherem Sehen und ruhigem Verweilen.

Wenn ich durch allgemeine Wege
Zu einem reinen Gefäß werde,
Segne mich, in das höchste Fahrzeug Vajrayana,
Die essenzielle Praxis des Glücks, einzutreten.

Die Grundlage der zwei Erlangungen
Sind heilige Gelübde und Verpflichtungen.
Segne mich, dass ich dies klar verstehe
Und sie noch höher schätze als mein Leben.

Durch beständige Praxis in vier Sitzungen,
Wie von den heiligen Lehrern erklärt,
Segne mich, dass ich beide Stufen vollende,
Die die Essenz der Tantras sind.

Mögen alle, die mich auf dem Pfad führen,
Und meine Gefährten lange leben.
Segne mich, damit ich alle Hindernisse,
Innere und äußere, überwinden kann.

Möge ich stets vollkommene Lehrer finden
Und mich am heiligen Dharma erfreuen,
Alle Ebenen und Pfade schnell vollenden
Und den Zustand Vajradharas erlangen.

Segnungen empfangen und reinigen

Aus den Herzen aller heiligen Wesen fließen Licht- und Nektarströme herab, gewähren Segnungen und reinigen.

An dieser Stelle beginnen wir mit der eigentlichen Kontemplation und Meditation. Im Anschluss an die Meditation widmen wir unsere Verdienste mit dem folgenden Gebet:

Widmungsgebete

Mögen durch die Tugenden,
Die ich durch die Praxis der Stufen des Pfades
angesammelt habe,
Alle Lebewesen die Gelegenheit finden,
Auf gleiche Weise zu üben.

Mögen alle Wesen das Glück
Von Menschen und Göttern erfahren
Und schnell Erleuchtung erlangen,
Damit Samsara schließlich endet.

Gebete für die Tugendhafte Tradition

Damit die Tradition Je Tsongkhapas,
Des Königs des Dharma, erblühe,
Mögen alle Hindernisse überwunden sein
Und mögen alle vorteilhaften Bedingungen im
Überfluss vorhanden sein.

Durch die zwei Ansammlungen von mir und anderen,
Die während der drei Zeiten zusammengetragen werden,
Möge die Lehre des Eroberers Losang Dragpa
Für immer erblühen.

Das neunzeilige *Migtsema* Gebet

Tsongkhapa, Kronjuwel der Gelehrten vom Lande des Schnees,
Du bist Buddha Shakyamuni und Vajradhara, Quelle aller Erlangungen,
Avalokiteshvara, Schatz des nichtbeobachtbaren Mitgefühls,
Manjushri, erhabene, makellose Weisheit,
Und Vajrapani, Zerstörer der Scharen von Maras.
O ehrwürdiger Guru Buddha, Vereinigung aller Drei Juwelen,
Mit Körper, Rede und Geist ersuche ich Dich mit Respekt:
Bitte gewähre Deine Segnungen, damit ich und andere zur Reife und Befreiung gelangen,
Und gewähre die allgemeinen und höchsten Erlangungen.
(3x)

Kolophon: Diese Gebete wurden vom Ehrwürdigen Geshe Kelsang Gyatso Rinpoche aus traditionellen Quellen zusammengestellt.

Glossar

Achtsamkeit Ein geistiger Faktor, dessen Funktion es ist, das Objekt, das der primäre Geist verwirklicht, nicht zu vergessen. Siehe *Wie wir den Geist verstehen* und *Sinnvoll zu betrachten*.

Alleiniger Eroberer Eine der zwei Arten von Hinayana Praktizierenden. Siehe auch *Hörer*.

Allgemeines Bild Das erscheinende Objekt eines begrifflichen Geistes. Ein allgemeines, oder geistiges, Bild eines Objekts gleicht einer Spiegelung dieses Objekts. Ein begrifflicher Geist versteht sein Objekt durch die Erscheinung eines allgemeinen Bildes dieses Objekts, nicht dadurch, indem er es direkt sieht. Siehe *Das neue Herz der Weisheit* und *Wie wir den Geist verstehen*.

Amitayus Ein Buddha, der unser langes Leben, unsere Verdienste und Weisheit anwachsen lässt. Er ist der Aspekt des Freudenkörpers Buddha Amitabhas.

Analytische Meditation Siehe *Meditation*.

Anfangslose Zeit Der buddhistischen Weltsicht zufolge gibt es keinen Anfang des Geistes und somit keinen Anfang der Zeit. Deshalb haben alle fühlenden Wesen zahllose frühere Wiedergeburten angenommen.

Anhaftung Ein verblendeter geistiger Faktor, der ein verunreinigtes Objekt beobachtet, es als eine Ursache von Glück ansieht und es haben will. Siehe *Freudvoller Weg* und *Wie wir den Geist verstehen*.

Anschließender gültiger Erkenner Ein vollkommen verlässlicher Erkenner, dessen Objekt in direkter Abhängigkeit von einer schlüssigen Begründung verwirklicht wird. Siehe *Wie wir den Geist verstehen*.

Asanga Ein berühmter buddhistischer Yogi und Gelehrter des fünften Jahrhunderts n. Chr. aus Indien, Autor des *Handbuch des Abhidharma*. Siehe *Sinnvoll leben, freudvoll sterben*.

Atisha (982-1054 n. Chr.) Ein berühmter buddhistischer Gelehrter und Meditationsmeister aus Indien. In der Blütezeit des indischen Mahayana Buddhismus war er Abt des großen buddhistischen Klosters Vikramashila. Später wurde er nach Tibet eingeladen, wo er erneut reinen Buddhismus einführte. Er ist der Autor des ersten Textes über die Stufen des Pfades, *Eine Lampe für den Pfad*. Seine Tradition wurde später als Kadampa Tradition bekannt. Siehe *Freudvoller Weg* und *Moderner Buddhismus*.

Avalokiteshvara Tibetisch «Chenrezig». Die Verkörperung des Mitgefühls aller Buddhas. *Siehe Sinnvoll leben, freudvoll sterben*.

Begehrende Anhaftung Siehe *Anhaftung*

Behinderungen zur Allwissenheit Die Prägungen der Verblendungen, die eine gleichzeitige und direkte Verwirklichung aller Phänomene verhindern. Nur Buddhas haben diese Behinderungen überwunden.

Behinderungen zur Befreiung Behinderungen, die die Erlangung der Befreiung verhindern. Alle Verblendungen wie Unwissenheit, Anhaftung und Wut sowie ihre Samen sind Behinderungen zur Befreiung. Sie werden auch «Verblendungsbehinderungen» genannt.

Beobachtetes Objekt Jedes Objekt, auf das der Geist gerichtet ist. Siehe *Wie wir den Geist verstehen*.

Bescheidenheit Ein tugendhafter geistiger Faktor, dessen Hauptfunktion es ist, verblendeten Stolz zu verringern.

Bodhisattva Ebenen Diese zehn Ebenen sind die Verwirklichungen eines höheren Bodhisattva. Siehe *Ozean von Nektar*.

Brahma Ein weltlicher Gott. Siehe *Ozean von Nektar*.

Dakinis Weibliche tantrische Buddhas und diejenigen Frauen, die das sinnklare Licht verwirklicht haben. Dakas sind die männliche Entsprechung. Siehe *Führer ins Dakiniland*.

Dämon Siehe *Mara*.

Darbringung an den spirituellen Meister *Lama Chöpa* auf Tibetisch. Ein besonderer Guru Yoga von Je Tsongkhapa, bei dem unser spiritueller Meister im Aspekt von Lama Losang Tubwang Dorjechang visualisiert wird. Er ist eine wesentliche vorbereitende Praxis für Vajrayana Mahamudra. Übersetzung und vollständiger Kommentar siehe *Große Schatzkammer der Verdienste.*

Dharma Beschützer Eine Manifestation eines Buddha oder Bodhisattva, dessen Hauptfunktion es ist, Hindernisse zu beseitigen und alle notwendigen Bedingungen für reine Dharma Praktizierende bereitzustellen. Auf Sanskrit auch «Dharmapala» genannt. Siehe *Herzjuwel.*

Direktwahrnehmer Ein Erkenner, der sein manifestes Objekt erfasst. Siehe *Wie wir den Geist verstehen.*

Dualistische Erscheinung Die Erscheinung eines Objekts für den Geist, zusammen mit der Erscheinung der inhärenten Existenz dieses Objekts für diesen Geist. Siehe *Das neue Herz der Weisheit.*

Emanation Belebte oder unbelebte Form, die von Buddhas oder hohen Bodhisattvas manifestiert wird, um anderen zu helfen.

Emanationskörper Siehe *Körper eines Buddha.*

Entsagung Der Wunsch, aus Samsara befreit zu werden. Siehe *Freudvoller Weg.*

Erzeugungsstufe Die Verwirklichung eines kreativen Yoga vor dem Erreichen der eigentlichen Vollendungsstufe, die durch die Praxis des Bringens der drei Körper in den Pfad erlangt wird. In dieser Praxis erzeugt man sich im Geist als tantrische Gottheit und die Umgebung als Mandala dieser Gottheit. Die Meditation über die Erzeugungsstufe wird «kreativer Yoga» genannt, weil ihr Objekt durch richtige Vorstellung «kreiert», oder erzeugt, wird. Siehe *Mahamudra Tantra, Moderner Buddhismus* und *Tantrische Ebenen und Pfade.*

Falsche Sicht Ein intellektuell gebildetes, falsches Gewahrsein, das die Existenz eines Objekts verneint, dessen Verständnis notwendig ist, um Befreiung oder Erleuchtung zu erlangen, zum Beispiel das Verneinen der Existenz erleuchteter Wesen sowie von Karma oder Wiedergeburt. Siehe *Freudvoller Weg.*

Falsches Gewahrsein Ein Erkenner, der in Bezug auf sein Objekt des Befassens, oder Erfassens, fehlerhaft ist. Siehe *Wie wir den Geist verstehen.*

Feindzerstörer «Arhat» in Sanskrit. Ein Praktizierender, der alle Verblendungen und ihre Samen durch Schulung auf den spirituellen Pfaden aufgegeben hat und nie wieder in Samsara geboren wird. Das Wort «Feind» bezieht sich in diesem Zusammenhang auf die Verblendungen.

Formkörper Siehe *Körper eines Buddha.*

Freudenkörper Siehe *Körper eines Buddha.*

Fühlendes Wesen Jedes Wesen, das einen von Verblendungen oder deren Prägungen verunreinigten Geist hat. «Fühlendes Wesen» und «Lebewesen» werden verwendet, um Wesen, deren Geist von der einen dieser beiden Behinderungen verunreinigt ist, von Buddhas zu unterscheiden, deren Geist vollkommen frei von diesen Behinderungen ist.

Gefühl Ein geistiger Faktor, der die Funktion hat, angenehme, unangenehme oder neutrale Objekte zu erfahren. Siehe *Wie wir den Geist verstehen.*

Geheimes Mantra Gleichbedeutend mit Tantra. Die Lehren des Geheimen Mantra unterscheiden sich insofern von den Lehren des Sutra, als sie Methoden der Geistesschulung enthüllen, die das zukünftige Ergebnis, oder Buddhaschaft, in den gegenwärtigen Pfad bringen. Geheimes Mantra ist der höchste Pfad zur vollen Erleuchtung. Der Begriff «Mantra» weist darauf hin, dass es sich um Buddhas besondere Anleitung handelt, wie wir unseren Geist vor gewöhnlichen Erscheinungen und Vorstellungen schützen können. Praktizierende des Geheimen Mantra überwinden gewöhnliche Erscheinungen und Vorstellungen, indem sie ihren Körper, ihre Umgebung, ihre Vergnügen und Taten als diejenigen eines Buddha visualisieren. Der Begriff «Geheim» zeigt, dass die Praxis diskret und nur von denjenigen geübt werden kann, die eine tantrische Ermächtigung empfangen haben. Siehe *Die mündlichen Anleitungen des Mahamudra, Mahamudra Tantra, Moderner Buddhismus* und *Tantrische Ebenen und Pfade.*

Geistiger Faktor Ein Erkenner, der hauptsächlich ein bestimmtes Merkmal eines Objekts erfasst. Es gibt einundfünfzig spezifische geistige Faktoren. Jeder Moment von Geist besteht aus einem primären Geist und unterschiedlichen geistigen Faktoren. Siehe *Wie wir den Geist verstehen*.

Geshe Ein Titel, der vollendeten buddhistischen Gelehrten von Kadampa Klöstern verliehen wird. Eine Abkürzung des tibetischen «ge wai she nyen», was wörtlich «tugendhafter Freund» bedeutet.

Geshe Chekhawa (1102-1176 n. Chr.) Ein großer Kadampa Bodhisattva, der den Text *Geistesschulung in sieben Punkten* verfasste, einen Kommentar zu Geshe Langri Tangpas *Acht Verse der Geistesschulung*. Er verbreitete das Studium und die Praxis der Geistesschulung in ganz Tibet. Siehe auch *Allumfassendes Mitgefühl*.

Gewöhnliches Wesen Jeder, der Leerheit nicht direkt verwirklicht hat.

Gleichmut Ganz allgemein ein ausgeglichener Geist, der frei von starker Anhaftung und Abneigung ist. Siehe *Freudvoller Weg*.

Glückliches Äon Der Name, der diesem Weltzeitalter gegeben wurde. Es wird so genannt, weil eintausend Gründer Buddhas während dieses Äons erscheinen werden. Buddha Shakyamuni war der vierte und Buddha Maitreya wird der fünfte sein. Ein Äon, in dem keine Buddhas erscheinen, wird ein «dunkles Äon» genannt.

Götter Wesen des Götterbereichs, des höchsten der sechs Bereiche Samsaras. Siehe *Freudvoller Weg*.

Gottheit «Yidam» auf Tibetisch. Ein tantrisches erleuchtetes Wesen.

Gültiger Erkenner Ein Erkenner, der in Bezug auf sein Objekt des Befassens nichttäuschend ist. Es gibt zwei Arten: anschließende gültige Erkenner und direkte gültige Erkenner. Siehe *Das neue Herz der Weisheit* und *Wie wir den Geist verstehen*.

Guru Yoga Eine besondere Art, sich auf unseren spirituellen Meister zu verlassen, um seine oder ihre Segnungen zu erhalten. Siehe *Große Schatzkammer der Verdienste* und *Herzjuwel*.

Gurus der Überlieferungslinie Die Linie von spirituellen Meistern, durch die eine bestimmte Anleitung weitergegeben wurde.

Gyalwa Ensäpa (1505-1566 n. Chr.) Ein großer Yogi und Mahamudra Linienguru. Siehe *Große Schatzkammer der Verdienste.*

Held/Heldin Ein Held ist eine männliche tantrische Gottheit, die Methode verkörpert. Eine Heldin ist eine weibliche tantrische Gottheit, die Weisheit verkörpert. Siehe *Führer ins Dakiniland.*

Heruka Eine Hauptgottheit des Muttertantra, die die Verkörperung der untrennbaren Glückseligkeit und Leerheit ist. Siehe *Essenz des Vajrayana* und *Moderner Buddhismus.*

Herz Sutra Eines von mehreren *Sutras der Vollkommenheit der Weisheit,* die Buddha lehrte. Obwohl es viel kürzer ist als die anderen *Sutras der Vollkommenheit der Weisheit,* enthält es explizit oder implizit ihre gesamte Bedeutung. Auch als *Sutra der Essenz der Weisheit* bekannt. Übersetzung und vollständiger Kommentar siehe *Das neue Herz der Weisheit.*

Hinayana Sanskrit für «Kleineres Fahrzeug». Das Ziel des Hinayana ist, nur uns selbst von Leiden zu befreien, indem wir Verblendungen vollkommen aufgeben. Siehe *Freudvoller Weg.*

Höheres Sehen Eine besondere Weisheit, die ihr Objekt klar sieht und aufrechterhalten wird durch ruhiges Verweilen und die besondere Geschmeidigkeit, die durch Untersuchung hervorgerufen wird. Siehe *Freudvoller Weg* und *Die mündlichen Anleitungen des Mahamudra.*

Höllenbereich Der niederste der sechs Bereiche Samsaras. Siehe *Freudvoller Weg.*

Hörer Eine der zwei Arten von Hinayana Praktizierenden. Sowohl Hörer als auch Alleinige Verwirklicher sind Hinayanisten, aber sie unterscheiden sich in ihrer Motivation, ihrem Verhalten, ihren Verdiensten und ihrer Weisheit. Siehe *Ozean von Nektar.*

Hungrige Geister Wesen des Bereichs der hungrigen Geister, des zweitniedrigsten der sechs Bereiche Samsaras. Siehe *Freudvoller Weg.*

Indra Ein weltlicher Gott. Siehe *Das neue Herz der Weisheit.*

Innere Winde Besondere subtile Winde, die mit dem Geist in Beziehung stehen und durch die Kanäle unseres Körpers fließen. Ohne diese Winde können unser Körper und Geist nicht funktionieren. Siehe *Mahamudra Tantra*, *Moderner Buddhismus* und *Das klare Licht der Glückseligkei*t.

Jangchub Ö Neffe des tibetischen Königs Yeshe Ö, der im elften Jahrhundert lebte. Gemeinsam nahmen beide viele Entbehrungen auf sich, um den großen indischen buddhistischen Meister Atisha nach Tibet einzuladen. Yeshe Ö opferte im Verlaufe dessen sein Leben. Infolge seiner selbstlosen Güte fand eine Wiederbelebung des reinen Buddhadharma in ganz Tibet statt. Dieser Buddhadharma wurde als «Kadampa Buddhismus» bekannt und erblüht weiterhin bis zum heutigen Tag auf der ganzen Welt. Siehe *Freudvoller Weg* und *Moderner Buddhismus*.

Je Tsongkhapa (1357-1419 n. Chr.) Eine Emanation des Weisheitsbuddha Manjushri, dessen Erscheinen als Mönch und Halter der reinen Sicht und reinen Taten im Tibet des vierzehnten Jahrhunderts von Buddha vorhergesagt wurde. Er verbreitete einen sehr reinen Buddhadharma in ganz Tibet und zeigte, wie man die Übungen von Sutra und Tantra miteinander verbindet und reinen Dharma in degenerierten Zeiten praktiziert. Seine Tradition wurde später als «Gelug», oder «Ganden Tradition», bekannt. Siehe *Herzjuwel* und *Große Schatzkammer der Verdienste*.

Kadampa Ein tibetischer Begriff, wobei «Ka» «Wort» bedeutet und sich auf alle Lehren Buddhas bezieht. «Dam» bezieht sich auf die besonderen Lamrim Anleitungen Atishas, die als die «Stufen des Pfades zur Erleuchtung» bekannt sind, und «pa» bezieht sich auf einen Anhänger des Kadampa Buddhismus, der alle Lehren Buddhas, die er kennt, in seine Lamrim Praxis integriert. Siehe auch *Kadampa Tradition*. Siehe *Moderner Buddhismus*.

Kadampa Tradition Die reine Tradition des Buddhismus, die von Atisha begründet wurde. Die Anhänger dieser Tradition heißen bis zur Zeit Je Tsongkhapas «alte Kadampas». Diejenigen nach Je Tsongkhapas Zeit werden «neue Kadampas» genannt. Siehe auch *Kadampa*.

Kanäle Subtile innere Passagen des Körpers, durch die subtile Tropfen fließen, die von inneren Winden bewegte werden. Siehe

Das Klare Licht der Glückseligkeit, Moderner Buddhismus und *Mahamudra Tantra.*

Kanal-Rad «Chakra» in Sanskrit. Ein Konzentrationspunkt, von dem die Nebenkanäle des Zentralkanals ausgehen. Die Meditation über diese Punkte kann dazu führen, dass die Winde in den Zentralkanal eintreten. Siehe *Das Klare Licht der Glückseligkeit, Moderner Buddhismus* und *Mahamudra Tantra.*

Khädrubje (1385-1438 n. Chr.) Einer der Hauptschüler von Je Tsongkhapa, der Großes leistete, um die Tradition Je Tsongkhapas zu fördern, nachdem dieser verstorben war. Siehe *Große Schatzkammer der Verdienste.*

Körper eines Buddha Ein Buddha hat vier Körper: den Weisheits-Wahrheitskörper, den Naturkörper, den Freudenkörper und den Emanationskörper. Der erste ist der allwissende Geist eines Buddhas. Der zweite ist die Leerheit, oder endgültige Natur, seines Geistes. Der dritte ist sein subtiler Formkörper. Der vierte, von dem jeder Buddha eine unermessliche Anzahl manifestiert, sind grobe Formkörper, die für gewöhnliche Wesen sichtbar ist. Der Weisheits-Wahrheitskörper und der Naturkörper sind beide im Wahrheitskörper enthalten. Der Freudenkörper sowie der Emanationskörper sind im Formkörper enthalten. Siehe *Freudvoller Weg.*

Konzentration Ein geistiger Faktor, der seinen primären Geist einsgerichtet auf seinem Objekt verweilen lässt. Siehe *Freudvoller Weg* und *Sinnvoll zu betrachten.*

Lamrim Ein tibetischer Ausdruck, der wörtlich «Stufen des Pfades» bedeutet. Eine besondere Zusammenstellung aller Lehren Buddhas, die leicht zu verstehen und zu üben ist. Sie enthüllt alle Stufen des Pfades zur Erleuchtung. Vollständiger Kommentar siehe *Freudvoller Weg* und *Das neue Meditationshandbuch.*

Leitfaden für die Lebensweise eines Bodhisattva Ein klassischer Text des Mahayana Buddhismus, der vom großen indischen buddhistischen Yogi und Gelehrten Shantideva verfasst wurde und alle Übungen eines Bodhisattva darlegt, von der anfänglichen Erzeugung des Bodhichitta bis zur Vollendung der Praxis der sechs Vollkommenheiten. Übersetzung siehe *Leitfaden für die Lebensweise eines Bodhisattva.* Vollständiger Kommentar siehe *Sinnvoll zu betrachten.*

Mahamudra Sanskritbegriff, der wörtlich «großes Siegel» bedeutet. Im Sutra bezieht er sich auf die tiefgründige Sicht der Leerheit. Da Leerheit die Natur aller Phänomene ist, wird sie ein «Siegel» genannt und da uns eine direkte Verwirklichung der Leerheit befähigt, das große Ziel zu erreichen, die vollständige Befreiung von den Leiden Samsaras, wird sie auch «groß» genannt. Im Tantra oder Vajrayana ist das große Siegel die Vereinigung von spontaner großer Glückseligkeit und Leerheit. Siehe *Mahamudra Tantra*, *Die mündlichen Anleitungen des Mahamudra*, *Das klare Licht der Glückseligkeit* und *Große Schatzkammer der Verdienste*.

Mahayana Sanskrit für «Großes Fahrzeug», den spirituellen Pfad zur großen Erleuchtung. Das Ziel des Mahayana ist, Buddhaschaft zum Wohl aller fühlenden Wesen zu erlangen, indem alle Verblendungen und deren Prägungen vollständig aufgegeben werden. Siehe *Freudvoller Weg* und *Sinnvoll zu betrachten*.

Maitreya Die Verkörperung der liebevollen Güte aller Buddhas. Zur Zeit Buddha Shakyamunis manifestierte er sich als ein Bodhisattvaschüler, um Buddhas Schülern zu zeigen, wie man ein vollkommener Mahayana Schüler ist. In der Zukunft wird er sich als der fünfte Gründer Buddha manifestieren.

Mala Eine Gebetskette, mit der Rezitationen von Gebeten oder Mantras gezählt werden.

Mantra Ein Sanskritwort, das wörtlich «Geistesschutz» bedeutet. Mantra beschützt den Geist vor gewöhnlichen Erscheinungen und Vorstellungen. Siehe *Mahamudra Tantra* und *Tantrische Ebenen und Pfade*.

Mara Sanskrit für «Dämon» und bezieht sich auf alles, was die Erlangung der Befreiung oder Erleuchtung behindert. Es gibt vier Hauptarten von Maras: den Mara der Verblendungen, den Mara der verunreinigten Anhäufungen, den Mara des unkontrollierten Todes und die Devaputra Maras. Nur letztere sind eigentliche fühlende Wesen. Siehe *Das neue Herz der Weisheit*.

Meditation Meditation ist ein Geist, der sich auf ein tugendhaftes Objekt konzentriert, und ist eine geistige Handlung, welche die Hauptursache für geistigen Frieden ist. Es gibt zwei

Arten von Meditation: analytische Meditation und verweilende Meditation. Wenn wir unsere Vorstellungskraft, Achtsamkeit und Begründungen verwenden, um unser Meditationsobjekt zu finden, ist es eine analytische Meditation. Wenn wir unser Objekt finden und es einsgerichtet halten, ist es eine verweilende Meditation. Es gibt verschiedene Objekte. Einige, wie Unbeständigkeit oder Leerheit, sind Objekte, die vom Geist erfasst werden. Andere, wie Liebe, Mitgefühl oder Entsagung, sind eigentliche Geisteszustände. Wir führen die analytische Meditation aus, bis das besondere Objekt, das wir suchen, unserem Geist klar erscheint oder bis der besondere Geisteszustand entsteht, den wir erzeugen möchten. Dieses Objekt oder dieser Geisteszustand ist unser Objekt für die verweilende Meditation. Siehe *Das neue Meditationshandbuch* und *Freudvoller Weg*.

Methode Jeder spirituelle Pfad, der die Funktion hat, unsere Buddha Natur zur Reife zu bringen. Die Schulung in Entsagung, Mitgefühl und Bodhichitta sind Beispiele für Methodenübungen.

Milarepa (1040-1123 n. Chr.) Ein großer buddhistischer Meditierender aus Tibet und Schüler von Marpa, der für seine schönen Lieder der Verwirklichung berühmt ist.

Naga Ein nichtmenschliches Wesen, das von Menschen normalerweise nicht gesehen werden kann. Die obere Hälfte soll menschlich und die untere Hälfte schlangenartig sein. Nagas leben gewöhnlich in den Meeren dieser Welt, aber manchmal sind sie auch auf dem Land in Wäldern und auf Bergen zu finden. Sie sind sehr mächtig, einige sind wohlwollend, andere böswillig. Viele Krankheiten, die als «Naga Krankheiten» bekannt sind, werden durch sie verursacht und können nur durch bestimmte Naga Rituale geheilt werden.

Nagarjuna Ein großer buddhistischer Gelehrter und Meditationsmeister aus Indien, der das Mahayana im ersten Jahrhundert n. Chr. wiederbelebte, indem er die Unterweisungen über die *Sutras der Vollkommenheit der Weisheit* ans Licht brachte. Nagarjunas außerordentliches Leben und Werk wurden von Buddha Shakyamuni vorausgesagt. Siehe *Ozean von Nektar*.

Nichtbegrifflicher Geist Ein Erkenner, dessen Objekt klar erscheint, ohne mit einem allgemeinen Bild vermischt zu sein. Siehe *Wie wir den Geist verstehen.*

Nyungnä Ein Fasten- und Reinigungsretreat in Verbindung mit dem Elfgesichtigen Avalokiteshvara.

Objekt der Verneinung Ein Objekt, das explizit durch einen Geist verneint wird, der ein negatives Phänomen verwirklicht. Auch als «verneintes Objekt» bekannt.

Prägung Es gibt zwei Arten von Prägungen: Prägungen der Handlungen und Prägungen der Verblendungen. Jede Handlung, die wir begehen, lässt eine Prägung im Geisteskontinuum zurück und diese Prägungen sind karmische Potenziale, die dazu führen, in der Zukunft bestimmte Auswirkungen zu erleben. Die Prägungen der Verblendungen bleiben zurück, selbst nachdem die eigentlichen Verblendungen aufgegeben wurden, wie etwa Knoblauchgeruch in einem Gefäß zurückbleibt, nachdem der Knoblauch entfernt wurde. Die Prägungen der Verblendungen sind Behinderungen zur Allwissenheit und werden nur von Buddhas vollkommen aufgegeben.

Pratimoksha Sanskrit für «individuelle Befreiung». Siehe *Das Bodhisattva Gelübde.*

Primärer Geist Ein Erkenner, der hauptsächlich die bloße Wesenheit eines Objekts erfasst. Synonym zu Bewusstsein. Es gibt sechs primäre Geistesarten: Augenbewusstsein, Ohrenbewusstsein, Nasenbewusstsein, Zungenbewusstsein, Körperbewusstsein und geistiges Bewusstsein. Jeder Moment des Geistes besteht aus einem primären Geist und verschiedenen geistigen Faktoren. Ein primärer Geist und seine begleitenden geistigen Faktoren sind dieselbe Wesenheit, haben aber unterschiedliche Funktionen. Siehe *Wie wir den Geist verstehen.*

Reines Land Eine reine Umgebung, in der es keine wahren Leiden gibt. Es gibt viele Reine Länder. Tushita ist zum Beispiel das Reine Land Buddha Maitreyas, Sukhavati das Reine Land Buddha Amitabhas und Dakiniland, oder Keajra, das Reine Land von Buddha Vajrayogini und Buddha Heruka. Siehe *Sinnvoll leben, freudvoll sterben* und *Herzjuwel.*

Richtiger Glaube Ein nichtgültiger Erkenner, der sein vorgestelltes Objekt verwirklicht. Siehe *Wie wir den Geist verstehen*.

Ruhiges Verweilen Eine Konzentration, die die besondere Glückseligkeit der Geschmeidigkeit des Geistes und Körpers hat, die in Abhängigkeit von der Vollendung der neun Ebenen des geistigen Verweilens erlangt wird. *Siehe Sinnvoll zu betrachten, Freudvoller Weg* und *Die mündlichen Anleitungen des Mahamudra*.

Samen der Verblendung Der Samen einer Verblendung ist das Potenzial, aus dem diese Verblendung entsteht. Er ist die substanzielle Ursache der Verblendung. Bis wir eine Verblendung letztendlich aufgegeben haben, wird der Samen dieser Verblendung in unserem Geist bleiben, auch wenn die Verblendung an sich nicht manifest ist. Die Samen der Verblendungen können nur durch die Weisheit beseitigt werden, die Leerheit direkt verwirklicht. Siehe *Wie wir den Geist verstehen*.

Sechs Bereiche Es gibt sechs Bereiche Samsaras. Sie sind in aufsteigender Reihenfolge, der Art des Karmas entsprechend, das zu einer Wiedergeburt im jeweiligen Bereich führt: die Bereiche der Höllenwesen, der hungrigen Geister, der Tiere, der Menschen, der Halbgötter und der Götter. Die ersten drei sind niedere Bereiche oder unglückliche Wanderungen und die letzten drei sind höhere Bereiche oder glückliche Wanderungen. Siehe *Freudvoller Weg* und *Das neue Meditationshandbuch*.

Shantideva (687-763 n. Chr.) Ein großer buddhistischer Gelehrter und Meditationsmeister aus Indien. Er verfasste den *Leitfaden für die Lebensweise eines Bodhisattva*. Siehe *Sinnvoll zu betrachten* und *Leitfaden für die Lebensweise eines Bodhisattva*.

Sinnklares Licht Ein sehr subtiler Geist, der Leerheit direkt, ohne allgemeines Bild, verwirklicht. Siehe *Mahamudra Tantra* und *Das klare Licht der Glückseligkeit*.

Spiritueller Meister «Guru» in Sanskrit und «Lama» auf Tibetisch. Ein Lehrer, der uns entlang des spirituellen Pfades führt. Siehe *Freudvoller Weg* und *Große Schatzkammer der Verdienste*.

Subtiler Geist Es gibt verschiedene Ebenen des Geistes: grobe, subtile und sehr subtile. Subtile Geistesarten manifestieren sich, wenn die inneren Winde sich innerhalb des Zentralkanals sammeln und auflösen. Siehe auch *Ursprungsgeist*. Siehe *Das klare Licht der Glückseligkeit* und *Mahamudra Tantra*.

Sutra Die Lehren Buddhas, die von allen geübt werden können, ohne dass dafür eine Ermächtigung notwendig ist. Sie beinhalten Buddhas Lehren der drei Drehungen des Dharma Rades.

Sutras der Vollkommenheit der Weisheit Die Sutras der zweiten Drehung des Dharma Rades, in denen Buddha seine letztendliche Sicht der endgültigen Natur aller Phänomene offenbarte, die Leerheit von inhärenter Existenz. Siehe *Das neue Herz der Weisheit* und *Ozean von Nektar*.

Tantra Siehe *Geheimes Mantra*.

Tara/Arya Tara Ein weiblicher Buddha, der eine Manifestation der endgültigen Weisheit aller Buddhas ist. «Arya» bedeutet «Höhere» und «Tara» bedeutet «Befreierin» oder «Retterin». Da sie ein Weisheitsbuddha ist und da sie die Manifestation des vollständig gereinigten Windelements aller Buddhas ist, kann Tara uns sehr schnell helfen.

Tiefgründiger Pfad Alle Weisheitsübungen, die zu einer direkten Verwirklichung der Leerheit und letztendlich zum Wahrheits körper eines Buddha führen. Siehe *Freudvoller Weg* und *Ozean von Nektar*.

Trijang Rinpoche, Vajradhara (1901-1981 n. Chr.) Ein besonderer tibetischer Lama des 20. Jahrhunderts. Auch als «Dorjechang Trijang Rinpoche» und «Losang Yeshe» bekannt.

Überlieferungslinie Die Linie einer Anleitung, die vom spirituellen Meister an den Schüler weitergegeben worden ist, wobei jeder spirituelle Meister der Linie eine persönliche Erfahrung der Anleitung gewann, ehe er sie weitergab.

Überlieferungsliniengurus Siehe *Gurus der Überlieferungslinie*.

Unterscheidung Ein geistiger Faktor, dessen Funktion es ist, das außergewöhnliche Zeichen eines Objekts zu erfassen. Siehe *Wie wir den Geist verstehen*.

Ursprungsgeist Der sehr subtile Geist, der sich in der Mitte des Herzkanal-Rades befindet. Er ist als «Ursprungsgeist» bekannt, weil alle anderen Geistesarten aus ihm entstehen und sich wieder in ihn auflösen. Siehe *Mahamudra Tantra*.

Vajradhara Der Gründer des Vajrayana, oder Tantra. Er ist das gleiche Geisteskontinuum wie Buddha Shakyamuni, zeigt aber einen anderen Aspekt. Buddha Shakyamuni erscheint im Aspekt eines Emanationskörpers und Eroberer Vajradhara erscheint im Aspekt eines Freudenkörpers. Siehe *Große Schatzkammer der Verdienste.*

Vajradharma Die Manifestation der Rede aller Buddhas. Abgesehen von seinem roten Körper sieht er genauso aus wie Eroberer Vajradhara. Siehe *Führer ins Dakiniland.*

Vajrapani Die Verkörperung der Kraft aller Buddhas. Er erscheint in einem zornvollen Aspekt und zeigt damit seine Kraft, äußere, innere und geheime Hindernisse zu überwinden.

Vajrayana Das Fahrzeug des Geheimen Mantra. Siehe auch *Geheimes Mantra.*

Vajrayogini Eine weibliche Gottheit des Höchsten Yoga Tantra, die die Verkörperung der unteilbaren Glückseligkeit und Leerheit ist. Sie ist die gleiche Natur wie Heruka. Siehe *Führer ins Dakiniland.*

Verbeugung Eine Handlung, mit Körper, Rede oder Geist Respekt zu zeigen. Siehe *Freudvoller Weg* und *Das Bodhisattva Gelübde.*

Verdienste Das Glück, das durch tugendhafte Handlungen erschaffen wird. Sie sind die potenzielle Kraft, unsere guten Eigenschaften zu vergrößern und Glück hervorzubringen.

Vereinigung Bezieht sich auf die Vereinigung des Nicht-mehr-Lernens, das ein Synonym für volle Erleuchtung ist.

Verneintes Objekt Siehe *Objekt der Verneinung*

Vertrauen Ein von Natur aus tugendhafter Geist, der in erster Linie die Funktion hat, der Wahrnehmung von Fehlern im beobachteten Objekt entgegenzuwirken. Es gibt drei Arten von Vertrauen: glaubendes Vertrauen, bewunderndes Vertrauen und wünschendes Vertrauen. Siehe *Freudvoller Weg, Moderner Buddhismus* und *Wie wir den Geist verstehen.*

Verweilende Meditation Siehe *Meditation.*

Verwirklichung Eine stabile und nichtfehlerhafte Erfahrung eines tugendhaften Objekts, die uns direkt vor Leiden schützt.

Vierter Befreier Bezieht sich auf Buddha Shakyamuni. Siehe auch *Glückliches Äon*.

Vinaya Sutras Sutras, in denen Buddha hauptsächlich die Praxis der moralischen Disziplin erklärt und insbesondere die moralische Disziplin der Pratimoksha.

Vollendungsstufe Verwirklichungen des Höchsten Yoga Tantra, die in Abhängigkeit davon entwickelt werden, dass die Winde durch die Kraft der Meditation in den Zentralkanal eintreten, in ihm verweilen und sich auflösen. Siehe *Tantrische Ebenen und Pfade* und *Moderner Buddhismus*.

Wachsamkeit Ein geistiger Faktor, der eine Art von Weisheit ist, die die Aktivität unseres Körpers, unserer Rede und unseres Geistes untersucht und weiß, ob sich Fehler entwickeln oder nicht. Siehe *Wie wir den Geist verstehen*.

Wahrheitskörper Siehe *Körper eines Buddha*.

Weisheit Ein tugendhafter, intelligenter Geist, der seinen primären Geist dessen Objekt gründlich verwirklichen lässt. Eine Weisheit ist ein spiritueller Pfad, der dazu dient, unseren Geist von Verblendungen oder ihren Prägungen zu befreien. Ein Beispiel von Weisheit ist die richtige Sicht der Leerheit. Siehe *Das neue Herz der Weisheit* und *Wie wir den Geist verstehen*.

Weiter Pfad Der weite Pfad beinhaltet alle Methodenübungen, von der anfänglichen Entwicklung des Mitgefühls bis zur abschließenden Erlangung des Formkörpers eines Buddha. Siehe *Freudvoller Weg*.

Weltliche Belange, acht Die Objekte der acht weltlichen Belange sind Glück und Leiden, Reichtum und Armut, Lob und Kritik sowie guter Ruf und schlechter Ruf. Sie werden «weltliche Belange» genannt, weil weltliche Menschen ständig um sie besorgt sind: manche davon wollen sie haben und andere versuchen sie zu vermeiden. Sie werden auch «die acht weltlichen Dharmas» genannt. Siehe *Freudvoller Weg*.

Wut Ein verblendeter geistiger Faktor, der sein verunreinigtes Objekt beobachtet, seine schlechten Eigenschaften übertreibt, es als nicht begehrenswert erachtet und ihm schaden will. Siehe *Wie wir den Geist verstehen* und *Wie wir unsere menschlichen Probleme lösen*.

Yidam Siehe *Gottheit*.

Yogi/Yogini Sanskritbegriffe, die sich gewöhnlich auf einen männlichen Meditierenden oder eine weibliche Meditierende beziehen, der oder die eine Vereinigung von ruhigem Verweilen und höherem Sehen erlangt hat.

Zufriedenheit Durch eine tugendhafte Absicht motiviert mit seinen inneren und äußeren Umständen zufrieden sein.

Bibliographie

Der Ehrwürdige Geshe Kelsang Gyatso Rinpoche ist ein hoch angesehener Meditationsmeister und Gelehrter der buddhistischen Mahayana Tradition, die von Je Tsongkhapa gegründet wurde. Seit er im Jahre 1977 in den Westen kam, hat der Ehrwürdige Geshe Kelsang unermüdlich dafür gearbeitet, den reinen Buddhadharma auf der ganzen Welt zu etablieren. Während dieser Zeit hat er ausführliche Unterweisungen über die wichtigsten Schriften des Mahayana gegeben. Diese Lehren geben eine umfassende Darstellung der essenziellen Übungen aus Sutra und Tantra des Mahayana Buddhismus.

Bücher

Die folgenden Bücher des Ehrwürdigen Geshe Kelsang Gyatso Rinpoche sind vom Tharpa Verlag gegenwärtig auf Deutsch veröffentlicht:

Acht Schritte zum Glück – Neuausgabe Der buddhistische Weg der liebevollen Güte. (3. überarb. Aufl. 2017)

Allumfassendes Mitgefühl Inspirierende Lösungen für schwierige Zeiten. (2. Aufl. 2006)

Das Bodhisattva Gelübde Ein praktischer Leitfaden, anderen zu helfen. (2015)

Das klare Licht der Glückseligkeit Ein tantrisches Meditationshandbuch. (2004)

Das neue Herz der Weisheit Tiefgründige Lehren aus Buddhas Herzen (eine Erklärung des *Herz Sutra*). (2. überarb. Aufl. 2013)

Das neue Meditationshandbuch Meditationen für ein glückliches und sinnvolles Leben. (2. Aufl. 2013)

Die mündlichen Anleitungen des Mahamudra (2016)

Einführung in den Buddhismus Eine Erklärung der buddhistischen Lebensweise. (5. Aufl. 2011)

Freudvoller Weg Der vollständige buddhistische Pfad zur Erleuchtung. (4. Aufl. 2017)

Führer ins Dakiniland Die Praxis des Höchsten Yoga Tantra von Buddha Vajrayogini. (2005)

Herzjuwel Die essenziellen Übungen des Kadampa Buddhismus. (1996)

Leitfaden für die Lebensweise eines Bodhisattva Wie man sich eines sinnvollen und selbstlosen Lebens erfreut (eine Übersetzung von Shantidevas lyrischem Meisterwerk). (2. Aufl. 2015)

Mahamudra Tantra Der erhabene Herzjuwel Nektar. (2006)

Moderner Buddhismus Der Weg des Mitgefühls und der Weisheit. (2011)

Sinnvoll leben, freudvoll sterben Die tiefgründige Übung der Bewusstseinsübertragung. (2014)

Sinnvoll zu betrachten Die Lebensweise eines Bodhisattva. (2000)

Tantrische Ebenen und Pfade Wie wir in den Vajrayanapfad eintreten, auf ihm fortschreiten und ihn vollenden. (2015)

Wie wir den Geist verstehen Die Natur und die Kraft des Geistes. (vollst. überarb. Aufl. 2013)

Wie wir unsere menschlichen Probleme lösen Die Vier Edlen Wahrheiten. (3. Aufl. 2015)

Wie wir unser Leben verwandeln Eine glückselige Reise. (3. vollst. überarb. Aufl. 2017)

Sadhanas und andere Broschüren

Der Ehrwürdige Geshe Kelsang Gyatso Rinpoche hat auch die Übersetzung einer Reihe wichtiger Sadhanas, oder ritueller Gebete für spirituelle Erlangungen, beaufsichtigt. In deutscher Sprache sind erschienen:

Avalokiteshvara Sadhana Gebete und Bitten an den Buddha des Mitgefühls.

Befreiendes Gebet Lobpreis an Buddha Shakyamuni.

Befreiung von Leid Gebete und Bitten an die einundzwanzig Taras.

Dakini Yoga Die mittlere Selbsterzeugungssadhana von Vajrayogini.

Das Bekenntnis der moralischen Übertretungen eines Bodhisattva Die Reinigungspraxis des *Mahayana Sutra der drei höheren Anhäufungen.*

Darbringung an den spirituellen Meister (Lama Chöpa) Eine besondere Art, sich auf den spirituellen Meister zu verlassen.

Der außergewöhnliche Yoga der Unvorstellbarkeit Die besondere Anleitung, wie man das Reine Land Keajra mit diesem menschlichen Körper erreicht.

Der glückselige Pfad Die zusammengefasste Selbsterzeugungssadhana von Vajrayogini.

Der Keajra Himmel Der essenzielle Kommentar zur Praxis *Der außergewöhnliche Yoga der Unvorstellbarkeit*.

Der Pfad des Mitgefühls für Verstorbene Powa Sadhana zum Nutzen der Verstorbenen.

Der Pfad ins Reine Land Powa Schulung – die Übertragung des Bewusstseins.

Der schnelle Pfad zur großen Glückseligkeit Ausführliche Selbsterzeugungssadhana von Vajrayogini.

Der Urtext: Acht Verse der Geistesschulung.

Der Yoga der erleuchteten Mutter Arya Tara Selbsterzeugungssadhana.

Der Yoga der Großen Mutter Prajnaparamita Selbsterzeugungssadhana.

Der Yoga der Weißen Tara, des Buddha des langen Lebens.

Der Yoga des tausendarmigen Avalokiteshvara Selbsterzeugungssadhana.

Der Yoga von Buddha Amitayus Eine besondere Methode, Lebenszeit, Weisheit und Verdienste zu vergrößern.

Der Yoga von Buddha Heruka Die kurze Selbsterzeugungssadhana des Heruka Körpermandalas & Zusammengefasster Yoga der sechs Sitzungen.

Der Yoga von Buddha Maitreya Selbsterzeugungssadhana.

Der Yoga von Buddha Vajrapani Selbsterzeugungssadhana.

Die Gelübde und Verpflichtungen des Kadampa Buddhismus.

Die Große Mutter Eine Methode, Behinderungen und Hindernisse durch die Rezitation des *Sutra der Essenz der Weisheit* (*Herz Sutra*) zu überwinden.

Die Hunderte von Gottheiten des Freudvollen Landes gemäß Höchstem Yoga Tantra Der Guru Yoga von Je Tsongkhapa als vorbereitende Übung für Mahamudra.

Die Kadampa Lebensweise Die essenzielle Praxis des Kadam Lamrim.

Die neue Essenz des Vajrayana Die Selbsterzeugungspraxis des Heruka Körpermandalas, eine Anleitung der mündlichen Ganden Überlieferungslinie.

Ein Handbuch zur täglichen Praxis der Bodhisattva Gelübde und der tantrischen Gelübde.

Ein reines Leben Die Praxis des Nehmens und Einhaltens der acht Mahayana Grundsätze.

Essenz des Glücks Gebete der sechs vorbereitenden Übungen für die Meditation über die Stufen des Pfades zur Erleuchtung.

Essenz des Vajrayana Die Selbsterzeugungssadhana des Heruka Körpermandalas nach dem System von Mahasiddha Ghantapa.

Fest der großen Glückseligkeit Selbsteinweihungssadhana von Vajrayogini.

Gebete für den Weltfrieden.

Gebete für die Meditation Kurze vorbereitende Gebete für die Meditation.

Große Befreiung der Mutter Vorbereitende Gebete für die Mahamudra Meditation in Verbindung mit der Vajrayogini Praxis.

Große Befreiung des Vaters Vorbereitende Gebete für die Mahamudra Meditation in Verbindung mit der Heruka Praxis.

Herzjuwel Der Guru Yoga von Je Tsongkhapa in Verbindung mit der zusammengefassten Sadhana seines Dharma Beschützers.

Klangvolle Trommel, siegreich in allen Richtungen Das ausführliche Erfüllungs- und Wiederherstellungsritual des Dharma Beschützers, des großen Königs Dorje Shugden, in Verbindung mit Mahakala, Kalarupa, Kalindewi und anderen Dharma Beschützern.

Meditation und Rezitation des Alleinigen Vajrasattva.

Medizinbuddha Gebet Eine Methode, anderen zu helfen.

Medizinbuddha Sadhana Eine Methode, die Erlangungen von Medizinbuddha zu erreichen.

Powa Zeremonie Bewusstseinsübertragung für Verstorbene.

Pratimoskha Zeremonie für Laien.

Schatzkammer der Weisheit Sadhana des Ehrwürdigen Manjushri.

Tiefempfundene Gebete Trauerfeier bei Feuerbestattungen und Beerdigungen.

Tropfen des essenziellen Nektars Eine besondere Fasten- und Reinigungspraxis in Verbindung mit dem elfgesichtigen Avalokiteshvara.

Wunscherfüllendes Juwel Der Guru Yoga von Je Tsongkhapa in Verbindung mit der Sadhana seines Dharma Beschützers.

Zeremonie der Mahayana Zuflucht und des Bodhisattva Gelübdes.

Wenn Sie etwas bestellen oder sich einen Katalog zuschicken lassen möchten, besuchen Sie bitte www.tharpa.com/de oder setzen Sie sich mit einer Tharpa Niederlassung in Verbindung. (Eine Liste finden Sie auf S. 361.)

NKT – IKBU

Studienprogramme des Kadampa Buddhismus

Der Kadampa Buddhismus ist eine Schule des Mahayana Buddhismus. Er wurde vom großen, indischen buddhistischen Meister Atisha (982-1054 n. Chr.) gegründet. Seine Anhänger heißen Kadampas: «Ka» bedeutet Wort und bezieht sich auf die Lehren Buddhas. «Dam» bezieht sich auf die besonderen Lamrim Unterweisungen Atishas, die als die Stufen des Pfades zur Erleuchtung bekannt sind. Kadampa Buddhisten integrieren das Wissen aller Lehren Buddhas in ihre Lamrim Praxis. Indem sie dieses Wissen in ihrem Alltag umsetzen, sind für sie alle Unterweisungen Buddhas praktische Methoden, um tägliches Handeln in den Pfad zur Erleuchtung umzuwandeln. Die großen Kadampa Lehrer sind nicht nur als große Gelehrte bekannt, sondern auch als spirituell Praktizierende von außerordentlicher Reinheit und Aufrichtigkeit.

Die Überlieferungslinie dieser Lehren, sowohl die mündliche Überlieferung als auch ihre Segnungen, wurde jeweils vom Lehrer an den Schüler weitergegeben. Sie verbreitete sich in weiten Teilen Asiens und gegenwärtig auch in vielen Ländern der westlichen Welt. Buddhas Lehren, «Dharma» genannt, werden mit einem Rad verglichen, das sich in Übereinstimmung mit den sich verändernden Bedingungen und den karmischen Neigungen der Menschen von einem Land zum anderen bewegt. Die äußere Form der Präsentation des Buddhismus mag sich je nach Kultur und Gesellschaft ändern. Die Authentizität aber wird durch die Weiterführung der ungebrochenen Überlieferungslinie von verwirklichten Praktizierenden sichergestellt.

Der angesehene buddhistische Meister, der Ehrwürdige Geshe Kelsang Gyatso Rinpoche, brachte den Kadampa Buddhismus im Jahr 1977 erstmals in den Westen. Seit dieser Zeit hat er unermüdlich dafür gearbeitet, den Kadampa Buddhismus in der ganzen Welt zu verbreiten. Er gab ausführliche Unterweisungen, verfasste tiefgründige Texte zum Kadampa Buddhismus und gründete die Neue Kadampa Tradition – Internationale Union des Kadampa Buddhismus (NKT-IKBU), die bis jetzt weltweit über tausend Kadampa Zentren und Gruppen umfasst. Jedes Zentrum bietet Studienprogramme über buddhistische Psychologie, Philosophie und über die Anleitungen zur Meditation sowie Retreats für Praktizierende aller Stufen an. Hierbei wird betont, die Lehren Buddhas in den Alltag einzubeziehen, damit wir unsere Probleme lösen und immerwährenden Frieden und Glück in der Welt verbreiten können.

Der Kadampa Buddhismus der NKT-IKBU ist eine völlig unabhängige buddhistische Tradition und hat keinerlei politische Zugehörigkeit. Es ist ein Zusammenschluss von buddhistischen Zentren und Praktizierenden, die Inspiration und Führung von den Vorbildern und den Unterweisungen der alten Meister des Kadampa Buddhismus erhalten, so wie sie vom Ehrwürdigen Geshe Kelsang gelehrt werden.

Es gibt drei Gründe, warum wir die Lehre Buddhas studieren und praktizieren müssen: Wir wollen unsere Weisheit entwickeln, unser gutes Herz fördern und einen friedvollen Geisteszustand bewahren. Wenn wir nicht danach streben,

unsere Weisheit zu entwickeln, wird uns die endgültige Wahrheit, die wahre Natur der Wirklichkeit, für immer verschlossen bleiben. Obwohl wir uns Glück wünschen, bringt uns unsere Unwissenheit dazu, nichttugendhaft zu handeln, was die Hauptursache all unserer Leiden ist. Wenn wir unser gutes Herz nicht fördern, zerstört unsere egoistische Motivation die Harmonie mit anderen und die guten Beziehungen zu ihnen. Wir finden keinen Frieden und haben keine Gelegenheit, reines Glück zu erlangen. Ohne inneren Frieden ist äußerer Frieden nicht möglich. Wenn wir keinen friedvollen Geisteszustand bewahren, sind wir selbst unter den besten Bedingungen nicht glücklich. Wenn andererseits unser Geist friedvoll ist, sind wir glücklich, auch wenn die äußeren Bedingungen unangenehm sind. Deshalb ist die Entwicklung dieser Eigenschaften von größter Wichtigkeit für unser tägliches Glück.
Der Ehrwürdige Geshe Kelsang oder «Geshe-la», wie er liebevoll von seinen Schülern genannt wird, hat drei besondere spirituelle Programme für das systematische Studium und die Praxis des Kadampa Buddhismus entwickelt. Diese Programme sind besonders gut für den modernen Lebensstil geeignet. Es sind das Allgemeine Programm (AP), das Grundlagenprogramm (GP) und das Lehrerausbildungsprogramm (LAP).

ALLGEMEINES PROGRAMM

Das Allgemeine Programm vermittelt eine grundlegende Einführung in buddhistische Sicht, Meditation und Praxis. Es ist besonders für Anfänger geeignet, umfasst aber auch fortgeschrittene Unterweisungen und Übungen aus Sutra und Tantra.

GRUNDLAGENPROGRAMM

Das Grundlagenprogramm bietet die Möglichkeit, unser Verständnis und unsere Erfahrung des Buddhismus durch das systematische Studium von sechs Texten zu vertiefen:

1. *Freudvoller Weg* – ein Kommentar zu Atishas Lamrim Unterweisungen, den Stufen des Pfades zur Erleuchtung.
2. *Allumfassendes Mitgefühl* – ein Kommentar zu Bodhisattva Chekhawas *Geistesschulung in sieben Punkten.*
3. *Acht Schritte zum Glück – Neuausgabe* – ein Kommentar zu Bodhisattva Langri Tangpas *Acht Verse der Geistesschulung.*
4. *Das neue Herz der Weisheit* – ein Kommentar zum *Herz Sutra.*
5. *Sinnvoll zu betrachten* – ein Kommentar zu Bodhisattva Shantidevas *Leitfaden für die Lebensweise eines Bodhisattva.*
6. *Wie wir den Geist verstehen* – eine ausführliche Erklärung des Geistes, die auf den Werken der buddhistischen Gelehrten Dharmakirti und Dignaga beruht.

Das Studium und die Praxis dieser Texte bringen uns vielfachen Nutzen:

(1) *Freudvoller Weg* – Wir erlangen die Fähigkeit, alle Lehren Buddhas, sowohl Sutra als auch Tantra, in die Praxis umzusetzen. Wir machen rasch Fortschritte und vollenden die Stufen des Pfades zum höchsten Glück der Erleuchtung. Von einem praktischen Standpunkt aus betrachtet, ist Lamrim der Hauptteil der Lehre Buddhas, ähnlich einem Stamm, und die anderen Unterweisungen gleichen Zweigen.

(2) und (3) *Allumfassendes Mitgefühl* und *Acht Schritte zum Glück – Neuausgabe* – Wir erlangen die Fähigkeit, alle Unterweisungen

Buddhas in unser Leben zu integrieren und alle unsere Probleme zu lösen.

(4) *Das neue Herz der Weisheit* – Wir erlangen eine Verwirklichung der endgültigen Natur der Wirklichkeit. Durch diese Verwirklichung können wir die Unwissenheit des Festhaltens am Selbst, die Wurzel all unseres Leidens, beseitigen.

(5) *Sinnvoll zu betrachten* – Wir wandeln unser tägliches Handeln in die Lebensweise eines Bodhisattva um. Damit wird jeder Moment unseres Lebens von Bedeutung sein.

(6) *Wie wir den Geist verstehen* – Wir verstehen die Beziehung zwischen unserem Geist und äußeren Objekten. Wenn wir verstehen, dass die Objekte von unserem subjektiven Geist abhängen, können wir die Art und Weise verändern, wie uns Objekte erscheinen, indem wir unseren Geist verändern. Allmählich erlangen wir die Fähigkeit, unseren Geist zu bändigen und auf diese Weise alle unsere Probleme zu lösen.

LEHRERAUSBILDUNGSPROGRAMM

Das Lehrerausbildungsprogramm ist für diejenigen bestimmt, die sich zu authentischen Dharmalehrern ausbilden lassen wollen. In Ergänzung zum Studium von vierzehn Texten aus Sutra und Tantra, zu denen auch die oben erwähnten sechs Texte gehören, werden an die Schülerinnen und Schüler gewisse Anforderungen bezüglich Verhalten und Lebensweise gestellt. Zudem müssen sie etliche Meditationsretreats abschließen.

Außerdem wird ein besonderes Lehrerausbildungsprogramm (STTP) am Manjushri KMC England angeboten, an dem man entweder direkt im Zentrum oder in Form eines Fernstudiums teilnehmen kann. Dieses besondere Meditations- und Studienprogramm besteht aus sechs Kursen, die über drei Jahre verteilt sind. Folgende Bücher des Ehrwürdigen Geshe Kelsang Gyatso Rinpoche werden studiert: *Wie wir den Geist verstehen*, *Moderner Buddhismus*, *Das neue Herz der Weisheit*, *Tantrische Ebenen und Pfade*, Shantidevas *Leitfaden für die Lebensweise eines Bodhisattva* mit dem Kommentar *Sinnvoll zu betrachten* sowie *Ozean von Nektar*.

Alle Zentren des Kadampa Buddhismus sind der Öffentlichkeit frei zugänglich. Jedes Jahr finden mehrere Festivals in vielen Ländern der Welt statt, einschließlich England, Deutschland und der Schweiz. Auf den zwei großen Festivals in England treffen sich Menschen aus der ganzen Welt, um besondere Unterweisungen und Ermächtigungen zu empfangen und um einen spirituellen Urlaub zu verbringen. Besuchen Sie ein Zentrum – Sie sind jederzeit willkommen!

Weitere Informationen über die Studienprogramme der NKT-IKBU oder Ihr nächstgelegenes Zentrum finden Sie unter www.kadampa.org oder schreiben Sie im deutschsprachigen Raum an:

Kadampa Meditationszentrum Deutschland
Chausseestraße 108, 10115 Berlin
Tel.: +49 (0) 30 430 55 666
E-Mail: mail@meditieren-lernen.de
www.meditieren-lernen.de

Kadampa Meditationszentrum Schweiz
Mirabellenstrasse 1, CH-8048 Zürich
Tel.: +41 (0) 44 461 33 88
E-Mail: info@nkt-kmc-switzerland.org
www.nkt-kmc-switzerland.org

Kadampa Meditationszentrum Österreich
Schottenfeldgasse 63/1/2, 1070 Wien
Tel: +43 (0) 1 911 1841
Email: zentrum@buddha.at
www.buddha.at

International:

NKT-IKBU Central Office
Conishead Priory, Ulverston,
Cumbria LA12 9QQ, England
Tel: +44 (0) 01229-588533
Fax: +44 (0) 01229-580080
E-Mail: info@kadampa.org
www.kadampa.org

Tharpa Niederlassungen weltweit

Bücher von Tharpa werden derzeit in Englisch (GB und USA), Chinesisch, Deutsch, Französisch, Italienisch, Japanisch, Portugiesisch und Spanisch herausgegeben. Sie können diese Bücher über jede der folgenden Tharpa Niederlassungen beziehen:

Deutschland
Tharpa Verlag Deutschland
Chausseestraße 108
10115 Berlin
DEUTSCHLAND
Tel.: +49 (0) 30 430 55 666
Web: www.tharpa.com/de
E-Mail: info.de@tharpa.com

Schweiz
Tharpa Verlag Schweiz
Mirabellenstrasse 1
CH-8048 Zürich
SCHWEIZ
Tel.: +41 44 401 02 20
Web: www.tharpa.com/ch
E-Mail: info.ch@tharpa.com

Asien
Tharpa Asia
1st Floor Causeway Tower,
16-22 Causeway Road,
Causeway Bay,
HONG KONG
Tel: +(852) 2507 2237
Web: www.tharpa.com/hk-en
E-mail: info.asia@tharpa.com

Australien
Tharpa Publications Australia
25 McCarthy Road
Monbulk Vic 3793
AUSTRALIEN
Tel.: +61 (3) 9752-0377
Web: www.tharpa.com/au
E-Mail: info.au@tharpa.com

Brasilien
Editora Tharpa Brasil
Rua Artur de Azevedo 1360
Pinheiros, 05404-003
SÃO PAULO
SP, BRASILIEN
Tel: +55 (11) 3476-2330
Web: www.tharpa.com.br
E-Mail: contato.br@tharpa.com

Frankreich
Éditions Tharpa
Château de Segrais
72220 Saint-Mars-d'Outillé
FRANKREICH
Tel./Fax: +33 (0)2 43 87 71 02
Web: www.tharpa.com/fr
E-Mail: info.fr@tharpa.com

Großbritannien
Tharpa Publications UK
Conishead Priory
Ulverston
Cumbria, LA12 9QQ
ENGLAND
Tel.: +44 (0)1229-588 599
Web: www.tharpa.com/uk
E-Mail: info.uk@tharpa.com

Japan
Tharpa Japan
KMC Tokyo
Web: www.kadampa.jp
E-mail: info@kadampa.jp

Kanada
Tharpa Publications Canada
631 Crawford St.
Toronto ON M6G 3K1
KANADA
Tel.: (+1) 416-762-8710
Kostenfrei: (+1) 866-523-2672
Fax: (+1) 416-762-2267
Web: www.tharpa.com/ca
E-Mail: info.ca@tharpa.com

Mexiko
Tharpa México
Enrique Rébsamen No 406
Col. Narvate Poniente
C.P. 03020, MÉXICO D.F.
MEXICO
Tel.: +01 (55) 56 39 61 86
Fax: +01 (55) 56 39 61 80
Web: www.tharpa.com/mx
E-Mail: tharpa@kadampa.org.mx.

Portugal
Publicações Tharpa Portugal
Rua Moinho do Gato, 5
Várzea de Sintra
2710-661 SINTRA
PORTUGAL
Tel: +351 219231064
Web: www.tharpa.pt
E-mail: info.pt@tharpa.com

Spanien
Editorial Tharpa España
Calle Manuela Malasaña No 26
local dcha, 28004 MADRID
SPANIEN
Tel.: +34 917 55 75 35
Web: www.tharpa.com/es
E-Mail: info.es@tharpa.com

Südafrika
26 Menston Rd., Dawncliffe,
Westville, 3629, KZN
SÜDAFRIKA
Tel: +27 (0)72 551 3429
Fax: +27 (0)86 513 3476
Web: www.tharpa.com/za
E-Mail: info.za@tharpa.com

USA
Tharpa Publications USA
47 Sweeney Road
Glen Spey NY 12737
USA
Tel.: +1 845-856-5102
Kostenfrei: +1 888-741-3475
Fax: +1 845-856-2110
Web: www.tharpa.com/us
E-Mail: info.us@tharpa.com

Stichwortverzeichnis

Der Buchstabe G *bezieht sich auf einen Eintrag im Glossar.*

B

C

D

E

G

H

M

N

S

T

U

V

W

Y

Z

So finden Sie Ihr nächstgelegenes Kadampa Meditationszentrum

Sie können Ihr Verständnis dieses Buches und anderer Bücher, die vom Tharpa Verlag veröffentlicht werden, vertiefen und ihre Anwendung im Alltag besser verstehen, wenn Sie sich von qualifizierten Lehrern und Praktizierenden unterstützen und inspirieren lassen.

Der Tharpa Verlag ist Teil der großen spirituellen Gemeinschaft der Neuen Kadampa Tradition. Diese Tradition hat eine wachsende Anzahl von Zentren und Zweigzentren in über 40 Ländern auf der ganzen Welt. In jedem Zentrum werden besondere Studienprogramme für modernen Buddhismus und Meditation von qualifizierten Lehrer unterrichtet. Weitere Informationen finden Sie in *Studienprogramme des Kadampa Buddhismus* (S. 354-360).

Diese Programme beruhen auf dem Studium der Bücher des Ehrwürdigen Geshe Kelsang Gyatso Rinpoches und sind so gestaltet, dass sie sehr gut mit einer modernen Lebensweise einhergehen.

Ihr örtliches Kadampa Zentrum finden Sie unter tharpa.com/zentren